**가족은 매일 연습하는
사랑입니다**

가족은 매일 연습하는 사랑입니다

발행일	2025년 10월 3일
지은이	권은예, 김경우, 김규인, 김영애, 김은주, 나윤희, 류남숙, 박은주, 박준식, 유연옥, 이서윤, 이은주, 조은연, 최애숙, 최영순
펴낸이	손형국
펴낸곳	(주)북랩

출판등록	2004. 12. 1(제2012-000051호)
주소	서울특별시 금천구 가산디지털 1로 168, 우림라이온스밸리 B동 B111호, B113~115호
홈페이지	www.book.co.kr
전화번호	(02)2026-5777 팩스 (02)3159-9637
ISBN	979-11-7224-878-9 03810 (종이책) 979-11-7224-879-6 05810 (전자책)

잘못된 책은 구입한 곳에서 교환해드립니다.
이 책은 저작권법에 따라 보호받는 저작물이므로 무단 전재와 복제를 금합니다.
본 도서는 (주)북랩이 보유한 리코 인쇄 장비 등 자체 생산 인프라를 통해 제작되었습니다.

작가 연락처 문의 ▶ ask.book.co.kr
전용 게시판에 문의를 남기시면 저자에게 직접 전달됩니다.

(주)북랩 성공출판의 파트너
북랩 홈페이지와 SNS에서 다양한 출판 솔루션을 만나 보세요!

홈페이지 book.co.kr   •   블로그 blog.naver.com/essaybook   •   출판문의 text@book.co.kr
카톡채널 북랩

가족이라는 이름으로 아파했던 모든 이에게

가족은 매일 연습하는 사랑입니다

권은예 김경우 김규인 김영애 김은주 나윤희 류남숙 박은주 박준식 유연옥 이서윤 이은주 조은연 최애숙 최영순

북랩

들어가는 글

이서윤

국민강사교육협회 15명의 강사가 모였다. 가정의 달, 우리는 가장 오래되었지만 늘 새롭게 다가오는 주제, '가족'을 꺼내기로 했다. 일상에서 빛난 순간들, 웃음이 되기도 하고 상처로 남기도 한 장면들을 길어 올렸다. 그렇게 모인 이야기들이 서로에게 닿아 한 권 책으로 묶였다. 가족은 어떤 얼굴인가. 밝은 미소인가. 아니면 지워지지 않는 흔적인가. 혹은 두 가지가 얽힌 얼굴인가. 가장 가까운 존재이면서 멀리 느껴질 때가 있다. 이 묘한 거리를 글로 더듬고자 했다. 그래서 묻는다. 당신에게 가족은 어떤 얼굴인가?

가족 이야기는 만남에서 시작된다. 한 아이의 첫울음, 부모가 된 첫 떨림. 류인서 시인의 시 「생일」은 이 순간을 보여준다.

습관처럼 놓인 생일상을 보세요/ 다시 날, 낳아주세요. 어머니

— 류인서, 「생일」 中

　이 시는 평범한 생일 축하가 아니다. 생일상에 놓인 음식은 축복이자 고단의 상징이다. 화자는 어머니에게 "다시 날, 낳아주세요."라고 말한다. 그 목소리는 결국 우리 모두의 고백이다. 나는 홀로 서 있는 존재가 아니다. 누군가의 희생과 눈물 위에 지금의 내가 있다. 한 강사는 이렇게 고백했다. 아이의 첫울음을 듣는 순간, 부모님이 나를 처음 맞이하던 얼굴이 떠올랐다고. 탄생은 한 사람의 사건이 아니다. 세대를 이어주는 징표다. 가족은 이렇게 시작된다.
　가족이 항상 따뜻하진 않다. 때론 서로 부딪친다. 사춘기 아이는 곧잘 자기 방문을 닫는다. 감정이 치오른 부모는 그 앞에서야 멈춘다. 짧은 대답, 차가운 침묵, 날 선 눈빛. 그 순간 가족은 낯설고 멀다. 지나고 나면 알게 된다. 그 부딪힘은 단절이 아니라 성숙의 과정임을. 부모는 결국 아이의 반항을 내 안의 거울로 마주하게 된다. 가족은 거울이다. 가장 보이기 싫은 얼굴까지 드러내지만, 거울 없이는 성장도 없다.
　조정인 시인의 시 「사과의 감정」은 갈등의 또 다른 얼굴을 보여준다.

　　씨앗의 방문 앞에서 잠시 멈췄다 / 사과 조각 배열마저 당신이 구심이라니!

— 조정인, 「사과의 감정」 中

사과는 갈라진다. 칼날은 과육을 베다가 씨방 앞에서 멈춘다. 가족도 그렇다. 싸우고 돌아서고 오해해도 씨앗 같은 중심은 남는다. 그 중심이 우리를 다시 붙든다. "괜찮니?"라는 물음. "괜찮아."라는 대답. 그 짧은 대화에서 가족은 회복된다. 병든 부모를 향한 연민으로, 독립한 자녀에겐 그리움의 메시지로, 서운함을 털어내고 온기로 이어진다. 가족은 결국 서로를 붙드는 씨앗이다. 가족은 가장 오래된 교과서다. 책으로 배울 수 없는 것을 가르쳐 준다. 누군가는 갈등 끝에 대화를 배웠다. 누군가는 고난 속에서 웃음을 지켜냈다. 누군가는 떠난 이를 그리워하며 여전히 곁에 있는 듯 살아갔다. 이 모든 경험이 삶의 교과서다. 경험만큼 큰 스승은 없다. 그 스승은 다름 아닌 가족이다.

이 책은 15명의 강사가 각자의 관점에서 쓴 기록이다. 열다섯 개의 목소리와 빛깔이 모여 하나의 합창이 되었다. 강사는 크고 작은 무대에서 지식과 경험을 전한다. 그러나 가족 앞에서는 누구나 단 한 사람의 자녀이고 부모이며 형제자매다. 이 책은 그 자리에서 길어 올린 목소리다. 흩어진 조각들이 모여 결국 하나의 무늬가 되었다.

이제 독자 차례다. 책을 읽다 보면 질문은 당신에게 향한다. 당신 가족은 어떤 얼굴을 하고 있는가. 누군가의 고백이 마음을 어루만질 것이다. 그 경험은 또 다른 이에게 닿는다. 오늘도 새로운 가족 이야기가 자란다. 류인서 시인의 「생일」이 어머니를 불러 다시 자신을 낳아 달라고 했다. 조정인 시인의 「사과의 감정」은 갈라진 사과 속에서도 씨앗을 지켜냈다. 우리 또한, 가족 속에서 다시 태어나고 다시 만나며 살아간다. 이 책 『가족은 매일 연습하는 사랑입니다』는 15명의 강사가 함께 엮은 진솔한 서사다. 각자의 경험이 모여 거대한 울림이 되었다. 이제 책장을 여는 당신의 손끝에서 가족 이야기가 새롭게 시작된다.

차례

들어가는 글　　4

1장
부모로 살면서 부모를 알았다

1-1.	마르지 않는 우물처럼 한결같은 부모님의 사랑 권은예	12
1-2.	엄마는 나의 롤모델 김경우	18
1-3.	이제야 알 것 같습니다, 그 마음 김규인	23
1-4.	그때는 몰랐던 손길, 이제야 닮아가는 마음 김영애	29
1-5.	자식을 안고 울 때, 부모님이 떠올랐다 김은주	35
1-6.	딸로 살아낸 시간, 엄마로 살아가는 지금 나윤희	41
1-7.	부모의 뿌리에서 자식의 가지가 뻗는다 류남숙	46
1-8.	세월을 넘어, 밥상에 스며든 부모의 사랑 박은주	51
1-9.	원래 그런 것은 없다, 연습하다 보면 변화할 수 있다 박준식	57
1-10.	내가 걸어가는 길, 당신이 먼저 걸었던 길 유연옥	63
1-11.	엄마의 시간을 걷다, 내 아이를 안다 이서윤	68
1-12.	모녀지정(母女之情) 이은주	73
1-13.	강인한 침묵의 유산 조은연	79
1-14.	엄마가 되어서야 알게 된 것들 최애숙	85
1-15.	부모님의 땀방울 속에서 자란 우리 최영순	91

2장
우리는 매일 사랑을 연습하고 있습니다

2-1.	가족, 상처와 치유의 두 얼굴 권은예	98
2-2.	가족이라는 무게 김경우	104
2-3.	부모의 독립, 이제는 당신을 돌볼 시간입니다 김규인	110
2-4.	행복이라는 선물 김영애	116
2-5.	우리는 매일 사랑을 연습하고 있습니다 김은주	121
2-6.	기대의 끝에서 피어난 다짐 나윤희	126
2-7.	우리는 진짜 가족이 되었다 류남숙	131
2-8.	사랑도 가족도 믿음 안에서 단단해진다 박은주	137
2-9.	멈추고 둘러보니, 내 안의 나를 만난다 박준식	143
2-10.	갈등을 마주하는 자세 유연옥	148
2-11.	'사랑'이라는 이름으로 씌워진 기대 이서윤	154
2-12.	교학상장(教學相長) 이은주	160
2-13.	사랑은 그렇게 시작되었다 조은연	165
2-14.	사랑은 서로의 이해하려는 노력과 소통으로 완성된다 최애숙	171
2-15.	잊을 수 없는 7월의 어느 날 최영순	176

3장
가족이라는 이름으로

3-1.	오늘도 나를 버티게 하는 힘, 가족 권은예	184
3-2.	함께할 수 있음에 행복 김경우	190
3-3.	가장 따뜻한 울타리, 가족이라는 이름의 등불 김규인	195
3-4.	가족이라는 이름이 나를 붙들어 준 날들 김영애	201
3-5.	가족이라는 이름으로 김은주	206
3-6.	그렇게 나는 엄마가 되어 간다 나윤희	211
3-7.	아주 보통의 하루가 축복이었다 류남숙	216
3-8.	가정이라는 사랑의 숲을 가꾸다 박은주	222
3-9.	내 마음의 안식처, 둥지를 찾아! 박준식	228
3-10.	엄마의 손맛 그대로인 언니의 반찬들 유연옥	233
3-11.	아이 키만큼, 부모 발자국도 자란다 이서윤	238
3-12.	가화만복(家和萬福) 이은주	244
3-13.	가족, 끝없이 이어지는 나무 조은연	249
3-14.	가족, 그 이름을 사진에 담다 최애숙	254
3-15.	가족이 존재한다는 사실이 큰 힘이 되었던 순간 최영순	259

마치는 글	264

1장

부모로 살면서 부모를 알았다

1-1
마르지 않는 우물처럼 한결같은 부모님의 사랑

권은예

남아선호사상이 뿌리 깊게 박혀 있는 안동 시골마을에서 6남매 중 막내로 태어났다. 같은 성씨만 모여 사는 집성촌이다. 몇백 년 된 느티나무가 마을 중앙에 있다. 그 주변에는 동서남북으로 뻗은 네 개의 갈림이 있다. 우리 집은 서쪽으로 이어진 길 중간 즈음에 있었다. 그곳에 가장 힘이 센 당파가 살았다. 한마디로 대가 높다. 웬만한 어르신들은 어린 나에게 깍듯이 인사를 했다. "아지매 나오셨니껴?" 액시, 할매 등 다양한 호칭으로 불렀다. 어릴 땐 그런 상황들이 무척이나 불편했었다.

애지중지 키우던 병아리 한 마리가 없어졌다. 닭장에 네 마리가 있어야 하는데 세 마리밖에 없었다. 울고불고 난리 치는 나를 달래기 위해 마당에서 음식 하던 친지들까지 병아리를 찾아 나섰다. 주변을 아무리 찾아도 나오지 않던 병아리가 물을 받아놓은 고무 다라이에서 발견됐다. 물을 왜 받아놨냐며 대성통곡하며 병아리 살려내라고 소리 지르던 철부지였다. 물에 빠져 죽은 병아리 한 마리로 인해 한바탕 난리가 났다. 일손이 모자라 바쁜 와중에도 야단치는 게 아니라 품어주던 엄마였다.

참외를 보면 아버지가 떠오른다. 아버지는 안동 시내에 있는 시장에 나갔다 올 때는 뭘 사도 한 궤짝씩 사 왔다. 다른 집들은 대부분 봉지로 조금씩 사 들고 오는데 말이다. 유독 손이 큰 아버지였다. 시내 갔던 아버지가 먹음직스러운 노오란 참외를 사 왔다. 모두 안방에 동그랗게 둘러앉았다. 달달한 속은 다 버리고 주었다. 발라놓은 속을 몰래 먹으려고 하면 아버지는 단호하게 못 먹게 치워버렸다. 참외는 단물이 나는 속이 있어야지 먹을 맛이 나는데 말이다. 그런 아버지가 왜 그리 밉던지. 어린 마음에 아버지의 깊은 마음을 알 리가 없었다. 시간이 지나고서야 엄마에게서 그 이유를 들었다. 아버지가 예전에 참외 속까지 다 먹은 적이 있었는데 그것이 상한 참외였었다고 한다. 배앓이를 심하게 해서 그 이후로는 절대로 참외 속은 먹지 않았다고 했다. 자식들이 혹시라도 당신처럼 고생할까 봐 절대 주지 않았던 것이었다.

넷플릭스에서 『폭싹 속았수다』라는 드라마를 봤다. 울었다 웃었다를 반복하며 3일 만에 16부작을 모두 봤다. 드라마 속 주인공인 애순이는 아버지가 일찍 세상을 떠났다. 그러면서 엄마와 애순이는 모진 풍파를 겪게 된다. 여운이 많이 남는 드라마였다. 나의 삶과 비슷하기에 더 그러한 듯하다. 나 역시 아버지에 대한 기억은 열세 살에 머물러 있다. 아카시아 꽃향기가 온 산을 뒤덮었던 6월. 그날은 마을 전체가 모내기하느라 바빴다. 많은 친지가 점심을 먹고 나서 제각기 연장을 들고 논으로 나갔다. 사촌 올케언니 여동생인 경이와 한 살배기 조카를 돌봤다. 사촌 올케언니는 아기 돌보는 데 필요한 것들을 알려주느라 다른 친척보다 늦게 일하러 나갔다. 뒷산에서 소꿉놀이를 했다. 아카시아 잎을 따다 머리에 돌돌 말아 꼬불꼬불 파마머리도 만들었다. 사촌 올케언니가 나가고 얼마 지나지 않아 아버지가 소를 몰고 맨 뒤에 나가는 것을 봤다. 아버지의 마지막 모습이었다. 집을 나간 지 얼마 되지 않아 주검으로 돌아온 아버지. 심장마비로 말 한마디 못하고 길거리에서 숨을 거뒀다. 사촌 올케언니가 아버지의 모습이 보이지 않아 되돌아왔다가 쓰러져 있던 아버지를 발견했다고 한다. 죽는 순간까지도 여섯 명이나 되는 자식과 홀로 남겨질 엄마가 걱정되어 눈도 제대로 못 감았다. 그렇게 아버지는 한마디 말도 못 하고 우리 곁을 떠났다. 수십 년이 지난 지금도 아카시아 꽃향기가 날 때면 가슴이 아려온다.

2남 4녀 중 막내인 나를 엄마는 42살에 낳았다. 늦둥이라 낳지 않으려 시내에 있는 병원 앞까지 갔었는데 부끄러워서 그냥 집으로 돌아왔다고 한다. 엄마의 부끄러움으로 내가 태어난 셈이다. 5남 1녀의 장남인 아버지. 여러 동네 이장도 맡고 새마을 지도자까지 하느라 늘 바빴다. 엄마는 장남인 아버지와 결혼하면서 손에 물 마를 날 없는 바쁜 삶을 살았다. 맏집이라 제사, 명절, 잔치, 초상 등 크고 작은 행사만도 어마어마했다. 양반 마을이라고 법도는 어찌나 지켜야 되는지. 제사도 자정이 돼야 지낸다. 제사를 지낸 후 친지들이 집에서 밥을 먹고 가니 일일이 챙겨야 했다. 어르신들이 계신 집마다 작은 상에 제사 지낸 음식을 담아 직접 갖다 드렸다. 며느리, 부인, 부모의 역할이 버거울 만도 한데 그 많은 일을 척척 해낸 엄마의 삶이 존경스럽다.

첫아이가 생후 6개월 때 결혼식을 올렸다. 둘째 오빠의 결혼식 날짜가 잡혀 있어서 여자를 먼저 결혼식을 치러줄 수가 없었다. 임신 사실을 알렸을 때 엄마의 표정을 잊을 수가 없다. 갓 스물둘밖에 안 된 막내딸이 결혼도 안 하고 임신이라니 하늘이 노래질 만도 했다. 당장 병원에 가자며 끌고 나가는 엄마의 손을 뿌리치자 보수적인 둘째 오빠는 내 따귀까지 때렸다. 막내라 엄청 예뻐했었다. 믿는 도끼에 발등 찍힌 기분이었을 거다. 죽어도 낳겠다며 버티니 집이 아수라장이 되었다. 결혼도 늦게 하고 돈 많이 벌어서 엄마 호강시켜주겠다며 입버릇처럼 말했던 효녀 막내딸은 없었다. 엄마의 가슴에 대못을 박으며 내 아이를 지켜냈다. 그때는 몰랐다. 엄마의 가슴이 얼마나 찢어졌을지. 엄마는 내 배 속 아이보다 막내딸이 더 소중했을 테니까 말이다. 네 명의 자식을 키우며 엄마의 아픔과 사랑이 마르지 않는 우물처럼 깊은 것을 알았다.

엄마는 자녀의 거울이라는 말이 있다. 나이가 들수록 더 닮아있는 나를 본다. 아이들을 다 재워놓고 늦은 밤에 걸레를 들고 온 방을 다니며 닦았다. 하루라도 안 하면 큰일 나는 줄 알았다. 쓸고 닦고 참새가 와서 미끄러질 정도로 광이 났다. 정성 들여 화초도 키웠다. 한 번도 찌개, 밥, 반찬 가지 수를 적게 단출하게 차린 적이 없었다. 적어도 사건이 일어나기 전까지는 말이다. 큰언니가 보낸 김장 뭉치를 밀다가 어깨 힘줄이 뚝 끊어지게 되었다. 며칠 뒤 치료를 위해 한의원으로 나가던 중이었다. 유독 추운 영하의 날씨였다. 아파트 청소 아줌마가 물청소해 놓은 것을 보지 못했다. 현관 앞 계단에서 미끄러졌다. 한방과 양방을 겸해서 치료 중이었다. 호전되고 있던 팔을 쓸 수가 없게 되었다. 하던 습관이 있어서 아픈 팔을 부여잡고 바닥을 닦았다. 미련하게 말이다. 엄마와 큰언니가 그 사실을 알게 되었고 그냥 대충 눈 감고 살라고 했다. 당신들도 실천하지 못했던 걸 말이다.

새마을 운동이 한창이었던 어린 시절. 초가집에서 기와집으로 변해가던 시절이다. 어릴 적 집 마당은 모두 흙이었다. 마당뿐만 아니라 집안은 먼지 하나 없이 늘 깨끗했다. 수돗가 펌프 옆에는 가지런하게 돌들을 박아 만든 예쁜 꽃밭이 있다. 대문이 없는 입구에는 한쪽에 꽃길도 만들어져 있다. 이 모든 것이 엄마의 작품이다. 밥상에는 항상 반찬 가지 수가 많았다. 다른 집들도 다 똑같은 줄 알았다. 동네 친구 집에 놀러 다닐 때부터 모든 집이 깨끗하고 반찬이 푸짐하지 않다는 걸 알게 되었다. 간장과 김치, 물고기를 절여놓은 것 같은 이상야릇한 것도 상에 올라와 있었다. 밀젓이라는 젓갈의 한 종류라고 했다. 이상한 냄새에 비위가 상해서 그 집에서는 맨밥만 먹고 온 기억이 난다. 우리 집에서는 짧은 입 공주였기 때문이다. 먹는 것보다 안 먹는 게 더 많을 정도로 까다로운 아이였다. 시골에서는 손칼국수를 자주 해서 한 끼 식사로 먹는 경우가 많았다. 국수 종류는 입에도 대지 않는 딸을 위해 밥을 따로 지어주었다. "그냥 먹어"라는 말을 한 번도 들어보지 못했다. 농사일에 집안 대소사에 눈코 뜰 새 없이 바빠서 반찬 투정 받아줄 틈도 없었을 텐데도 말이다.

양주동 시인의 「어머니의 마음」이라는 시에 "낳실 제 괴로움 다 잊으시고 기르실 제 밤낮으로 애쓰는 마음"이라는 구절이 있다. 이 시에는 어머니의 헌신적인 사랑과 자식을 위해 모든 것을 내어주는 희생적인 마음을 이야기한다. 자식을 위해 밤낮으로 애쓰고, 필요한 것을 채워주려 노력하는 우리 엄마의 모습과 비슷하다. 부모란 자식에게 아낌없이 주는 나무 같은 존재다. 나 역시 그런 부모님을 닮아가는 중이다.

1-2
엄마는 나의 롤모델

김경우

'믿는 도끼에 발등 찍혔다.' 친척에게 경리를 맡기고 광천에서 새우젓 장사를 하던 아버지. 영업하느라 바빠 돈이 들고 나는 걸 생각 못 했다. 친척의 공금횡령으로 1년여 만에 장사를 접어야 했다. 속앓이로 소화가 되지 않았다. 위궤양이라 생각하고 서산 도립병원에 입원했다. 수술실에 들어갔다. 명치끝에서 배꼽 바로 위까지 개복했다가 수술도 하지 못하고 다시 꿰맸다. 바이러스가 너무 퍼져 수술해도 살 가망이 없다는 진단을 받았다. 집에 가서 먹고 싶은 거나 많이 먹으라는 의사의 말과 함께 병원을 나섰다. 미련을 버리지 못한 엄마는 아버지에게 보약이란 보약은 다 찾아 먹였다. 소화를 못 시키는 아버지는 먹자마자 토해 버렸다. 점점 심해지며 똥오줌을 받아내야 했다. 엄마 나이 53세. 그렇게 남편을 떠나보냈다. 초등학교 6학년 철부지였던 나는 아버지가 떠나던 날의 슬픔을 알지 못했다.

엄마는 30년간 6남매를 키우며 세상을 살아냈다. 열심히 살아온 대가가 무색하게 당뇨와 신부전 등으로 고생했다. 아픈 엄마를 두고 버스로 1시간쯤 걸리는 홍성으로 시집을 갔다. 몸은 홍성에 있었지만, 항상 마음은 서산을 향했다. 하루에도 여러 번 전화했다. 엄마가 전화를 안 받는 상황이 생기면 버스를 타고 달려가 얼굴을 보고서야 마음이 놓였다. 혼자 있다가 혈당이 떨어지며 쓰러져 돌아가실까 봐 걱정부터 앞섰다. 아침밥 먹고 경로당에 가서 하루를 보내는 것이 엄마의 루틴이다. 경로당은 말 그대로 놀이터였다. 경로당에서 갔다가 일이 생기면 곧바로 연락이 오리라는 생각에 마음이 놓인 것도 사실이다. 어느 날 엄마는 열심히 가던 경로당에 가기 싫다고 했다. 사람들이 눈을 흘기며 욕한다는 것이다. 엄마를 함부로 대한다는 말에 화나면서 속이 상했다. 경로당에 발길을 끊은 엄마는 점점 고립되어 혼자만의 세계에 갇혔다. 종일 내 전화만 기다렸다. 이런 상황들이 치매 초기 증세라는 걸 나중에야 알게 됐다.

누구라도 돌봐야만 하는 엄마. 혼자 있을 수 없어 큰오빠 집으로 갔다. 어부였던 오빠와 언니는 하루하루가 바빴고, 펜션까지 하고 있어서 주말에도 일이 많았다. 생각 끝에 남편과 의논했다. 장모님도 당연히 엄마라며 모시자고 했다. 그 말이 떨어지기가 무섭게 큰오빠 집으로 달려갔다. 나를 본 엄마는 내심 좋아하는 눈치다. 엄마를 모시겠다는 남편의 말을 전하고 방으로 들어가 복용해야 하는 약, 옷가지들을 챙겼다. 함께 있을 수 있다는 생각만으로도 행복했다.

엄마는 바다를 좋아했다. 시간을 만들어 가까운 바닷가에 가곤 했다. 자주 가던 바다 도롯가에 한가롭게 풀을 뜯는 소 모형이 있었다. 엄마는 그 소들을 보면서 "얼레야! 저거 누구네 소다냐, 줄도 안 매놓고 도망가면 어쩌려고?"라고 말했다. 치매가 있어서 모형 소를 진짜 소로 알고 이야기한 것이다. 몇 번을 가짜라 알려줘도 엄마는 소가 진짜 같다며 믿지 않았다.

치매는 인지기능이 많이 떨어진다. 6남매를 키우며 소풍 때마다 많이도 쌌을 김밥이 생각이 났다. 김밥을 만들기로 했다. 생각난 김에 마트로 달려갔다. 김, 단무지, 햄, 맛살, 오이, 달걀을 사 왔다. 식탁 위에 재료를 펼쳐놨더니 뭐 만드는 거냐고 묻는다. 재료를 훑으며 단박에 "김밥 만들려고 그러는구나"라며 좋아한다. 재료를 준비해 식탁 양쪽으로 나눴다. 내가 하는 대로 따라 하기로 했다. 위생장갑 끼고 김발 위에 김을 놓았다. 양념한 밥을 손으로 한 움큼 집어 김 위에 얹은 후 골고루 펼쳤다. 김밥 속 재료를 넣을 차례다. 단무지 놓고, 햄 놓고, 맛살 놓고, 오이 놓고, 계란지단까지 놓았다. 열심히 따라 하는 눈치다. 마지막으로 한쪽의 김을 싸잡아 김발을 함께 말았다. 엄마도 열심히 김발을 말았다. 말았던 김발을 펼치니 먹음직스러운 김밥이 되었다. 그런데 엄마 김밥에 문제가 생겼다. 펴지지 않는 김발을 보면서 당황해했다. 웃으며 김밥에 뭔가 하나 빠진 거 같다며 찾아보라 했다. 이리저리 몇 번 살피더니 원인을 찾았다. 엄마가 만든 김밥에는 김이 없었다. 김을 빼고 김발 위에 밥을 펼친 후 열심히 재료를 넣고 김밥을 싼 것이다. 김이 없으니, 김발에 밥이 들러붙어 떨어지지 않은 것이다. 속상한 마음이 앞섰지만, 당황해하면서도 원인을 찾아낸 엄마가 대견했다. 김발에 묻은 밥을 다 덜어내고 다시 천천히 김밥을 말았다. 두 번 다시 실수하지 않겠다는 비장한 모습으로 천천히 김밥을 싸기 시작했다. 김밥 만들기 대 성공. 엄마의 얼굴에는 해냈다는 그 뿌듯함이 묻어나고 덩달아 내 손은 물개박수를 치고 있었다. 이렇게 엄마와의 추억이 쌓여갔다.

 봄이지만 아침저녁으로 쌀쌀했다. 부엌에서 저녁을 준비하고, 엄마는 소파에 앉아 무릎담요를 덮은 채 TV를 보고 있었다. 큰아들이 방에 있다가 물을 마시기 위해 방문을 열고 나왔다. 정수기 앞에 와서는 냉큼 물을 마시고 소파에 앉아 있는 할머니에게로 향했다. 큰아들은 할머니가 덮고 있는 무릎담요를 걷어서 방으로 향했다. 갑자기 큰소리와 함께 엄마는 화가 나 욕을 하고 있었다. "할머니가 무릎담요 덮고 있는 게 꼴 보기 싫어서 그거까지 뺏어 가냐?"라며 소리를 질렀다. 큰아들은 할머니에게 욕을 먹자, 눈물을 보이며 방으로 들어갔다. 뭔 사달이 난 건지 자초지종을 알아야 해서 큰아들 방으로 들어갔나. 할머니 무릎담요를 왜 들고 갔는지 물었다. 무릎담요가 작아 보여 더 크고 따뜻한 극세사 이불을 가져다 주려고 했다는 것이다. 먼저 극세사 이불을 가지고 나와서 할머니에게 드리고 무릎담요를 가져갔으면 오해가 안 생겼을 것이다. 큰아들의 마음을 엄마에게 전해주었다. 엄마는 오해했음을 미안해했다. 저녁을 먹은 후 엄마는 큰아들에게 할머니가 오해해서 미안하다며 사과했다. 그 모습을 보며 감동했다. 어른들은 잘못했음에도 불구하고 아이들에게 사과하는 걸 어려워한다. 그런데 엄마는 손주에게 진심으로 사과하고 있었다.

　가끔 아이들과 의견이 맞지 않을 때가 있다. 나도 모르게 언성이 높아진다. 그로 인해 아이들에게 상처를 줄 때가 있다. 엄마를 떠올리며 아이들에게 미안하다고 사과하고 있는 나를 보곤 한다.

　부모는 늘 우리가 돌아갈 수 있는 가장 따뜻한 안식처다. 아팠지만 누구보다 우리를 위해 헌신했던 아버지, 30년 가까이 6남매를 키우느라 고생했던 엄마. 부모님이 있어서 힘들어도 견딜 수 있었다. 나도 우리 아이들에게 그런 존재가 되고 싶다. 이 세상 누구보다 가장 편안한 마음의 쉼터처럼.

1-3
이제야 알 것 같습니다, 그 마음

김규인

베트남 골든브릿지. 삼대가 덕을 쌓아야만 햇빛을 볼 수 있다는 그곳. 몸을 가누기도 힘든 거센 비바람. 수많은 인파. 우비 입고 몰아치는 폭우 속에서도 줄 서서 사진을 찍는다. 거대한 시멘트 손바닥이 놓여 있는 아슬아슬한 다리. 사방팔방 산으로 둘러싸인 곳에는 짙은 안개가 시야를 가린다. 구경하러 온 건지, 고생하러 온 건지, 사진을 찍으러 온 건지 모르겠다. 우리 삼대는 덕을 쌓지 못했나 보다. 그날처럼 비 오는 날이 많아서 생긴 말인 듯하다. 우비를 입어도 몸과 옷이 다 젖었다.

빗물인지 눈물인지 아무도 눈치채지 못했다. 한 시간 전쯤 가이드는 낯선 그곳에서 간단한 설명만 하고, 1시까지 시계탑 앞으로 모이라고 했다. '썬 월드 바나힐'이라는 곳은 모든 게 웅장했다. 건물, 계단, 시설, 20분가량 케이블카를 타고 올라가면서 봤던 폭포와 풍경. 탄성이 절로 났다. 사람들이 베트남 여행을 왜 하는지 알 것 같았다.

2024년 2월. 방학 기간이라 그런지 한국 여행객이 많았다. 4박 5일 동안 날씨가 다 좋았는데 그곳만 억수 같은 비가 쏟아졌다. 수많은 인파 속에 골든브릿지까지 가는 것도 만만치 않았다. 어디가 어디인지도 모르겠고, 혹시라도 아이들을 잃어버리면 한국으로 못 돌아올 것만 같았다. 큰딸 정이네 가족, 작은딸 진이와 가족 여행을 갔는데 구경은커녕 아이들 놓칠까 봐 졸졸 따라다녀야만 했다. "몇 시까지 모이래?" 아이들한테 이 질문만 수없이 했다. "엄마, 1시까지." 처음에 부드럽게 알려 주던 정이는 몇 분 간격으로 여러 번 질문하는 내게 "엄마, 몇 번을 말해! 1시라고 1시!" 언성을 높였다. 조용히 입을 다물고 아이들에게서 등을 돌렸다. 눈물이 쏟아졌다. 정이한테 서운한 감정보다는 정이 태도에서 내 모습이 보였다. 내가 엄마한테 무심코 했던 말들, 그 표정, 그 말투였다. 아, 우리 엄마도 이런 마음이었겠구나! "엄마는 몰라도 돼! 엄마는 말해도 몰라!" 짜증 냈던 내 모습. 영화 필름 돌아가듯 스쳐 지나갔다. 엄마에 대한 미안함에 골든브릿지에 갔다가 내려오는 내내 훌쩍였다.

　호텔 40층에서 내려다보이는 바다. 구름 사이로 내민 햇빛은 웅장할 만큼 바다를 내비쳤다. 눈이 부셨다. 은빛 물결이 일렁이는 바다. 와! 끝내준다. 영화에서나 볼 법한 그 빛은 신비로울 정도로 나를 비추는 듯했다. 여행 2일째 되던 날, 호텔에서 자고 눈 뜬 아침이었다. 아름다운 뷰와 모처럼의 여유. 행복했다. 잠시뿐이었다. 어느새 볼을 타고 내려오는 눈물을 휴지로 닦으면서 창밖을 바라보았다. 바닷물에 아버지 얼굴, 엄마 얼굴, 남편 얼굴이 그려졌다. 부모님 살아계실 때 한 번도 부모님 여행 보내 드린 적 없었고, 그럴 여유도 없었다. 함께 왔더라면 얼마나 좋았을까. 그 생각뿐이었다. 25년 전 남편과 사별하고 두 딸아이를 키우면서 경제적으로 안정된 적이 없었다. 오로지 일만 했다. 묵묵히 꾸준히 좋아하는 일을 하다 보니 언제부터인가 경제적으로 안정되었고, 통장에 100만 원만 있어 봤으면 소원이 없겠다고 했던 때와는 달리 통장 잔고도 넉넉해졌다. 3월이면 손녀 희야가 초등학교 입학을 한다. 축하의 의미로 "엄마가 쏠게. 베트남 여행 가자!" 그렇게 시작된 여행이었다. 정이가 결혼하고 나서 가족 여행 몇 번 했었지만 내가 여행비를 100% 내는 건 처음이었다. 가족을 위해 몇백만 원을 한꺼번에 쓸 수 있다니 꿈만 같았다. 내 능력으로 아이들과 여행할 수 있는 것만으로도 세상을 다 가진 기분이었다. 감탄해서 울고, 슬퍼서 울고, 부모님과 남편이 그리워서 울고. 아침 내내 그 생각만 했었다. 마음속엔 온통 부모님에 대한 죄스러움과 함께 하지 못한 아쉬움뿐이었다. 그런 마음을 아이들은 모를 터다. 그래서일까. 정이의 그 퉁명스러운 말대답에 내가 엄마한테 했던 말투, 행동이 생각나서 부모님 생각만 하다가 돌아온 여행이었다. 그날 그곳에서 정이가 했던 말과 행동으로 인해 상처받은 건 사실이다. 그로 인해 엄마의 심정을 더 깊이 이해하게 되었다. 우리 엄마도 서운하고 속상했겠구나! 살아계실 때 내 능력으로 여행 한 번 못 보내 드린 죄책감. 시어머니 모시고 여행을 다녀오면 마음이 편해질 것 같았다. 거동이 불편한 시어머니는 못 간다고 했다. 시누이들 설득으로 시어머니는 허락했고, 4월에 제주도로 가족 여행을 다녀왔다. 돌아가시면 또 안타까워하며 후회할까 봐. 결국 내 마음 편하려고 하게 된 여행이었지만 하늘나라에 계신 우리 부모님은 분명 잘했다고 했을 것이다.

    친구랑 저녁 약속 있다고 외출한 작은딸 진이는 밤 12시가 넘도록 안 들어온다. 엄마 껌딱지였던 진이는 언제부터인가 엄마인 나보다 친구를 더 좋아하는 것 같다. 자주 나 혼자 밥 먹게 하고, 나 혼자 있게 하는 진이의 행동이 얄밉기까지 했다. 어두운 침실. 요즘 들어 한숨 소리도 잦아진다. 진이 기다리는 시간이 길게만 느껴진다. 현관 비밀번호 누르는 소리. 스마트폰을 잽싸게 끄고 이불을 뒤집어썼다. 내 방에 슬쩍 들어와서 보는 듯하더니 욕실로 들어간다. '가시나, 맨날 엄마 혼자 있게 하고.' 마음속으로 중얼댔다. 갱년기인가. 작은 일에도 서운하고 서럽고 눈물이 난다. 요즘 들어 부쩍 혼자 있는 게 싫다. 잘 버텨왔는데. 진이마저 결혼해서 내 곁을 떠나면 혼자 어떻게 살지? 50년 넘도록 한 번도 혼자 살아본 적 없는데. 서른 넘은 딸아이와 서로에게서 독립해야 한다는 건 알지만 쉽지 않다. 머리로는 '나만의 독립'이라는 훈련을 하고 있다. 가슴으로는 진이를 떠나보낼 자신이 없다. 둘이 살아도 서로 공사다망해서 밥 한 끼 같이 먹기 힘들다. 더구나 진이는 5분이면 식사 끝. 나는 30분 이상 걸린다. 그러니 거의 혼자 밥 먹는 격이다. 아버지 돌아가시고 엄마도 15년이라는 세월을 혼자 식사했다. 매주 토요일마다 언니랑 엄마를 찾아가 맛집 찾아다니기, 가까운 거리 드라이브나 여행하기. 엄마와의 꿀 같은 시간이었다. 혼자 밥 먹을 때마다 우리 엄마도 이런 마음이었겠구나 생각하며 울컥할 때가 많다. 아무리 맛있는 음식도 혼자 먹으면 별맛을 못 느낄 때가 많다. 내가 엄마 입장이 되어 보니 이해가 된다. 주말이면 찾아올 딸들. 얼마나 기다렸을까. 그런 줄도 모르고 자식이니까 그냥 의무적으로 찾아갔던 날들이 뼈에 사무치도록 가슴을 조여온다. 엄마는 그렇게 혼자 자식들 기다리며 견뎌야 했고, 살아내야만 했다.

요즘 거울을 보면 어느새 중년이 된 내 얼굴에서 엄마 얼굴이 보인다. 엄마 닮았다는 생각해 본 적 없는데 나이 들어가면서 엄마와 똑 닮아가는 것 같다. 그래서인지 더 그립고 보고 싶은 엄마다. 두 딸이 가끔 서운한 말과 행동을 하면 부모님 생각이 더 간절하다. 우리 아버지, 엄마도 이런 마음이었겠구나 싶다. 지금의 내가 있게 만들어 준 부모님. 고맙다는 말보다 죄송하다는 말이 더 많이 나온다. 내가 이 세상을 떠난 후에야 알게 될 딸들 마음. 이미 알기에 괜스레 안쓰럽고 안타깝다. 내 딸들은 나중에 부모님에 대한 죄책감 없이 살았으면 좋겠다.

이제야 알 것 같다, 그 마음. 왜 그렇게 잔소리했는지, 왜 나를 기다리며 불 꺼진 방에서 한숨 쉬었는지, 왜 때론 말보다 침묵으로 나를 안았는지. 부모님 입장이 된 지금에서야 비로소 그때 그 눈빛과 손길의 무게를 이해하게 되었다. 가족의 생계를 책임져야만 했던 아버지의 고된 업무. 연신 뿜어내던 담배 연기. 긴 한숨 소리. 밤새 끙끙 앓던 그 숨소리. 지금은 내가 그 숨소리를 내고 있다. 홀로 쓸쓸하고 외로운 시간을 견뎌내야만 했던 우리 엄마. 지금은 내가 견뎌내고 있고, 앞으로도 견뎌내야 할 시간이다. 바쁘다는 핑계로 전화하는 걸 미루다가 자식 목소리에 다시 에너지 얻었을 부모님. 그 짧은 안부에도 웃었을 것이다. 선물이나 용돈보다 자식 얼굴 보는 것을 더 좋아했을 것이다. 문득문득 울컥하고, 괜스레 미안해지고, 또 감사해진다. 명절이나 생신 등 특별한 날에만 자식들이 잠깐 머물렀을 때. 그 잠깐을 위해 부모는 며칠을 준비했을 것이다. 내가 그랬던 것처럼. 이제라도 알게 되어 참 다행이다.

이제야 알 것 같다. 사랑은 그렇게 조용히 흘러와, 내 안에서 다시 흘러가고 있었다는 걸. 가족 간의 사랑은 이렇게 순환되고, 부모님이 주신 사랑을 내가 자식들에게 다시 돌려줘야 한다. 부모님 큰 사랑, 뒤늦게라도 깨달은 것 자체가 값진 일이다. 깨달음은 언제나 새로운 사랑의 시작이 될 수 있다.

1-4
그때는 몰랐던 손길, 이제야 닮아가는 마음

김영애

어린 시절, 부모님은 나에게 절대적이었다. 모든 것을 알고, 모든 것을 할 수 있는 마법 같은 존재였다. 학교에서 친구들과 어울리며 힘들었던 일도 있었고, 세상이 내 마음 같지 않아 답답했던 순간도 있었다. 하지만 따뜻한 부모님 품에 안기면 모두 잊을 수 있었다. 나의 걱정과 두려움을 덮어주는 그 든든한 존재가 바로 부모님이었다.

초등학교 때였던가. 겨울이 깊어가던 어느 날, 감기에 걸려 열이 펄펄 끓었다. 그날 밤, 엄마는 잠도 잊은 채 내 곁에서 물수건으로 이마를 식혀주었다. 가끔씩 내 몸을 만져 체온을 확인했다. 깊은 밤, 엄마의 따뜻한 손길과 다정한 목소리는 마치 나를 지켜주는 보호막 같았다. 아버지 역시 새벽까지 잠들지 못한 채 혹시라도 상태가 나빠질까 걱정스러운 눈빛으로 거실을 서성였다. 그때는 그저 당연하게 느껴졌던 그들의 보살핌이, 지금 돌아보니 얼마나 큰 사랑이었는지 절실히 느껴진다.

 아버지는 할머니에게 지극정성을 다하는 효자였다. 삼 남매인 우리에게도 언제나 멋진 분이었다. 가족을 살뜰히 챙기는 그 모습이 지금도 그립다. 아버지는 서울에서 은행을 다녔다. 서울에서 태어난 우리는 시골살이를 몰랐다. 대신 주택에 살며 정원에서 꽃향기를 맡고, 봄이면 튤립이 고개를 내밀고, 여름이면 매미 소리가 가득한 환경에서 자랐다. 그래서인지 마음 한구석은 언제나 따뜻했다. 아버지는 퇴근길마다 우리를 위해 간식을 사 왔다. 차가 골목에 들어서면 삼 남매는 1층 현관 계단을 "타타타" 뛰어 내려갔다. 어느 날은 빵집에서 사 온 크림빵을 풀자마자 막내가 한입에 크림만 쏙 빼 먹었다. 아버지는 "아니, 이게 무슨 빈집털이냐?"라며 웃었다.
 물론 사고도 있었다. 남동생이 유치원 시절이었던 것으로 기억한다. 계단을 뛰어 올라오다 넘어져 턱밑이 찢어져 병원으로 달려간 적이 있다. 그땐 뛰었다고 혼이 났지만, 지금은 웃으며 꺼낼 수 있는 추억이 됐다. 그러나 부모가 된 지금, 나는 그때의 부모님이 결코 완벽한 존재가 아니었다는 것을 깨달았다. 그들도 나처럼 불안했고, 걱정스러웠으며, 때로는 실수도 하고 후회도 했을 것이다. 하지만 그런 감정 속에서도 나를 위해 최선을 다했던 그들의 사랑을 이제야 조금은 이해할 수 있을 것 같다.

 내가 초등학교를 처음 입학하던 날, 교실 문 앞에서 애써 웃어주었던 엄마의 얼굴. 그 미소 뒤에는 나를 떠나보내는 아쉬움과 불안감이 숨어 있었다. 나 역시 아이가 처음 유치원에 들어가던 날, 작은 손을 놓고 돌아서며 마음이 저릿했다. 아이가 불안해하지 않도록 환하게 웃었지만, 교문을 벗어나자마자 눈물이 왈칵 쏟아졌다. 그날의 내 모습에서 엄마의 마음을 온전히 이해했다.

또한, 내가 부모가 되고 나서야 깨달은 건 '희생'이라는 단어의 무게다. 어릴 땐 부모님의 희생이 당연하게만 느껴졌다. 그러나 내 아이가 아파서 밤새 울던 날, 지친 몸으로 새벽까지 달래다 겨우 잠들었을 때, 부모님의 헌신이 얼마나 큰 것이었는지 뼈저리게 느꼈다.

아이 열이 높아 새벽에 약을 먹이려다, 졸린 눈으로 설탕 대신 소금을 타서 먹인 적이 있다. 아이가 얼굴을 찡그리며 울자 나도 같이 울었는데, 그 순간 아버지가 예전에 감기약 대신 비타민을 먹였던 사건이 떠올랐다. 그땐 나도 웃었는데, 막상 내가 당하니 눈물이 먼저 났다.

가끔 거울 속 내 모습에서 부모님이 보인다. 아이에게 잔소리를 할 때, 엄마와 똑같은 표정과 목소리가 나온다. 어떤 결정을 할 때 아버지의 말투가 머릿속에 맴돈다.

"공부 좀 해!"라고 했는데, 아이가 "엄마, 지금 할 거야" 하며 웃는다.

그 대사, 내가 어릴 때 엄마에게 했던 말 그대로다. 순간 나도 웃음이 나면서도, '피는 못 속인다'라는 말을 절감했다. 부모가 되어보니 부모님의 마음이 조금은 이해가 간다. 모든 것을 주고도 더 주고 싶은 마음, 때로는 못마땅해도 여전히 애틋한 눈빛. 이제는 내가 그런 부모가 되어가고 있다. 부모가 되어보니 부모님의 삶이 조금은 이해가 간다. 아이의 잠든 얼굴을 쓰다듬으며 하루 피로를 잊는다. 그리고 마음속으로 다짐한다. "오늘도 잘했다. 내일도 잘하자."

밤에 아이 이불을 덮어주려다가, 바닥에 있던 장난감을 밟고 소리를 지를 뻔한 적이 있다. 그 순간, 어릴 때 내가 아버지 발밑에 레고를 두고 잤던 장면이 떠올랐다. 아버지가 새벽에 '아야!' 하고 비명을 지르던 소리… 이제야 그 아픔이 이해된다.

"엄마 밥상은 늘 나를 기다리고 있다." 아무리 늦게 귀가해도, 엄마는 내 밥을 차려 놓았다. 밥은 비닐로 덮여 있었고, 국은 살짝 데우면 될 정도로 남겨져 있었다. "늦게 온다면서 왜 밥 안 먹었어?" 문을 열면 들리던 그 한마디. 그 속엔 걱정과 섭섭함, 그리고 어쩌면 외로움까지 담겨 있었다. 하지만 바쁘다는 핑계로, 피곤하다는 이유로 그 밥상에 앉지 않았다. 대학 가고, 독립하고, 바쁜 어른이 된 이후부터는 그 밥상을 더는 마주할 수 없었다. 갑자기 생각났다. 그 국물의 온도, 김이 서리는 밥그릇, 나물의 간, 젓가락 하나에도 담겨 있던 엄마의 손길. 그리고 문득 깨달았다. 한 번도 엄마에게 "고마워요"란 말을 하지 않았다. 매일같이 차려지는 밥상이 당연했던 시절, 그걸 사랑이라 느끼지 못했다. 그저 하나의 일상이라 생각했다. 결혼하고 아이를 키우며 바쁜 나날 속에서도, 나는 그 밥상을 그리워했다.

며칠 전, 강의차 서울에 갔다가 엄마 집에 들렀다. 문을 열자마자 익숙한 된장국 냄새가 나를 감쌌다.

"너 좋아하는 가지볶음 했어." 그 한마디에 목이 메었다. 국물 김이 얼굴을 스치고, 숟가락을 드는 순간 눈물이 뚝 떨어졌다. "왜 울어? 맵냐?" 엄마는 농담처럼 웃었지만, 나는 알았다. 이 밥상 하나를 위해 얼마나 많은 시간이 들었는지. 몇 번이나 장을 보고, 손질하고, 조리하고, 다시 데우고, 기다리고, 또 기다렸을지. 밥상은 단순한 식사가 아니었다. 그것은 엄마가 나를 기다리는 방식이었다.

이제는 내가 엄마에게 밥을 차려드리고 싶다. 조금 서툴러도, 양념이 부족해도, 뜨거운 국물 한 그릇과 따뜻한 밥 한 공기 올려놓고, "엄마, 많이 드세요" 하고 말하고 싶다. 엄마의 밥상은 내가 돌아오지 않아도, 문을 열지 않아도, 늘 그 자리에 있었다. 나를 기다리며, 품으며, 한 번도 미워하지 않았던 그 마음 하나로 차려진 자리였다. 밥 한 끼에도 계절이, 손끝의 온기가, 기다림의 시간이 담긴다는 걸 이제야 안다.

가족은 때로 너무 가까워서 더 무심했고, 사랑은 말보다 손끝에 머물러 있었다. 주말 저녁, 온 가족이 둘러앉아 저녁을 먹는데 큰아이가 물었다. "엄마, 왜 할머니는 밥을 꼭 많이 주는 거야?" 내가 대답하기도 전에 남편이 웃으며 말했다. "그건 말이야… 사랑의 무게를 밥으로 재시는 거지."

그러자 둘째가 심각하게 고개를 끄덕이며 한마디 했다. "그럼 할머니 사랑은 3킬로그램이네." 온 식탁이 웃음바다가 됐다. 그 순간, 나는 깨달았다. 우리가 나누는 건 음식이 아니라, 마음이라는 걸.

밥상 너머로 오가는 건 국물과 반찬이 아니라, 하루를 버티게 한 이야기들이었다.

부모란, 아이가 웃으면 세상이 환해지고, 아이가 울면 가슴이 무너지는 존재.

아이의 첫걸음에 눈물이 차오르고, 아이의 마지막 등교에 마음이 허전해지는 존재.

그렇게 모든 시작과 끝을 함께하며, 자식을 위해 평생을 헌신하는 존재가 바로 부모다.

그 사랑은 끝도 없고, 조건도 없으며, 그저 자식을 위해 모든 것을 내어줄 준비가 된 마음이다.

부모는 그런 존재다. 오늘도 나는 부모로서 또 하나의 추억을 쌓아가며, 그렇게 조금씩 부모님의 마음을 더 깊이 알아가고 있다.

1-5

자식을 안고 울 때, 부모님이 떠올랐다

김은주

"배고파, 배고파!" 노래를 부르며 집으로 왔다. 도착하자마자 음식을 주문했다. 오늘 메뉴는 도토리묵. 나에게 묵은 보약 이상의 가치를 선물해 주는 음식이다.

"은주야, 일어나라" "미숙아, 일어나라"

아버지가 우리를 깨우는 목소리다. 다른 계절에 비해 가을은 이른 시간부터 하루가 시작된다. 눈이 떠지지 않는다. 눈곱을 떼며 억지로 걸음을 옮긴다. 언니들과 함께 도착한 곳은 집 앞에 있는 산이다. 우리는 그때부터 아버지의 목소리가 들려올 때까지 분주하다. 손에 든 비닐봉지가 불룩해질 때까지 눈과 손이 쉴 새가 없다. 우리가 하는 일은 *상수리를 줍는 일이다. 조금만 줍다 보면 떠지지 않던 눈도 크게 떠진다. 덩달아 입도 바빠지기 시작한다. 언니들에게 친구들

---

* 상수리나무 열매, 도토리

이야기 들려주느라 시끌시끌하다. 언니들도 친구들 이야기를 들려준다. 입도, 눈도, 손도 열심히 움직이다 보면 어느새 비닐봉지가 불룩해진다. "은주야, 밥 먹어라! 학교 가야지." 반가운 아버지의 목소리가 들린다. 상수리로 가득해질 무렵에 맞추어 아버지는 우리를 부른다.

상수리로 가득 찬 비닐봉지를 마당에 자랑스럽게 내려놓는다. 아버지의 얼굴에 대견해하는 미소가 보인다. 손만 대충 씻고 밥상으로 모여 앉는다. 상수리 줍느라 허기진 배에 엄마의 된장찌개가 들어가면서 조용해진다.

산에 떨어진 상수리가 거의 보이지 않을 때까지 줍는 것을 반복한다. 며칠이 지나고 나면 밥상에 묵 반찬이 오른다. 고소한 들기름 냄새 풍기는 간장에 탱글탱글한 묵을 찍어 입에 넣는다. '바로 이 맛이지'라는 만족한 표정이 지어진다. 밥 한 그릇을 뚝딱 비워버린다. 엄마는 우리가 주워 온 열매로 묵을 만들어서 시장에 내다 팔기까지 하였다. 모두가 좋아하는 묵이니 시장에 팔지 말라고 떼썼다. 더 먹고 싶다고 소리도 질렀다. 그것을 판 돈으로 엄마는 이쁜 옷을 사다 주었다. 우리가 좋아하는 라면도 함께 사 왔다. 그때는 묵을 이고 시장에 가는 엄마의 모습이 싫었다.

어른이 되어 묵을 볼 때면 상수리를 줍던 시간이 떠올랐다. 아버지가 소리높여 산에 있는 우리를 부르던 모습도 그려졌다. 밤새 고생을 하신 끝에 만들어진 탱글탱글한 그때의 묵이 그립다. 그 시절과 같은 맛은 아니지만 묵을 먹으면 기분이 좋아진다. 도토리묵을 먹으면 보약을 먹은 것처럼 기운이 난다.

오늘도 묵을 먹으며 에너지를 충전했다. 어버이날이 지난 지 얼마 되지 않아 그런지 가슴이 먹먹해진다. 항상 옆에 있는 사람으로 생각하고 살았다. 지금도 가끔은 부모님이 옆에 없다는 게 믿어지지 않을 때가 있다. 부모님이 곁에 있을 때는 얼마나 소중한지 깨닫지 못했다. 그냥 공기처럼 당연한 존재로 생각했던 것 같다. 그런데 아이들을 키우면서 부모가 보이기 시작했다. 엄마가 된 후 부모님이 외쳤던 말들이 제대로 들리기 시작했다.

"쌍둥이입니다"라는 의사의 말에 말문이 막혀 아무런 소리가 나오지 않았다. "그럴 리가 없어요. 우리 집 안에는 쌍둥이가 없어요." 옆에 있던 남편이 놀라 되물었다. "이란성 쌍둥이입니다. 요즘은 환경적인 요인으로 이란성 쌍둥이가 많습니다."

처음에는 당황스러웠다. 임신이 되지 않아 산부인과를 자주 다녔던 터라 그 소식은 이내 설렘으로 바뀌었다.

880g, 920g. 딸 쌍둥이가 26주 만에 태어났다. 한 아이는 5일 만에 하늘나라로 서둘러 떠났다. 한 아이만 남았다. 손보다 작고, 숨소리보다 가벼운 생명이 내 품에 안겼다. 태어나고 며칠이 지나서야 딸의 체온을 느낄 수 있었다. 26주에 내 곁에 와 준 딸. 너무 이른 만남이었다. 약한 존재였다. 밖에서 바라볼 수밖에 없었다. 매일 무너졌다. 신생아 중환자실에 있는 딸은 하루에 두 번만 만날 수 있었다. 하늘을 보아도, 꽃을 보아도 제대로 보이지 않았다. 뿌옇게 낀 상태였다. 몸을 웅크리고 살아야 했던 그 3개월의 시간은 느리게만 흘렀다. 면회 시간을 기다리는 게 전부였다. 하루에 두 번 병원과 집을

오갔다. 응급상황 시에는 하루에 서너 번 병원을 오갈 때도 있었다. 인큐베이터 속 딸을 보며 늘 같은 소망을 되뇌었다. "숨 쉬어줘. 살아줘. 제발 버텨줘." 밤이 깊어질수록 내 안의 두려움은 짙어졌다. 울음도, 웃음도, 잠조차도 죄스러웠다.

아이를 품에 안고 있으면 시간이 멈춘 듯했다. 하루가 전쟁 같았다. 그러던 어느 날 어릴 적 이야기가 문득 떠올랐다. 갓난아기 때 위독해서 호적을 늦게 올렸다는 얘기였다. 엄마는 그 말을 할 때마다 어딘가 먼 곳을 바라보았다. 그때 알았다. 조용한 눈빛, 그 굳은 입술 그게 다 사랑이었다는 것을. '부모님도 이렇게 기도만 했겠지'라는 생각으로 부모님께 전화를 자주 하게 되었다. '엄마는 그때 어떤 마음이었을까. 내가 숨을 쉬는 것만으로 기적이라고 여겼을까' 묻고 싶었다.

자식을 안고 울면서 엄마, 아버지가 떠올랐다. 내 아이를 향한 애절한 마음속에서 나를 향한 부모님의 흔적이 보였다. 그 마음의 깊이, 그 숨죽인 고통, 그 어떤 말보다 강한 기다림을 이해할 수 있었다. 비 내리던 날, 아무 말 없이 젖은 가방을 받아주던 손. 감기에 걸렸을 때 잠결에도 이마를 짚던 따뜻한 손길이 좋았다. 하나하나가 이제야 생각난다. 그 순간들이 모두 사랑이었다. 말없이 흘린 땀과 눈물이 날 키운 힘이었다. 아픈 아이를 안고 울면서 부모의 하루를 보게 되었다. 딸을 품에 안고 울면서, 조금씩 엄마가 되었다.

머리도 못 말린 채 면회 시간에 맞추어 뛰었다. 아이의 체온을 한 번이라도 느끼기 위해 정성 들여 소독했다. 인큐베이터 창 너머로 손을 넣었다. 따뜻한 온도와 삐 소리 가득한 중환자실에서 조용히 숨을 삼켰다. 울음을 삼켰다. 두려움을 삼켰다. 살아만 있어 달라고 아이의 작은 몸에 말을 걸었다. 그 시간, 아이는 엄마 아빠보다 더 치열한 싸움을 하고 있겠다고 생각했다. 작지만 분명하게 느껴졌다. 딸 손가락에 힘이 느껴져 울었다. 조금 올라간 체중 변화가 그저 반가웠다. 그러다 한순간 내려간 수치에 눈앞이 캄캄해지기도 했다. 이 작은 생명에게 매달려 하루하루를 버티는 시간은 먹구름 가득한 날들이었다.

아이의 숨결이 너무 가늘어 숨을 쉴 때마다 가슴을 쥐어뜯는 것 같았다. 하루에도 몇 번씩 '혹시나' 하는 상상을 떨쳐버리려고 노력했다. 두 눈을 감고 '오늘도 다 지나가리라'를 수천 번씩 외쳤다. 두 손을 모아 간절히 빌었다. 아이를 만나고 돌아오는 길은 언제나 낯설고 외로웠다. 차 안에서, 화장실에서, 밥을 먹으면서도 청소기를 돌리면서도 눈물이 흘렀다. 사람들 틈에서 늘 반쯤 멍한 눈으로 걷고 있었다. 나만 멈춰진 시간 속을 사는 것 같았다.

무너지지 않기 위한 몸부림의 날들이었다. 아이를 안고 울며 부모님 생각이 많이 났다. 그들도 나처럼 두려웠을 것이다. 형편이 어려워 병원을 데리고 가지 못해 얼마나 안타까워했을까. 밤새 열이 나는 아이 앞에서 계속 이마를 짚으며 간절한 기도를 했으리라.

부모가 되니 그때 답답하고, 이해하지 못했던 말을 이해하게 된다. 딸을 안고 울던 그날의 나처럼 부모님도 나를 안고 울었을 거다. 밤새 아이 걱정으로 불 꺼진 부엌에서 울며 내일을 버텼을 거다. 엄마의 굽은 등이 떠오른다. 햇살 좋은 날에 빨래를 널던 엄마의 손이 생각난다. 아픈 허리를 굽혀 내 신발과 아이들의 신발을 정리해 주던 아버지의 모습이 생각난다. 입덧이 심해 친정에 있을 때 혹시나 잠이 깰까 봐 조심스럽게 걷던 그 발소리가 그려진다. "엄마가 되면 이 부모 마음을 알 거여." 늘 말했다. 정말 그랬다. 부모가 되고 나서야 엄마 아버지를 다시 보게 되었다. 늘 한 발짝 뒤에서 우리를 응원하는 존재가 부모였다는 것을.

19세기 미국의 성직자였던 헨리 워드 비처는 이런 말을 남겼다. '우리가 부모가 됐을 때 비로소 부모가 베푸는 사랑이 어떤 것인지 절실히 깨달을 수 있다.' 이 표현처럼 엄마가 되어 부모의 존재를 알아가고 있다. 오늘도 도토리묵을 먹으며 몸과 마음을 충전한다.

1-6
딸로 살아낸 시간, 엄마로 살아가는 지금
나윤희

　노을이 유난히도 아름다운 김제가 고향이다. 우리 집은 마당이 넓은 기와집이다. 마당 앞에는 꽃밭이 있다. 엄마는 그 꽃밭에 사계절 내내 좋아하는 꽃을 심었다. 마당은 승용차 4대 정도 주차할 수 있을 만큼 넓다. 마당에는 항상 닭을 풀어 놓고 키웠다. 그리고 강아지, 염소, 돼지, 공작새, 칠면조 등을 키웠다. 부모님은 쌀농사는 물론 밭농사까지 농사일을 많이 했다. 그런 부모 밑에서 자란 오빠와 남동생도 부모님을 항상 도왔다.

　열 살 이전, 학교에서 돌아오면 엄마가 집에 있었다. 고구마 말린 간식을 먹으며 받아쓰기 연습도 하고 구구단도 함께 외웠다. 엄마는 학교에서 돌아올 시간에는 항상 간식을 만들어 놓고 나를 반겨주었다. 엄마와 함께하는 시간이 행복했다. 가끔 내게 예쁜 드레스 옷을 입히고 마당 꽃밭에서 사진 찍어주기도 했다. 그런데 열 살이 되자 내게 집안일을 하나씩 맡기기 시작하면서 밖에 있는 시간이 많아졌다. 그 해는 남동생이 초등학교 1학년 입학하는 해였다.

엄마는 처음에 청소하는 것을 시켰다. 그리고 빨래하는 것과 밥 짓는 일, 다음에는 반찬 만드는 일까지 가르쳤다. 시키면 모든 척척 해내는 내가 마음에 들었는지 야무지다는 소리를 많이 듣고 자랐다. 그렇게 집안일을 맡기고 논과 밭에 일에 더 전념했다.

엄마는 항상 새벽 4시가 되면 일터로 나가 일했다. 아침이 되면 우렁각시처럼 집에 돌아와 아침 밥상을 차려주었다. 밥상은 늘 두 상으로 나뉘었다. 할아버지와 아빠, 오빠와 남동생 밥상을 받았다. 할머니와 엄마, 나는 따로 밥상을 차렸다. 남과 여로 구분된 밥상처럼 보였다. 사랑을 많이 받았지만, 그 안에서도 차별은 존재했다.

엄마는 오빠와 남동생 그리고 나를 학교에 보내놓고 다시 일터로 나갔다. 그리고 한밤중이 되어야 집으로 돌아왔다. 학교에 갔다가 집에 들어오면 텅 빈 집이 싫었다. 아침에 엄마가 내게 맡겨준 일을 하나하나 생각하며 집안일을 했다. 제일 먼저 하는 일은 청소다. 방 3개와 마루를 쓸고 닦았다. 우리 집은 마당이 흙으로 되어있어 자주 마루를 닦아주지 않으면 근방 먼지가 가득 쌓였다. 그래서 자주 닦아 주어야 했다. 그리고 난 후, 가족들을 위해 저녁 준비를 했다. 부엌에는 큰 솥과 중간 솥 그리고 작은 솥이 있었다. 제일 작은 솥에는 밥을 짓고 가장 큰 솥에는 물을 끓였다. 그래야 저녁에 가족들이 집으로 돌아오면 따뜻한 물로 씻을 수 있기 때문이다. 밥을 짓고 나물을 무치고 국을 끓이고 나면 대략 7시쯤이 된다. 그즈음 할머니가 제일 먼저 오고, 오빠와 남동생이 집으로 돌아왔다. 밥상을 차려 저녁을 먼저 먹고 나면 아빠와 엄마는 9시쯤 돌아와 저녁만 먹고 다시 일터로 나갔다. 저녁을 먹고 일터로 나가면 부모님은 새벽이 되어서야 다시 집으로 돌아왔다. 저녁 설거지와 집안 곳곳을 치우다 보면 어느새 밤 10시가 된다.

그중에서도 가장 힘들었던 건 담배 농사였다. 커다란 담뱃잎을 따서 하우스로 옮기고, 동네 어른들과 크기대로 고른 후, 끈으로 엮어 하우스에 걸어 두는 일인데 정말 손이 많이 갔다. 담뱃잎 일을 할 때는 가족 모두가 하우스로 가서 전등을 밝히고 새벽 2시까지도 일하는 것이 일상이었다. 냄새도 고약했다. 무엇보다 싫었던 건 일이 새벽까지 계속된다는 사실이다. 일단 시작하면 다 끝을 봐야만 집에 올 수 있었다. 부모님은 돈이 된다는 이유로 몸이 피곤하면서도 그 일을 손에서 놓지 못했다.

초등학교 3학년, 집안일을 한다는 것은 쉬운 일은 아니다. 우리 집 뒤에는 뒷동산이 있는데 아이들은 항상 그곳에 모여 놀았다. 내가 빨래하고 밥을 짓고 있으면 아이들의 웃음소리가 대나무 바람을 타고 우리 집 부엌까지 들려왔다. 친구들이 노는 소리가 들리면 같이 놀고 싶은 마음에 기분이 상하기도 했고, 가끔은 화도 났다. 그럴 때마다 엄마가 미웠다. 집안일을 도와주는 사람이 없는 게 싫었다. 어린 10살 꼬마 계집애가 감당하기에는 힘이 부추기는 일들이었다.

어린 시절에 나는 몸이 좋지 않았다. 자주 아팠고 양호실에 누워 있는 시간도 많았다. 학교가 끝나기 전에 조퇴하는 일도 많았는데, 그럴 때마다 아무도 나를 데리러 오지 않았다. 평소 1시간 걸리는 거리를

2시간 걸어 겨우 집에 도착했다. 텅 빈 집에 혼자 누워 있다가 병원에 실려 가는 일도 많았다. 엄마가 필요할 때 엄마는 곁에 없었다. 서운하고 미웠다. 그럴 때마다 나는 다짐했다. 결혼해서 현모양처가 되겠다고. 아이들이 필요할 때 옆에 있어 주는 엄마가 되겠다고.

어느덧 세월이 지나고 어른이 되었다. 결혼하고 아들 두 명을 낳았다. 누구보다 엄마 역할에 최선을 다하려고 애쓰면서 살았다. 간식을 손수 준비하고 건강한 음식과 건강한 먹거리로 아이들을 키웠다. 생일날에는 학교 반 친구들을 모두 초대해서 생일파티를 열어 주었다. 풍선으로 파티 장식을 꾸며 주고 아이들이 좋아할 만한 음식을 차려 생일파티를 함께 즐겼다. 학교에서 학부모 일이 있으면 적극적으로 참여해 엄마의 자리를 채워 주기도 했다. 나의 삶에 기준은 오직 아이들뿐이었다.

부모가 되어 엄마 마음을 들여다보게 되었다. 엄마에게는 친정엄마가 없었다. 부모님이 일찍 돌아가시고 형제들과 어려운 환경 속에 살았다. 그 동네에 자주 놀러 다니던 친할아버지가 엄마를 데려와 아빠와 결혼시켰다고 했다. 엄마는 자식들에게 가난을 물려주기 싫어 매일 같이 일만 했다.

어린 시절에는 헤아릴 수 없었지만, 어느덧 엄마가 되어보니 그 마음을 조금은 알 것 같다. 치열하게 살았던 그 시절을 뒤돌아보면 우리는 결국 가족을 위해 각자 역할을 묵묵히 해내고 있었다. 방법은 달라도 그것은 모두 사랑이었다.

그땐 몰랐다.
엄마의 빈자리가
사랑의 다른 이름이었다는 것을.

말 대신 일로,
곁 대신 밥상으로,
엄마는 그렇게 자신만의 방식으로
가족을 품고 있었다.

나도 이제
누군가의 엄마가 되어 보니
그 사랑을 조금씩
천천히 이해하게 된다.

사랑은 늘 옳은 방식으로 오지 않는다.
다만,
진심이 담긴 삶으로 남아
우리를 키운다.

그리고 그 삶이
어느 날 나를 일으키고
또 누군가의 사랑이 된다.

1-7
부모의 뿌리에서 자식의 가지가 뻗는다

류남숙

"아이 정말, 엄마 T야?"

사춘기 딸이 말을 톡 쏘았다. 대화 끝에 던지는 이 말이 무슨 뜻인지 안다. 시시비비를 가리지 말고, 무조건 편을 들어달라는 뜻이다. 적극적으로 공감해 주지 않는 엄마의 태도가 서운하다는 말이다. 요즘 한창 유행인 성격유형검사에 대한 기준으로 판단한 것이다. 다시 대답하라고 안달하는 딸이 귀여워 웃음이 난다. MBTI에 대해 좀 더 알고 싶어 검색했다. T는 '논리적 사고를 하고 사실에 근거하여 분석하며 원리원칙을 철저하게 지키고 규범을 따르는 성격'이라고 나온다. 꽤 멋진 성향이다. 부럽다. 풍부한 감수성의 대명사인 나와는 크게 다르다. 그런데, 딸이 나에게 T라고 했다. 왠지 뿌듯하다. 아이를 키우면서 덤덤하기 위해 애써 온 결과다. 판단할 때 감정에 휘둘리지 않는다는 평가로 들렸다. 생각할수록 흡족하다.

나의 사춘기 시절, 이웃집 아줌마는 걸핏하면 자식 편을 들며 욕을 했는데, 우리 엄마는 무덤덤했다. 엄마는 왜 아무렇지도 않냐고 정색하며 물었다. 자식 일이라 해서 무턱대고 도와주지 않았다. 속상하거나 화가 날 일에도 흔들리지 않았다. 그 묵묵함은 종종 상처가 되었다. 서럽고 억울한 마음이 자꾸 쌓였다. '나는 엄마처럼 무뚝뚝한 엄마는 되지 않을 거야.' 다짐을 거듭했다.

사필귀정이라 했던가? 돌아보니 결과는 늘 비슷했다. 상대가 악다구니를 쓰는 그 순간에는 무심한 듯 있지만, 엄마는 결국 일을 바로잡았다. 담담한 말투로 옳고 그름을 분명히 해서 사과를 받아냈다. 함께 화를 내고 날뛰는 것으로는 일이 해결되지 않는다. 사실에 대해 집중하고, 생각을 정돈해야 한다. 잘 가다듬은 생각을 전하면 상대와 부딪히지 않아도 일은 풀리기 마련이다. 화날수록 숨을 고르는 시간이 필요하다.

엄마의 음성은 맑고 쩌렁쩌렁하다. 편찮으신 할머니가 연이어 불러도 매번 크고 낭랑한 목소리로 대답했다. 아버지 말에도 귀를 기울였다가 시원시원한 말로 답했다. 엄마 목소리가 들리기 시작하면 늦잠은 포기다. 휴일만이라도 제발 늦잠 좀 자게 내버려 두면 얼마나 좋을까? 원망이 생겼다. 벌떡 일어나 부지런 떨도록 호령하는 소리는 장군 같았다. 귀찮지만 어쩔 수 없이 일어나 움직였다. 엄마가 먼저 행동으로 본을 보이니 게으름 피우며 버틸 재간이 없다. 불퉁한 마음으로 시작하지만, 마당을 쓸고 마루, 방까지 닦다 보면 어느새 잠이 깨고 개운해졌다. 엄마의 목소리는 컸다. 씩씩하고 호탕했다. 곁에 있으면 저절로 활기가 전해졌다.

아이들을 키우면서 엄마의 에너지를 자주 떠올렸다. 엄마의 활력은 가족의 하루에 큰 영향을 미쳤다. 걱정이 생기면 조금 더 힘을 내보자는 다짐을 계속했다. 자식은 부모가 하는 대로 배운다. 말보다 행동, 실천하는 에너지가 더 기억에 남는다. 어떤 마음가짐으로 어떻게 행동하는지 자꾸 나를 돌아본다.

내가 처음으로 기억하는 엄마의 당부는 "아버지한테 말할 때는, 앞에 가서 큰소리로 해라"였다. 말을 시작할 때부터 큰소리로 또박또박하게 하라고 시켰다. 넷째 딸로 태어나 보니, 점잖고 반듯한 언니들이 이미 엄마의 말대로 하고 있었다. 다른 집에서도 똑같이 하는 줄 알았다. 아버지한테는 큰소리로 또박또박, 표준어로 말하는 법인가보다 생각했다. 이런 우리를 보고, 이웃 사람들은 예의 바르게 잘 큰다고 입을 모았다.

엄마가 아버지에게 말하는 태도에 대해 당부하신 이유는 스무 살이 넘어서 알았다. 군대 시절에 고막 손상이 있었던 우리 아버지는 한쪽 귀로만 소리를 듣고 있었다. 아무도 몰랐다. 의심해 본 적도 없다. 남보다 청력이 약한 아버지를 위해서, 엄마는 또박또박 큰 소리로 말하도록 가르쳤다. 엄마의 지혜 덕분에 우리 아버지는 청각장애인이 아니었다. 엄마의 현명함 덕분에 자녀들에게 존중받는 아버지였다. 마주 보며 나누었기에 우리의 대화는 늘 빛이 났다. 눈을 맞추고, 상대방의 말에 귀를 기울이고, 말을 가려 했다. 막무가내로 우기거나 공격하지 않는 대화는 지금도 계속되고 있다.

강의하다 보면 말을 쉽고 재미있게 한다는 격려를 종종 듣는다. 감사한 일이다. 아는 것이 많아도 잘 알아듣게 말하는 것은 쉽지 않다. 생각이 깊어도 쉬운 말로 풀어내는 것은 어렵다. 내가 말재주로 칭찬을 듣는다면 모두 부모님 덕분이다.

엄마는 뚝뚝한 사람이 아니다. 여름밤에 희뿌연 은하수가 남북으로 길게 늘어서면, 오 남매를 모두 마당으로 불렀다. "야들아, 은하수 좀 봐라. 황홀하다"라며 하늘을 보게 했다. 해 진 후에 대문간에 나타나는 두꺼비에게도 반갑다고 인사를 한다. 장을 보러 갔다가 먹을거리는 하나도 안 사고, 지갑을 톡 털어 장미 나무 한 그루만
사 온 적도 있단다. 이 정도면 슈퍼 F다. 자식들 키우며 사느라 T처럼 행동했을 테다. 나는 정말 엄마를 쏙 빼닮았다.
"엄마, 다음 생에는 엄마가 내 딸로 태어나세요. 엄마가 나한테 해준 거 만큼, 그보다 내가 되게 잘해드릴게." 열여섯의 어느 날, 엄마의 손발톱을 깎다가 졸랐던 말이다. 그때도 지금처럼 절절한 마음이었는지 기억나지 않는다. 다만, 점점 연세가 드시는 엄마를 보면, 내가 엄마가 되어드려야겠다는 생각이 든다.

부모의 뿌리에서 자식의 가지가 뻗는다. 아이에게 가장 큰 유산은 부모 삶의 태도다. 엄마의 지혜가 큰 가르침이 되었다. 세상에 나쁘기만 한 일은 없다는 말, 우울할수록 웃을 일을 찾으라고 했던 조언, 작은 일에도 기쁨을 찾아가던 태도. 이 모든 것이 어느새 나에게도 스며들었다. 엄마의 행동이 본보기가 되어 우리 인생의 방향키가

되었다. 내가 사는 모습도 자식을 이끄는 기준이 될 것이다. 내가 엄마를 보고 그랬던 것처럼.

1-8
세월을 넘어, 밥상에 스며든 부모의 사랑

박은주

음력 4월 8일은 시어머님의 추도예배가 열리는 날이다. 해마다 이 날, 가족들이 함께 모여 시어머님을 기리며 추억을 나눈다. 올해는 20주기로 부처님오신날에 어린이날까지 겹쳤으니 참석 인원이 많다. 부모님 아래로 5남 2녀, 3대손이 90명이나 되는 대가족이다. 우리는 막내다. 올해는 시어머님 추도예배를 위해 마당 넓은 서울 넷째 아주버님 댁에서 모였다.

먹거리는 막내인 우리가 준비했다. 고기, 과일, 떡과 봄나물까지 넉넉히 챙겼고, 문어와 회는 아주버님 댁으로 주문했다.

아이들과 함께 간단하게 아침 식사를 하고, 오전 5시 30분 출발했다. 근처 사는 셋째 아주버님 댁에 들렀다. 승용차에 실었던 짐을 아주버님 승합차로 옮겨 실은 뒤, 서울로 출발했다.

9시에 서울에 도착하니 형님이 아침 식사를 차리고 있었다. 준비해온 먹거리를 보고 값비싼 고기보다 봄나물을 더 반겼다. 두릅을 손에 들고 신선한 향을 맡으며 좋아했다. 방풍나물의 푸르른 잎사귀를 쓰다듬으며 건강에 좋은 나물이라고 감탄했다. 엄나무 순도 금세 알아보고는 잎이 연하고 맛있어 보인다며 귀한 나물이라 말했다. 형님의 연이은 감탄에 정성 들인 보람이 느껴져 마음이 뿌듯해졌다.

형님이 식사하는 동안 싱크대를 열어 큰 찜솥을 꺼내 물을 끓이기 시작했다. 물이 끓기를 기다리며 나물을 하나씩 손질했다. 방풍나물의 티를 골라내고, 엄나무 순도 간단하게 손질했다. 두릅은 밑동을 정리하고 너무 자란 것은 잘 익을 수 있도록 칼로 살짝 그어주었다. 두릅은 향이 강하고 물이 진해지니 마지막에 데치기로 했다.

처음에는 조금 망설였다. 결혼한 지 20년, 요리에 자신이 없어 설거지만 했다. 그런 내가 나물을 데치고 무칠 준비를 하고 있다. 진두지휘할 큰 형님이 도착하지 않았는데 손이 자연스럽게 움직인다. '내가 나물을 손질하고 있다니.' 미소가 지어진다.

물이 끓어갈 즈음 큰 형님이 도착했다. 때맞춰 와 준 형님이 내심 고맙고, 나물 자랑하고 싶은 마음에 괜히 들뜬다. 음식 솜씨 좋은 큰 형님은 다슬기 국거리, 소고기뭇국, 홍어무침, 식혜까지 정성스레 챙겨왔다. 형님들 좋아하는 나물을 넉넉히 챙겨오고 데칠 준비하는 어린 막내 동서를 칭찬한다. 큰 형님은 능숙한 손놀림으로 나물을 데쳤고, 나는 그 나물을 찬물에 헹궜다. 손끝에서 느껴지는 신선한 감촉과 퍼지는 향에 마음이 편안해졌다.

나물을 손질하다 어린 시절 엄마와 함께했던 기억이 떠올랐다. 나는 농촌에서 자랐다. 조부모님, 부모님, 2남 4녀, 열 식구가 함께 살았다. 집이 북적이고 시끌벅적했지만, 그만큼 따뜻했다. 시골 마을에서는 가끔 소나 돼지를 잡는 날이 있었다. 다른 집들은 조금씩 주문했는데, 우리 집은 언제나 넉넉하게 고기를 샀다. 영천 5일장이 서는 날이면, 포항에서 올라온 싱싱한 회를 살 수 있었고, 막내였던 나는 누구보다 잘 먹었다.

그래서인지 특별히 가리는 음식이 없다. 그중에서도 나물 반찬을 좋아한다. 텃밭에는 상추, 시금치가 자라고, 들에는 쑥이며 냉이, 달래가 자랐다. 그러나 진정한 보물은 산에서 나는 산나물이었다. 엄마는 봄이면 높은 산에 올라 산나물을 가득 뜯어 왔다. 나는 알싸한 향이 풍기는 산나물 무침을 좋아했다.

초등학교 2학년 무렵이었다. 엄마가 산에 나물을 뜯으러 갔는데, 해가 저물도록 돌아오지 않았다. 걱정된 마음에 친구와 마중 갔다. 어둑해진 길을 엄마들이 뚜벅뚜벅 걸어왔다. '깊은 산에는 호랑이가 산다던데…. 혹시 다친 건 아닐까?' 불안한 마음으로 기다리던 참에 엄마가 보이자, 안도감에 눈물이 왈칵 쏟아졌다.

"엄마! 왜 이렇게 늦게 왔어? 다른 엄마들은 산에 안 가는데, 엄마는 왜 이런 거 하러 가!" 떼를 쓰듯 울며 엄마에게 달려갔다. 무겁게 머리에 이고 오던 나물 보따리를 내려놓고, 엄마는 나를 안아주었다. 손은 거칠었지만 엄마 품은 따뜻했다. 친구 엄마 보따리는 언제나 가벼워 보였는데, 우리 엄마 나물 보따리는 늘 무거웠다. 집으로 돌아오면 엄마와 함께 나물을 손질했다. 가끔은 아버지도 곁에 앉아 티를 골라내며 하루 동안 있었던 일을 이야기 나누곤 했다. 방 한편에 펼쳐진 산나물이 시들해 보여 걱정했다. 하지만, 다음날이면 맛있는 반찬으로 변했고, 영천시장에 내다 놓으면 금세 싱싱하게 되살아났다.

해마다 봄이 오면, 엄마는 어김없이 산에 올랐다. 중학생이 된 뒤로는 가끔 엄마를 마중 나가곤 했다. 어느 날, 엄마는 손에 참꽃을 쥔 채 산길을 내려왔다. 고단한 농사일과 산나물 뜯느라 지친 모습은 사라지고, 꽃을 들고 내려오는 엄마의 얼굴에는 해맑은 미소가 번져 있었다. 꽃잎이 떨어질까 조심스레 들고 오는 모습은 마치 수줍은 산골 소녀 같았다. 그날 처음으로 알았다. 엄마는 힘든 일상 속에서 작은 기쁨을 찾고 있었다는걸.

엄마는 그 큰 산 이름이 '구봉산'이라고 알려주었다. 구봉산을 넘으면 건너편에 외가댁이 있다. 구봉산을 돌아 시집온 엄마에게 그 산은 친정과 시댁을 가르는 경계선이자, 두 가족을 이어주는 연결선이기도 했다. 구봉산 아래 산자락에는 '생식 마을'이 있다. 그곳은 불을 사용하지 않고, 자연 그대로의 것을 날로 먹으며 살아가는 사람들이 마을을 이루고 있다. 그 아래에 외가댁이 있다. 3남 3녀 중 둘째면서 장녀였던 엄마는 식구들을 위해 어린 시절부터 산을 오르내리며 산나물을 뜯었다. 봄이면 구봉산은 엄마에게 일터이자 놀이터였다.

농사일에 집안일까지, 열 식구를 돌보느라 엄마는 늘 바빴다. 외며느리로 친정 나들이조차 마음 놓고 다녀올 수 없었다. 구봉산을 오르며, 엄마는 어떤 마음이었을까. 조금만 여유를 부렸더라면, 잠시라도 친정에 다녀올 수 있었을 텐데. 우리 엄마는 그러지 못했다. 조금이라도 더 많은 산나물을 뜯기 위해, 시간 가는 줄 모르고 산을 헤맸을 것이다. 새순 돋는 산자락을 보며, 외할머니는 구봉산 너머 딸을 떠올렸을까? 저 산 어딘가에서 나물을 뜯고 있을 큰딸이 문득 그리웠을지도 모른다.

엄마에게 따뜻한 밥 한 그릇, 제철 나물 반찬은 최고의 식사였다. 간식 좋아하는 할머니는 밥만 좋아하는 엄마를 종종 타박했다. 밥 좋아하는 엄마를 닮았을까? 결혼 생활 20년 동안 끼니를 거른 적이 없다. 식사 시간에는 먹는 즐거움이 있고, 가족과 함께하는 행복함이 있다. 요리 솜씨는 별로다. 고기와 생선은 양념 없이 구워 먹는 것을 좋아한다. 반찬은 주재료를 이용해 단순하게 조리한다. 싱싱한 제철 채소와 과일은 놓치지 않는다. 아무리 바쁘고 피곤해도 하루 세 끼 밥은 꼭 챙겨 먹는다. 못하는 요리는 외식으로 대신한다. 가끔 단골 반찬집 도움도 받는다.

주말에 오는 대학생 아들을 위해 고등어 김치찜을 샀다. 통통한 고등어 한 점을 푹 익은 무와 묵은지를 곁들여 먹으면 정말 맛있다. 밥 한 그릇이 뚝딱이다. 입 짧은 작은아이가 김치찜에 밥 두 그릇을 해치우며, 김치찜이 정말 맛있다고 엄마를 칭찬한다. 직접 끓이지 않은 탓에 겸연쩍어하면 이렇게 맛있는 걸 사다주는 것만으로도 감사하다며 엄지 척을 보낸다. 이번 주말에는 아들이 좋아하는 카레라이스를 준비해야겠다. 싱싱한 오징어 듬뿍 넣어 끓인 것을 좋아한다. 주말 메뉴는 엄마표 해물 카레라이스이다.

  내 입으로 들어가는 것보다 자식 입에 밥 들어가는 게 더 행복하다는 말이 생각난다. 우리 엄마도 그랬다. "은주는 먹는 것에서 복이 들어온다, 어째 그렇게 맛있고 복스럽게 먹는지 참 이쁘다"라며, 내가 먹는 모습을 바라보곤 했다. 부모님의 사랑은 늘 가족을 위한 작은 희생과 정성 속에 담겨 있었다. 나물 한 접시, 따뜻한 밥 한 끼 속에 담긴 마음을 부모가 되어 비로소 헤아릴 수 있었다. 이제는 그 마음을 자식에게 전하며, 부모에게 받았던 사랑을 되새기고 있다.

1-9
원래 그런 것은 없다, 연습하다 보면 변화할 수 있다

박준식

나는 경상도 사나이다. 경상도 사나이라는 말은 무뚝뚝하고 감정 표현을 잘 못하는 사람을 말한다. 아버지도 무뚝뚝하고 감정 표현을 잘하지 않았다. 필요한 말만 했다. 그런 모습을 보고 자라났다. 그런 영향 때문인지 감정 표현을 잘하지 못했다. 아버지께서 사랑한다는 말을 하신 적도 없다. 아버지의 사랑을 처음 느낀 것은 20살이 넘어서였다. 하나뿐인 남동생이 의경 훈련을 받고 수료하는 날이었다. 온 가족이 면회를 가기로 했었다. 새벽 일찍 일어나 면회를 서두르는 아버지의 모습을 보았다. 그때 아버지가 표현하지 않지만 나와 동생을 사랑하는 마음을 처음으로 느꼈다. 오랜만에 동생을 만나러 가는 길에 설렘이 가득한 아버지는 새로운 모습이었다.

누가 나에게 시키지는 않았지만, 표현력이 부족한 것과 무뚝뚝함을 경상도 남자라고 합리화했었다. 무심한 듯 무뚝뚝한 아버지의 영향으로, 불편하다고 생각해 보지 않았다. 감정 표현에 대해 보고 배운 것이 없었다. 마음의 표현을 잘 하지 않았기 때문에 서툴렀다. 하지만, 감정 표현도 연습을 하면 좋아질 수 있다. 나는 그것을 몸으로 체험한 사람이다.

  나의 배우자는 목포라는 항구도시에서 살았었다. 결혼을 하고 '경기도 파주시 적성면'이라는 외딴곳에 나만 바라보고 왔다. 아는 사람이 하나도 없는 곳에서 하루를 보내면서, 외롭고 힘들었을 것이다. 아마도 아침 시간에는 집안일을 했을 것이다. 점심은 혼밥을 해야 하는 외로운 시간이었을 것이다. 오후 시간에 잠시 휴식을 하다 보면 심심하고, 사람이 그리웠을 것이다. 아마도, 참다 참다 전화기를 들고 나에게 전화를 했을 것이다. 하지만 부대 업무로 바쁘게 하루를 보내다가, 전화를 받았다. 무뚝뚝한 경상도 남자 특유의 말투로 말을 했다. 필요한 말만 하고 끊으려고 했다. 배우자의 입장과 외로움을 이해하지 못했다. 무료한 일상에 힘이 들었을 것이다. 정서적 안정을 위해 전화기 너머로 좋아한다거나 사랑한다는 감정 표현을 해주기를 원했다. 처음에는 전화기로 사랑한다고 말하는 것이 쑥스럽고, 부끄러웠다. 그래서 사무실 책상 밑에 숨어서 말했었다. 그것도 개미 목소리보다 작게 말했었다. 한 번, 두 번 말로 표현할 때, 처음에는 쑥스럽고 힘들었다. 세 번, 네 번 횟수가 늘어갈수록 부끄러움은 없어졌다. 한참 단련이 되고 난 다음에는 다른 사람이 있는 곳에서도 편안하게 전화기로 애정표현을 하는 것이 부끄럽지 않았다. 감정 표현은 타고나는 것이 아니라, 경험하고 연습해서 익숙하게 되는 거라는 것을 깨닫게 되었다.

부모님과 추억이 많지는 않다. 되돌아보면 아쉬움이 많이 남는 부분이다. 어린 시절에 집안의 경제가 넉넉하지는 못했다. 그러했기 때문에 지금보다 삶의 여유가 없었다. 그럼에도 불구하고 부모님은 나와 동생을 위해 최선을 다해 지원해 주셨다. 유치원은 다녀보지 못했지만, 초등학생 때는 태권도장도 갔었고, 고등학생 때는 영어학원을 다니기도 했었다. 풍족하지는 못했지만 부족하지도 않았던 유년기를 보냈다. 부모님은 내가 많은 경험을 할 수 있기를 바랐던 것 같다. 특히, 집안에 사건이 발생할 때마다 함께했었다. 일을 잘해서가 아니었다. 아버지는 행동으로 체험함으로써 다양한 경험을 해주고 싶었던 것 같다.

아버지는 개인택시를 하실 때, 주말에 브레이크 라이닝을 직접 교체했다. 어김없이 나는 보조 일꾼으로 함께 했다. 수동으로 자동차 **자키**를 돌려서 바퀴를 띄우는 것을 담당했다. 처음에는 잘하지 못했다. 당연하다. 요령이 없어서 그런 것이다. 한번, 두 번, 횟수가 늘어갈수록, 손으로 돌려서 높이를 먼저 맞추고, 고정이 되면 자키에 손잡이를 결합한다. 링크를 회전하면 자키가 무거운 바퀴를 조금씩 들어 올린다. 내가 준비가 끝나고 나면, 아버지가 다 달아가면서 꽉 맞물려 붙어있는 브레이크 라이닝을 망치로, 달래듯 때리면서 분리시킨다. 새로운 라이닝을 교체하면 된다. 어렵지는 않지만, 한 번도 해보지 않은 사람은 그냥 정비소에 맡길 것이다. 지금은 정비소에서 맡겨서 하지만, 만약 내가 할 수밖에 없는 상황이라도 전혀 부담스럽지 않다.

또 한 번은 집 천정에 누수가 되어 방수할 때였다. 방수제를 도포

하기도 하지만, 근원적인 해결책은 되지 못한다. 1층 누수를 잡기 위해서는 2층 바닥면에 방수액을 넣은 시멘트로 도포를 해야 한다. 이날도 어김없이 아버지의 보조 일꾼 역할을 했다. 일은 단순하다. 아버지가 시키는 대로 하면 된다. 시멘트를 나르고, 모래를 옮긴다. 삽질을 해서 시멘트와 모래를 골고루 섞는다. 마지막으로 물을 넣어 밀가루 반죽을 하듯이 시멘트를 갠다. 흙손으로 골고루 펴 바르는 미장으로 시멘트 도포 작업은 끝이 난다. 여기에는 중요한 방수액이 들어간다. 건재상에 가면 살 수 있는 '급결 방수액'이다. 우기에는 시멘트가 빨리 굳어야 하기 때문에, 야외에 노출이 된 곳에는 '급결 방수액'을 쓴다. 일반적으로 시멘트를 바르고 양생을 하려면 최소 1주일에서 2주일 정도가 소요된다. 그런데 '급결 방수액'을 쓰면, 하루 정도면 시멘트가 굳어버린다. '급결 방수액'이라는 것을 배웠던 경험은 내가 군대 생활을 하면서 활용할 기회가 두 번이나 있었다. 어깨너머로 배웠던 지식과 경험이 빛을 발하는 순간이었다. 되돌아보면, 아버지는 나에게 단순한 지식만을 가르친 것이 아니라, 몸으로 함께 일을 하면서 경험을 통한 지혜를 가르쳤던 것 같다. 엄격했던 아버지였기에 반강제적으로 함께 하기도 했었다. 내가 불평불만으로 함께 했다면, 몸만 고되고 힘들었을 것이다. 어차피 할 수밖에 없는 일, 무언가를 배우고자 하는 긍정적인 자세였기에 아버지의 삶의 지혜를 배웠던 것이다. 지금도, '배워두면 언젠가는 쓸 데가 있다'라는 마음으로 새로운 기술이나 지식은 가능하면 경험해보려고 노력한다.

'부모도 처음이다'라는 말을 들은 적이 있다. 부모가 되었지만, 부모가 될 준비가 되어 있지 않았다. 당연히, 때가 되면, 누구나 부모가 되는 것이라 특별한 의미를 두지 않았다. 부모교육을 받아야 한다는 생각도 하지 못했다. 지금에 와서 생각해 보면, 아이들이 나에게 온 것이 축복이다. 건강하게 함께 성장하면 살아가고 있다는 것이 행운이다.

나는 직업군인이었다. 그것도 장교라는 계급으로 복무를 했다. 장교는 사회에서 비교하자면, 최소 팀장 또는 본부장과 같은 조직을 이끌어가는 리더의 역할을 한다. 조직을 운영하는 것도 함께 한다. 부대원들에게 임무를 부여하고 훈련시키는 훈육이 습관화되어 있었다. 아이들에 대한 생활지도도 가르치려 했다. 가족에게도 지시 중심으로 말하는 것을 한참 뒤에 알게 되었다. 부부 싸움을 칼로 물 베기라고 한다. 많은 갈등을 서로 겪었다. 반복되는 갈등을 해결하기 위해 서로가 바꾸어 주었으면 하는 것을 하나씩 이야기하기로 했다. 가족은 지시하거나 교육하는 말투로 대화를 하지 않는 것을 원했다. 그래서 명령조로 끝나는 말의 어미를 부탁조로 바꾸었다. 목소리 톤의 높이도 낮추기 시작했다. 배우자와 아이들의 행동이 나의 기준에 맞지 않을 때마다 '악마 준식이'와 '천사 준식이'가 계속 싸우고 있었다.

부모님은 나에게 어떻게 했는지 떠올려 보았다. 말을 잘 듣지 않고, 고집불통이었던 나를 보면서 마음에서는 천불이 났을 것 같다. 그럼에도 부모님은 기다려주셨다. 아마도 잘 되기를 바라는 마음이 진심으로 전해졌기 때문에, 지금의 내가 될 수 있었다. 훈육을 위한 체벌과 야단은 있었지만, 그 뒤에는 남몰래 훔치던 눈물도 있었단 것을 나도 부모가 되고 나서야 알게 되었다. 또 하나 최근에 깨달은 것은, 가르치려 하기보다는 도움의 손길을 내밀 때, 잡아줘야겠다고 생각을 했다. 왜냐하면 내가 경험했던 대학 생활과 사회생활은 벌써 30여 년 전의 일이다. 30년이란 시간 동안 많은 것이 바뀌었다. 인터넷, 경제발전 등 30년간의 경험이 부질없는 것은 아니지만, 지금과 다르기 때문에 그때의 경험을 전달하는 것이 어떤 의미가 있는지 의문도 생겼기 때문이다. 아이들의 삶은 내 삶의 연장선이 아니다. 그래서 가르치는 것이 아니라, 함께 살아가는 것이기에 지지하고 응원하면 기다려주는 것이 필요하다.

마크 트웨인의 '톰 소여의 모험'에 "남에게 일을 시키려면 그 일을 하는 것이 대단하다고 생각하게 만들면 된다"라고 했다. 아이들에게 좋은 경험을 나누어 주는 방법은 긍정적인 말과 행동으로 소통하는 것이 즐겁고 좋은 일이라는 보여주면 될 것이다. 첫술에 배부르지는 않겠지만, 경험이 쌓이면 새로운 지식이 될 것이라고 생각한다.

1-10
내가 걸어가는 길, 당신이 먼저 걸었던 길

유연옥

　별이 총총 빛나던 여름밤. 수박밭과 참외밭 한가운데 있는 원두막에서 아빠와 함께 잠을 자던 기억이 아직도 선명하다. 아빠가 따다 주던 노란 참외의 아삭함과 달콤함은 어떤 과일과도 비교할 수 없다. 저녁밥을 먹고 나면 아빠를 따라 논두렁 길을 걸어 밭으로 가곤 했다. 호롱불 아래로 벌레들이 날아들며 바닥에 톡톡 떨어지던 장면이 생각난다. 불빛을 향해 목숨도 아랑곳하지 않고 달려드는 그 모습이 이상하면서도 인상 깊었다. 불빛을 보고 날아든 여치를 잡았다. 보릿짚으로 만든 모형에 넣어 원두막에 걸어두었다. 내가 잠든 사이, 여치를 살려 주는 건 아빠 몫이었다.

　초등학교 2학년부터 6학년까지 매년 여름밤, 아빠와 원두막에서 보냈다. 별을 보며 먹던 수박은 꿀물이 뚝뚝 떨어져 손이 끈적끈적해졌다. 그런 기억 때문인지, 결혼 후 농촌에 살면서 캠핑을 자주 갔다. 물이 맑고 깨끗한 학암포해수욕장, 인적이 드물어 조용한 파도리 해수욕장, 맛조개를 캘 수 있는 춘장대해수욕장 등 해변으로 캠핑을 갔다. 원두막처럼 특별한 곳은 아니지만, 별을 보고 자연을 경험하는 기회를 아이들에게 주고 싶었다.

시부모님댁에서 살다 분가해 아파트로 이사했다. 어느 날 아이들이 거실에서 함께 자고 싶다고 했다. 그해 여름부터 한 달에 한 번 가족이 거실에서 잠을 잤다. 처음엔 서로 엄마 옆에서 자겠다고 싸우기도 했다. 성인이 된 지금도 가족이 다 모이면 가끔 거실에서 잠을 잔다. 거실에서 잠을 잤던 추억은 가족이라는 울타리의 따뜻함을 느낄 수 있는 시간이었다.

겨울엔 눈이 무릎까지 쌓였다. 집에 갈 때면 운동화가 축축해 발이 시렸다. 아빠는 늘 가마솥 부뚜막에 운동화를 말려주었다. "우리 딸 발 시려 학교 못 가겠네."라며 아침마다 따뜻한 운동화를 건네줬다. 저녁에 소죽을 끓이는 군불을 때면 주변에 두었던 우리들의 운동화가 자연스럽게 마르곤 했다. 딸 여섯 중 넷째 딸로 태어나 환영받지 못했다. 그러나 엄마 아빠는 나를 귀하게 대해줬다. 그뿐만 아니라 동생들에게도 이놈 저놈 한번 한 적 없다. 엄마는 늘 세상에서 제일 이쁜 우리 딸 연옥이라고 불렀다. 언제나, "넌 뭐든지 잘할 수 있어"라고 했다. 웅변대회도, 요리 경연도 엄마의 응원으로 최우수상을 받았다. 부동산중개사 시험도, 사회복지사 1급 시험도 엄마의 응원 덕분이다. 그 힘으로 지금까지 무엇이든 척척해 낼 수 있는 사람이 되었다.

큰딸은 패션디자인을 전공했다. 전공 관련 직장을 찾아보겠다고 했다. 마침 고등학교 때 단짝 친구가 서울에서 직장을 다니고 있어 같이 살기로 했다. 한 달 동안 이력서를 내다 동대문 패션타운 관리 사무실 경리로 취업했다. 상인들도 잘해주고 업무도 어렵지 않다고 들었다. 하지만 대학 동기들 모임에 갔다 와서 불안해했다. 동기들은 패션업계에서 일하는데 자기만 뒤처지는 것 같다고. 패션업계 일을 찾았지만 쉽지 않았다. 집에 와 쉬면서 새롭게 출발할 것을 권했다. 1년 후 첫 직장을 정리하고 집에 왔다.

휴식 후 비정규직으로 은행에 취업했다. 2년 후 정규직 시험을 치렀지만 떨어졌다. 다음 해 시험에도 도전했다. 시험을 보고 와서는 떨어진 것 같다고 몇 시간을 울기만 했다. 나는 엄마처럼 등을 두드려주었다. "괜찮아. 잘될 거야. 기다려보자"라고 위로했다. 다음날 합격했다며 "엄마, 낳아 줘서 고마워"라고 말했다. 전화기 너머 아이의 마음이 전해왔다. 그 말을 들으니 10시간 산통 끝에 딸을 낳고 엄마에게 낳아줘서 고맙다고 했던 내 모습이 떠올라 웃음이 났다.

친정엄마는 이제 곁에 없다. 딸은 내가 말할 때 외할머니랑 닮았다는 이야기를 가끔 한다. 언제나 날 믿고 응원해 준 엄마를 닮았다는 말에 기분이 좋아졌다. 김치를 담거나 파전을 부칠 때 문득 엄마의 손길이 떠오른다, 아이들을 대하는 내 안에 엄마가 있다. 아이들이 힘들어할 때 엄마가 나에게 했던 것처럼 말한다. "넌 할 수 있어, 지금도 충분히 잘하고 있어"라고 응원한다. 하는 일이 버거워 더 이상 나아갈 수 없을 땐 잠시 쉬었다 가도 된다고. 그 말은 자연스럽게 내 아이들에게도 전해졌다.

아빠를 생각하면 고맙고 어깨가 무겁다. 아빠는 계절에 따라 매일 나무 한 짐, 풀 한 짐을 해왔다. 소 풀 다발이 커서 아빠는 보이지 않고 지게만 보였다. 집채만 한 나뭇짐 때문에 대문을 통과하지 못할 정도였다. 늘 땀 범벅이 된 모습이었다. 하지만 힘든 내색 한 번도 하지 않았다. 게다가 찔레나 칡순 같은 간식을 챙겨오기도 했다.

매년 송아지를 한 마리씩 낳는 소는 우리 집 보배였다. 아버지를 돕기 위해 소를 끌고 나가 풀을 뜯긴 적이 있다. 그러나 들에 나간 소는 풀을 뜯지 않았다. 속상한 마음에 엉덩이를 나뭇가지로 때렸었다. 아빠는 땀이 뚝뚝 떨어지는 무더운 날에도 소 풀을 베러 갔다. 어느 날 해가 져도 아빠가 오지 않았다. 엄마는 동구 밖까지 마중을 나갔다. 풀을 찾아 다른 동네까지 갔다고 했다. 빼곡한 풀 짐은 시루떡처럼 층이 나누어졌다. 풀 짐 사이로 김이 모락모락 피어올랐다. 손이 들어가지 않을 정도로 꾹꾹 눌러진 풀들은 아빠의 사랑이었다. 엄마는 펌프 물을 퍼 올려 시원한 물로 등목을 해줬다. 시원하다는 아빠의 목소리에 우리 자매는 깔깔 웃었다. 아빠는 황소 한 마리를 얻기 위해 온 정성을 바쳤다. 1년이 지나면 어김없이 송아지 한 마리가 집안 곳곳을 뛰어다닌다. 송아지 울음소리가 온 집안을 흔들 때 아빠는 어미 소와 송아지의 목줄을 잡고 병천 장에 끌고 갔다. 40리 길이 더 되는 먼 길을 돌아오면 어미 소는 목이 쉰다. 새끼를 두고 온 어미의 마음을 소리로 대신한다. 며칠간 그렇게 울부짖다 잦아든다. 마치 자식과 헤어진 부모처럼.

중학교 선배는 아들이 공부를 잘한다고 늘 자랑했다. 전국에서 상위 1% 학생들이 입학하는 명문 고등학교에 다닌다고. 한때는 공부 잘하는 아이로 키워 볼까 생각했지만, 아이들이 자유롭게 자라길 바랐다. 공부하라는 말보다 같이 놀고 대화하고 책 보는 일에 더 집중했다. 그 선배 아들은 고등학교 1학년 때 집을 나갔다. 연고지도 없는 곳에서 생을 마감하고 말았다. 아무런 문제도 없었다고 했다. 이후 아이들의 의사를 더 존중하기로 마음먹었다. 둘째 딸은 초등학교 때 현대 무용을 했다. 중학교 진학을 앞두고 진로를 정해야 하는 순간이었다. 친구들과 재미로 했을 뿐 무용을 계속하고 싶지 않다고 했다. 대학 졸업 후 영어 학원에서 아이들을 가르치고 있다.

TV에서 가출 청소년에 대한 프로그램이 나왔다. 세 아이가 누워 TV를 보면서 둘째가 말했다. 집처럼 좋은 데가 어디 있다고 집을 나갈까. 맞아, 맞아. 집 나가면 개고생일 텐데. 집이 제일 좋지. 엄마만 부르면 다 되는데. 우리가 전화 안 받으면 납치당했거나 유괴당한 거니까 꼭 신고해야 한다고 말한다. 아이들의 말에 가슴이 뭉클해 세 아이를 꼭 안아 줬다. 집이라는 둥지가 아이들에게 그렇게 따뜻한 곳이었구나. 원하는 것을 다 해주지 못해 늘 미안했는데 고마웠다.

가족은 나무를 닮는다고 한다. 가지는 각기 다른 방향으로 자라지만 뿌리는 하나다. 뿌리인 부모가 든든하게 버티면 가지는 알아서 잘 자란다. 알버트 슈바이처는 가정이란 세상이 거칠게 몰아쳐도 언제든 돌아갈 수 있는 따뜻한 항구와 같다고 말했다. 힘들고 지칠 때 언제든 돌아갈 수 있는 안식처처럼.

1-11
엄마의 시간을 걷다, 내 아이를 안다

이서윤

    어린 시절, 설을 이삼일 앞둔 이른 아침이면 찬 공기를 뚫고 엄마는 내 손을 꼭 잡고 방앗간으로 향했다. 이미 사람들로 북적이고 있었다. 그 중간쯤에 선 나는 한참 기다려야 했다. "잠깐만 기다려, 집에 가서 음식 좀 더 손봐야 해." 엄마는 그렇게 말하고는 바삐 돌아섰다. 나는 혼자 남아 기계에서 밀려 나오는 하얀 떡가래를 바라보며 졸음과 지루함을 견뎠다. 방앗간 특유의 고소한 냄새, 물 위에서 김을 피워내던 가래떡 위로 내려앉던 햇살, 아직도 마음에 선명하다.

    기다림은 강정집에서도 계속되었다. "뻥이요!" 하는 소리가 골목 끝까지 퍼지면 깜짝 놀라 귀를 막았다. 잠시 후 새하얀 튀밥이 광주리에 가득 찼다. 갓 튀긴 튀밥을 받아먹으면 입안 가득 퍼지던 단맛. 그 시절 나는 세상을 소리와 냄새, 맛으로 기억했다. 지루했던 줄서

기는 시간이 흐른 뒤, '풍경'이 되어 내 마음 한편에 자리 잡았다. 햇살 좋은 날이면 엄마는 목화솜 이불을 넓게 펴고, 큰 바늘로 이불을 꿰맸다. 펼쳐진 이불 위로 올라가 눕는 것을 유독 좋아했다. 햇살과 바람이 눌러앉은 냄새를 맡으며, "엄마, 이불 냄새 좋아"라고 말했다. 엄마는 나를 바라보며 조용히 바느질을 이어갔다. 내 아이가 어릴 때 침대에 이불을 새로 바꾸면 얼굴을 파묻고 말했다. "엄마, 냄새 좋아." 그 순간, 오래전 엄마와의 기억이 눈앞에 그려졌다. 어린 내 말이 들렸고, 그 위로 젊은 엄마의 모습이 떠올랐다. 부모가 되어서야 알게 되는 감정, 따뜻하고도 아련한 무게 말이다.

첫 아이가 태어났을 때 기쁨은 며칠 가지 못했다. 퇴원한 아이가 설사를 했고 다음날 바로 신생아 중환자실에 3주간 입원했다. 2월 찬 바람을 맞으며 면회 때마다 병원을 찾았다. 발이 시리고 발목이 시큰한 것은 그때 이후부터다. 오랜 기다림 끝에 퇴원했지만 얼마 가지 못하고 황달 증세로 다시 입원했다. 그때 신생아 간염 진단을 받았다. 치료제가 없었다. 경과만 보고 다시 퇴원했다. 다행히 황달 증세는 사라지고 제법 잘 크는 듯했다. 얼마 가지 않아 감기에 걸려 고생했다. 어느 날부터 아이가 힘없이 자꾸 눕기만 했다. 결국 대학병원에 입원했지만, 일주일 넘게 검사만 계속되었다. 시곗바늘이 그렇게 더디 갈 수가 없었다. 열흘쯤 되었을 때 '바트증후군'이라는 진단을 받았다. 전해질 중 하나인 칼륨이 체외로 빠져나가는 병, 전 세계 인구 중 4%만이 앓고 있다는 그 병을 내 아이가 겪고 있었다. 임신 전 과로로 인해 간이 나빠졌기 때문일까, 아니면 식습관 때문이었을까. 이유 없는 죄책감에 매달려 끊임없이 자책했다. 다행히도, 미국에서 이 질환을 연구했던 의사가 대학병원에서 근무하고 있었다. 그날부터 3년 동안 치료했다. 병원을 집처럼 드나들었고, 소독약 냄새와 하얀 복도는 일상이 되었다. 4살이 되던 해, 완치판정을 받았다. 기쁨보다도 눌러왔던 감정이 한꺼번에 터져 나왔다. 안도와 미안한 감정이 섞여 눈물이 났다.

어린 시절 나도 경기를 자주 했다. 첫돌 무렵이었다. 같이 놀던 사촌 언니가 내 팔을 세게 당기자 갑자기 경기했다. 그때부터 자주 그랬다는데, 부모님은 얼마나 놀라고 신경을 썼을까?

세 살 무렵, 고모를 따라나섰다가 사라졌던 적이 있다. 둘째 고모와 똑같은 외모로 고모도 조카를 예뻐하고 나도 고모를 잘 따랐다. 하루는 집에서 놀다 고모 뒤를 따라 나갔다. 한참 후에 혼자 돌아온 고모. 내가 사라져서 집안에 비상이 걸렸다. 어른들이 동네를 다니며 애타게 찾아다녔다. 어둑해지는 동네 입구 평상에서 놀고 있던 두 여자 아이를 발견한 엄마. 두 살 정도 많은 동네 아이와 소꿉장난을 하던 딸을 찾았다. 엄마는 딸을 등에 업고서도 내내 이름을 불렀다. 자기 아이가 맞는지 확인하기 위해서 이름을 부르고, 대답하면 안심했다.

몇십 년 뒤, 옆에 있던 아이가 갑자기 사라졌을 때, 눈앞이 캄캄했다. 마트를 다 뒤지고도 없길래 문을 나서면서 제일 먼저 떠오르는 사람이 시어머니였다. 어머니가 정말 사랑하는 첫 손주를 내가 잃어버린 것이다. 아이 이름을 부르면서 허둥지둥 지하 계단을 따라

내려갔다. 그곳은 문구 코너인데 이전에 한 번 데려간 적이 있었다. 인형을 하나 손에 들고 있는 아이는 내가 큰 소리로 이름을 부르자 고개를 돌리더니 천진난만하게 웃었다. 금세 다리 힘이 풀려 아무것도 할 수 없었다. 친정엄마의 그 마음을 온전히 실감했다. 그날 우리 집 식탁에서는 잃어버린 아이 이야기로 웃음이 터졌다.

문득문득 엄마를 닮았다는 걸 느낀다. 엄마는 통이 크고 마음이 넓어서인지 손해 보면서 남을 챙길 때가 많았다. 그것이 늘 불만이었다. 엄마를 닮지 말아야겠다고 생각을 한 것이 한두 번이 아니다. 나의 이십 대, 부모와 함께 동네 분들과 충북 영동으로 당일 여행을 간 적이 있다. 도시에서만 산 나는 시골 경험이 처음이었다. 함께 호두를 따고, 강에서 낚시하고, 매운탕을 끓였다. 그 집은 동네 아주머니의 친정이었다. 아줌마는 가만히 있고 엄마가 음식을 다 장만했다. 나는 괜히 화가 나 "왜 엄마만 다 해?"라고 하자 엄마는 웃으며 말했다. 할 줄 아는 사람이 하면 된다고 했다. 시간이 흐른 후에 그 일에 대해 다시 물었더니 아줌마보다 엄마 손맛이 더 낫다며 웃었다. 그때는 이해하지 못했지만, 지금은 가슴 깊이 와닿는다. 바쁜 일상에서 음식을 자꾸 사 먹는 나도 누군가의 식탁을 책임지려 할 때면 정성을 다하게 된다. 손끝으로 전해지는 마음. 그건 엄마에게 배운 삶의 방식이다.

엄마는 말로 가르치지 않았다. 그저 삶으로 보여주었다. 방앗간 앞에서 줄을 서던 작은 나, 강정집에 귀를 막고 놀라던 나, 바느질하던 이불 위에서 뒹굴던 나. 지금 아이 엄마가 되어 같은 냄새를 기억하고 같은 걱정을 하며 같은 마음으로 살아간다. 그제야 비로소 이해하게 된 사랑의 깊이.

 엄마가 그러했듯, 나도 삶으로 사랑을 건넨다. 오늘 나는 엄마의 시간을 걸으며, 내 아이의 마음을 두드린다. 엄마의 손끝에서 이어지던 사랑은 이제 내 손끝을 통해 또 다른 세상으로 이어지고 있다.

1-12
모녀지정(母女之情)
이은주

서울에서 나고 자란 엄마는 시골에 대한 환상을 지닌 사람이었다. 도회지에서만 자란 그녀에게 넓은 과수원과 푸르른 논밭은 평화와 풍요 자체였다고 한다. 서울 아가씨가 경기도 외곽의 포도밭집 장남과 연애를 하고, 이십 대 초반에 결혼했다. 당시 엄마는 살림살이 하나도 익히지 못한 철부지 아가씨였다. 어릴 적 어머니를 여의고, 혼자 힘으로 커오며 살림은커녕 밥 짓는 법조차 배워볼 기회가 없었다. 시골살이는 낯설었고, 시집살이는 혹독했다. "도시 처녀가 농사를 지을 수 있겠어?" "새참이나 제대로 나르겠나?" "맏며느리가 말이야…." 따가운 시선, 핀잔과 잔소리가 일상이었다. 무서운 시부모와 세 명의 시동생, 한 명의 시누이. 엄마에게는 손에 익지 않은 농사일과 맏며느리 역할이 버겁고 두렵기만 했다.

엄마는 몸도 무척 약했다. 포도 수확철이 되면 시댁 식구들의 눈치를 보며 며칠씩 앓아누웠다. 그런 약한 엄마에게 나는 위안이면서도 걱정거리였다. 나는 유독 잔병치레가 많았고, 감기라도 한 번 앓으면 금세 기침이 폐까지 내려갔다. 약으로는 절대 낫지 않아 늘 병원 주사를 맞아야 했고, 그런 날이면 할머니는 한숨 섞인 목소리로 "애 하나 제대로 못 키운다"라고 엄마를 나무랐다.

세상의 모든 모녀지간이 그러하듯, 엄마와 나는 천생 다른 듯하면서도 닮은 구석이 많다. 때로는 사랑했고, 때로는 원망했다. 가까이 있기에 더욱 치열했고, 멀어지면 한층 애틋했다. 본인 몸도 제대로 못 가누며 억척스럽게 가족들을 돌보는 엄마가 원망스러웠던 시절도 있었다. 하지만 그런 엄마가 늘 그립고 고맙다.

엄마는 자식 키우는 일에 한 치의 소홀함이 없었다. 돌이켜보면, 엄마는 누구보다 교육에 진심이었던 사람이다. 국민학교 1학년, 다른 아이들은 입학 후 보름쯤 지나면 혼자 등하교를 하게 했다. 엄마는 두 살 아래 여동생과 네 살 아래 남동생의 손을 잡고 한 학기 내내 나를 학교에 데려다주었다. 교실 밖 복도에서 나를 지켜보는 엄마를 보고 선생님은 여러 번 교실 안으로 들어오라 권하기도 했다. 하지만 수업에 방해가 될까 봐 수업 끝날 때까지 복도에 서 있기만 했다. 졸업 후에 선생님을 찾아뵐 때마다 엄마 안부를 물어보고는 했다.

빠듯한 공무원 월급으로 살림을 꾸리면서도 엄마는 나에게 더 넓은 세상을 보여 주려고 애썼다. 당시로선 싸지 않았던 피아노 학원에 보내주었고, 6학년까지 걸스카우트 활동도 꾸준히 시켜주었다. 나와 동생들 생일이면 언제나 엄마가 손수 만든 수수팥떡이 식탁 위에 올랐다. 고3이 될 때까지 해마다 친구들을 초대해 집에서 생일상을 차려주었다. 나는 수수팥떡을 썩 좋아하지 않았다. 패스트푸드점에서 생일파티를 하는 친구들을 부러워했다. 생일상을 차려주는 엄마에게 짜증을 내기도 했다. 이제는 안다. 그토록 정성껏 생일상을 준비해 준 엄마의 사랑을.

엄마는 특별히 누구에게 요리를 배운 적도 없지만 음식 솜씨가 좋았다. 된장, 간장, 고추장은 직접 담갔고, 철마다 짠지, 오이지, 동치미 등 반찬을 손수 만들어냈다. 80이 넘은 지금도 가족들을 위해 장 담그기를 하고 있다. 엄마표 김치는 그야말로 명인의 맛이다. 식탁은 늘 엄마 손맛으로 가득했고, 그 식탁이 바로 우리 가족의 일상이었다. 힘든 와중에도 매 끼니를 정성으로 차려낸 엄마의 시간이 코끝을 찡하게 만든다.

어느새 시간이 흘러 두 딸 모두 성인이 되었다. 딸들이 종종 말한다. "외할머니랑 엄마는 정말 닮았어." 그 말을 들을 때면 한편으로는 쓸쓸하고 다른 한편으로는 따뜻한 기분이 든다. 나도 엄마처럼 임신 기간 내내 아이들을 위해 최선을 다했다. 혹여 해가 될까 싶어 커피나 탄산음료는 물론, 딸기우유나 초코우유조차 입에 대지 않았고, 흰 우유만 고집했다. 여름밤, 시원한 맥주 한 잔이 간절했던 순간에도 아이를 생각해 꾹 참았다.

모유가 아기의 성장과 발달에 매우 중요하다는 것을 잘 알면서도 큰아이에게는 모유 수유를 하지 못해 늘 미안함을 갖고 있었다. 둘째는 반드시 모유 수유를 해야겠다는 간절함이 있었기에 애로사항이 있었음에도 무리해서 모유를 고집했다. 아기의 면역력을 높여주고 아기와 엄마의 유대감을 강화할 수 있다는 정보를 접한 후 모유를 조금이라도 더 먹이기 위해 안간힘을 썼다. 휴대용 유축기를 차에 싣고 다니던 기억이 생생하다. 대학교 시간강사로 일하며 강의 중 쉬는 시간에 화장실로 달려가서 젖을 짜고, 수유팩에 담아 차 안 아이스박스에 넣어 보관했다. 직접 수유가 어려울 땐 냉동했던 수유팩을 해동하여 젖병에 담아 아기에게 먹였다.

 2000년 큰아이를 출산하고 2년간 휴학했다가 대학원에 복학하여 강의와 육아를 병행했다. 녹록지 않았다. 하루종일 가사노동과 육아를 하고, 밤이면 졸린 눈을 비비며 책을 펼쳤다. 최소한 주 3회 정도는 학교에 갔고, 바쁜 와중에 짬을 내서 과외 아르바이트를 했다. 잠은 늘 부족했고, 체력은 바닥이었다, 하지만 좋은 엄마가 되고 싶은 마음이 컸기에 버틸 수 있었다. 그 와중에도 주말이면 아이를 데리고 문화센터에 가서 부모교육 강의를 들었다.

 당시 나는 '슈퍼우먼 콤플렉스'에 사로잡혀 있었다. 모든 것이 완벽해야 한다고 믿었고, "엄마라서 여기까지"라는 말을 듣기 싫었다. 그래서 악착같이, 더욱 집요하게 버텼다. 육아 박람회와 부모교육 특강을 찾아 전국을 누볐고, 유모차를 끌고 강연장 맨 앞자리에 앉아 쉴 새 없이 메모했다. 컴퓨터 앞에서 손에 땀을 쥐며 선착순 교육 프로그램을 신청하던 날들이 떠오른다. 더 나은 부모가 되고 싶어 시작한 블로그에는 차차 육아 정보가 쌓이기 시작했고, 어느새 파워 블로거가 되었다. 유명 맘카페의 운영진으로도 활동하며 많은 엄마와 교류했다. 두 아이가 취학한 이후로는 어머니회장, 운영위원장

등을 지속하며 적극적으로 학부모 역할을 했다.

　엄마와 나는 참 많이 닮았다. 특히 마음 깊은 곳에서 통하는 구석이 있다. 그중에서도 가장 큰 연결고리는 아마 집밥이 아닐까 싶다. 소박하지만 속이 편안한 엄마표 밥상. 김치 한 조각으로도 밥 한 공기를 뚝딱 먹게 하는 손맛이 있다. 엄마 음식을 먹으면 배가 부르기 전에 마음이 먼저 채워진다. 그 속에는 정성과 사랑이 스며있기 때문이다. 문득 그 음식이 그리울 때가 있다. 음식이 아니라 엄마가 그리운 걸지도 모른다.

　가끔 엄마에게 전화를 걸어 음식을 해 달라고 조를 때가 있다. 쉰이 넘은 딸의 투정이자, 어쩌면 늦은 응석이다. 그럴 때면 엄마는 바쁘던 손을 멈추고, 기다리기라도 한 듯 나의 부탁을 기꺼이 들어준다. 세상이 온통 풍성한 먹거리로 넘쳐나는 시대이지만, 나는 여전히 엄마의 밥상을 그리워한다. 이제는 두 딸이 나에게 집밥을 해 달라고 조른다. "엄마, 그때 해 준 그거 또 해 줘." 딸 한마디에 나는 벌써 냄비를 꺼내고, 마음은 주방 한가운데로 달려간다. 묻지도 따지지도 않고 요리를 시작하는 나를 보며 문득 생각한다. 아, 이것이 바로 엄마 마음이었구나! 따뜻한 한 끼에 담긴 마음은 그리움이다. 사랑은 그렇게 대물림된다.

　부모가 된다는 것은 나 자신을 다시 만들어가는 여정이었다. 아이를 통해 과거와 마주하고, 그 속에 숨겨진 엄마의 사랑을 되새기게 되었다. 나이가 들수록 엄마를 더욱 닮아가는 것 같다. 깍쟁이 서울

처녀가 억척스럽게 세 아이의 엄마가 되었듯, 공부만 하던 대학원생이 두 아이의 엄마가 되었다. 쉰이 넘은 지금에서야 조금은 알 것 같다. 그 시절 엄마가 얼마나 대단했는지를. 그 사랑이 지금의 나를 만들었다는 것을.

1-13
강인한 침묵의 유산
조은연

리어카에 1년 농사지은 벼를 싣고 스물아홉 살 엄마는 앞에서 끌고, 여섯 살 딸은 뒤에서 낑낑 밀었다. 우리 집, 우리 논, 우리 밭이 없었다. 해마다 농사지으면 윗마을 '조부자' 집에 삯을 줘야 했다. "많이 가난했노라"라는 말은 굳이 꺼내지 않고 살아온 어린 시절이다.

부유하지는 못했지만 우리에게 밥을 굶긴 적은 없었다. 새벽에 일어나 들에 가고 어둑해져야 돌아오는 부모님. 생각해 보면 지금 나의 나이보다 훨씬 어렸다. 할머니와 부모님, 1남 4녀 이렇게 여덟 식구가 함께 살았다.

따뜻한 스킨십이나 "우리 딸 잘한다, 이쁘다, 최고다" 같은 칭찬을 들어본 적이 없다. 기억을 못하는 것일까? 그럼에도 지금의 내가 정서적으로 안정된 삶은 살고 있는 건 부모님의 묵묵한 사랑과 삶의 방식이 분명한 영향이었으리라.

묵묵히 가족들을 돌보신 엄마. 어려서부터 관심은 늘 가지고 있었지만, 간섭은 하지 않고 우리를 키웠다. 매번 옷을 떠서 입히고, 만들어 입혔다. 겨울날이면 빨간 다라이에 뜨거운 물을 받아서 부엌 한편에서 한 명씩 목욕을 시켜 주었다. 덕분에 비싼 옷은 아니지만 늘 깨끗하고 단정하게 5남매가 학교에 다녔다. 무릎에 눕혀서 머릿니를 빗질하며 다 잡아 주었다. 억척같은 삶 덕분에 우리 집이 생겼고, 우리 밭이 생겼고, 우리 논이 생겼다.

엄마한테 황매산 철쭉 보러 가자고 전화를 했다. "아이고, 너는 좀 쉬어야 되는데, 나는 시간이 많지만" 하며 가고 싶어 했다. 동생 둘도 연락해서 4명이 황매산으로 향했다. 아침 일찍 일어나서 약과 식사를 챙기고 모자와 토시까지 모든 준비를 마치고 벌써부터 기다리고 있었다.

주말을 피해 월요일을 택해서 갔는데, 도착 2.8㎞를 남겨두고 길이 막혀 40분이나 걸렸다. 방문객에 비해 주차장이 턱없이 좁았다. 철쭉 축제가 지난 바로 다음 날이었지만 사람이 많았다. 엄마는 제일 먼저 앞장서서 갔다. 황매산은 이번이 3번째라 말하면서, 황매산 해설가가 옆에 있는 듯했다.

동생 둘은 워낙 산을 좋아해서 일찌감치 먼저 가고, 엄마와 둘이 남았다. 황매산의 매력에 푹 빠져 철쭉 군락지를 보면서 감탄하며 내려왔다. 오랜만에 경양식집에 들렀다. 커피숍인 줄 알고 들어갔는데 커피와 경양식을 함께 하는 곳이었다. 치즈돈가스, 스파게티 등을 시켜 먹었다. "살다 보니 이런 것도 먹어본다"라는 엄마 말에 마음 한편이 아려왔다. 아버지도 함께 있었다면 얼마나 좋았을까,

하는 아쉬움이 밀려왔다. 저녁 식사 값은 엄마가 내어 주었다. 멋쟁이 엄마였다.

　1남 4녀가 모두 출가했다. 시집, 장가를 간 이후로 아무도 엄마 김치를 받아 먹어본 적이 없는 우리 남매들이다. 무말랭이 김치는 엄마가 무를 썰 수 있을 때까지는 모두 한 통씩 해마다 해주었다. 5남매다 보니 5통 양이 어마어마했다. 받아먹으면서 그때마다 "이제는 무말랭이 김치 하지 마세요. 힘드시잖아요"라고 몇 번이나 말했다. "내가 할 수 있는 것은 이것뿐이다" 하며 해준 기억이 그립다. 이제는 힘에 부쳐서 못 한다.
　"너희들의 인생은 너희 것, 내 인생은 내 것." 딱 선을 긋고 사는 듯한 일생이었다. 산후조리도 한 번도 해 주지 않았다. "너희 새끼니 너희가 알아서 키워라" 한마디로 모든 것이 정리되었다. 누구도 부모님에 대해 원망하지 않았다.
　내가 사업을 하다 너무 힘들어 부모님 앞에 무릎을 꿇고 도와달라고 말한 적이 있다. 묻지도 따지지도 않았다. "그래, 얼마면 되나" 하며 바로 돈을 내어 주었다. 부모님의 도움이 절실히 필요할 때는 늘 묵묵히 뒤에 서 있었다. 감사하게도, 그 빌린 돈을 얼마 전에 모두 갚을 수 있었다.

　바로 밑 여동생이 위암 진단을 받은 적이 있다. 다행히 초기였다. 그 소식을 들은 엄마는 당신이 하던 모든 일을 정리하였다. 동생 옆에서 간호해주었다. 이게 부모인가. 자식이라면 도저히 하지 못할 일이었다. 동생의 병이 호전되고 혼자 생활할 수 있게 되니 다시 당신의 삶으로 돌아갔다. 지금 동생은 완치되어 너무나 잘 살고 있다. 황매산도 함께 갔다.

지금도 엄마 모습은 똑같다. 아주 현명하고, 지혜롭고, 자식들에게 피해 주려고 하지 않고 혼자서 잘 지낸다. "내가 내 몸을 잘 돌봐야 너희들에게 짐이 되지 않는다" 하며 병원도 잘 다니고 시니어클럽 노인 일자리 일도 한다.

3년 전부터는 빌린 돈을 다 갚고 매달 조금씩 용돈을 드렸다. 이제는 엄마께 용돈을 '다시 받는' 자식이 되었다. "이 서방이 주는 용돈 아주 잘 쓰고 있다. 고맙다. 절반은 네 몫이다. 너랑 나랑 반씩 나눠 쓰자" 하며 봉투에 넣어 다시 내미실 때, "감사합니다, 아이 좋아라!" 하며 기쁜 마음으로 덥석 받아 넣는다.

자주 찾아뵙지 못하는 것, 연락 자주 못 하는 것, 서운하실 텐데 한마디도 하지 않는다. 찾아뵈면 고마워하고 한동안 연락을 하지 못하면 먼저 전화가 온다. "잘 살고 있니, 연락이 없어 엄마가 전화했다. 운전 조심하고 다녀라" 하고는 전화를 끊는다.

내가 살아가는 모습이 갈수록 엄마와 닮아가는 것 같다. 자식들에게 관심은 있지만 간섭은 하지 않는다. 초등학교 때부터 준비물은 엄마가 아닌 사용하는 사람이 챙겼다. 문방구에 외상 장부를 만들어준다. 헛돈 쓰는 법이 없었다. 내가 어릴 때 군것질한 기억이 없어서 아이들에게는 용돈 통을 만들어 동전을 항상 넣어두었다. 필요할 때 언제든지 쓰라고. 꼭 필요한 곳에만 쓴다. 항상 이야기하고 가져간다. 학교 가는 아침도 스스로 일어나서 학교에 가곤 했다. 지각하면 벌을 받고 준비물을 챙기지 않으면 혼났다.

이제 곧 큰아이가 결혼한다. 어쩌면 내가 일궈온 삶의 방식이 아이들을 너무 빠르게 성숙시켰는지도 모르겠다. 하지만 되돌아보면, 이는 내가 부모님께 물려받은 삶의 방식이자, 내 아이들에게도 물려주고 싶었던 삶의 태도였을 것이다. 부모님은 내게 넘치는 간섭이나 과분한 보호 대신, 스스로 삶을 일궈나갈 수 있는 단단한 '힘'을 길러주었다. 그렇게 자란 나는 아이들에게도 똑같이 '스스로 삶을 일궈나갈 힘'을 가르치고 싶었다.

아침에 알아서 일어나 학교에 가고 준비물을 스스로 챙기는 것, 지각하면 벌을 받고 준비물을 빼먹으면 혼이 났다. 그 과정에서 스스로 정해놓은 규칙 안에서 스스로 책임지는 법을 배워나갔다. 가족 간의 적절한 거리를 유지하며 뒤에서 믿음을 주고 싶다. "어머니, 아버지 사는 모습을 보니 시집가고 싶어졌다"라고 한마디 툭 던지는 큰딸이다.

어버이날, 명절 때마다 할머니부터 챙기고 상처가 많은 고모를 먼저 챙기는 아이들을 보면 가슴이 벅차다. 겉으로 드러나는 스킨십이나 애정 표현은 적었을지라도 부모님이 내게 심어준 묵묵하고 단단한 사랑과 삶의 가치들이 아이들에게까지 이어지고 있는 것 같다.

삶이 주는 소박한 기쁨과 감사함을 느낀다. 부모님이 몸소 보여준

현명함과 강인함이 내 자식에게까지 깊이 스며들었다. 아이들이 어떤 상황에서도 스스로 삶을 책임지고 꿋꿋하게 살아갈 수 있는 단단한 뿌리를 내려준 것 같다. 부모님과 나, 그리고 내 아이들에게까지 이어진 가장 소중한 유산은 어쩌면 바로 이 '스스로 서는 힘'을 키워주는 사랑의 방식일 것이다.

1-14
엄마가 되어서야 알게 된 것들

최애숙

"와! 여기가 이렇게 변했구나" 새삼 놀라운 눈으로 거리를 바라봤다. 다닥다닥 붙어 있던 집들과 공동 화장실, 공동 우물이 있던 곳에는 고층 아파트 단지가 들어서 있었다. 그 개발된 모습조차 가난했던 기억을 지우지는 못했다.

6살에 아버지가 돌아가시고 엄마는 마치 빚쟁이에 쫓기듯 친정이 있는 내선으로 이사를 했다. 그러나 친정도 그리 녹록지 않은 삶을 살고 있었다. 단칸방에서 할머니, 할아버지, 고등학생이었던 이모와 우리 네 식구, 그리고 이삿짐까지. 그 좁은 곳에서 어떻게 살았는지 신기할 따름이다.

대전 가양동에는 천이 있다. 평소에는 얕아 보이지만 비만 오면 순식간에 물이 불어나고는 했다. 그래서 비만 오면 어린아이가 떠내려갔다더라, 이상한 생명체가 있다더라 하면서 흉흉한 소문이 돌곤 했다. 아마도 아이들에게 경각심을 심어주고 싶은 어른들의 지혜가 아니었을까.

이 천을 지나 좀 더 위쪽으로 올라가면 지금의 행정복지센터인 동사무소가 나온다. 초등학생이었던 오빠와 나. 하루는 동사무소에서 나온 정부미를 타오기 위해 둘이서 그 둑을 걸어갔다. 네 살 터울의 오빠는 평소에 나랑 잘 놀아주지 않는 편이었다. 그날만큼은 함께 걷는 것 자체가 나에게 재미있는 놀이처럼 느껴졌다.

문제는 돌아오는 길에서 일어났다. 정확한 표현을 하자면 비닐봉지에 담긴 쌀이 문제였다. 대략 10kg 되는 쌀을 둘이서 비닐봉지 끝을 잡고 걸어오고 있었다. 가다 서다를 반복하면서 힘겹게 집으로 돌아왔다. 손바닥을 파고드는 비닐봉지 속의 쌀의 무게가 가난이라고는 생각지 못했던 어린 나이였다.

나는 어려서 잘 기억하지 못하지만, 남편 없이 3남매를 키워야 했던 엄마에게는 얼마나 힘든 시간이었을까.

엄마는 참 무서운 분이었다. 어린 시절의 나는 감히 "싫어요"라는 말조차 꺼낼 수 없었다. 그건 아마도 고단했던 삶이 남긴 흔적이었을지도 모른다. 그래서였을까, 엄마는 나에게 참 많은 상처를 남겼다. 지금도 엄마는 여전히 내 안에서 상처로 남아 있다. 나 또한 엄마가 되었지만, 육아에 대한 거창한 다짐이나 계획은 없었다. 다만 마음속 깊은 어딘가에서, '엄마처럼은 하지 말아야지'라는 생각만은 늘 품고 있었던 것 같다. 큰아이가 초등학교 5학년쯤 되었을 무렵, 아이들의 아이큐 검사와 함께 심리 검사를 하게 되었다. 여러 질문 중 하나는 가족 중 가장 무서운 사람이 누구냐는 것이었다. 두 아이 모두 주저 없이 나를 가리켰다. 화가 많은 사람을 묻는 질문에도 역시 나를 가리켰다. 그 순간, 마음 깊이 충격을 받았다. 사랑하는 내 아이들에게 나도 엄마처럼 무서운 존재였다는 사실이, 무심코 했던 말과 행동들이 아이들에게 두려움으로 남아 있다는 것이, 너무도 마음 아팠다.

그날 이후, 스스로에게 많은 질문을 던졌다. 분명 엄마와는 다른 방식으로 아이를 키우고 있다고 믿고 있었는데, 결국, 나도 다를 바가 없었다. 그때부터 나는 달라지기로 마음먹었다. 그저 아이와 눈을 맞추는 시간을 조금 더 늘리고, 화를 내기 전에 잠시 숨을 고르는 연습을 했다. 아이의 말에 끼어들지 않고 끝까지 들어보고 아이에게 미안하다고 말하는 법을 배웠다. 이런 노력 덕분에 나와 아이 관계가 조금 나아지게 되었다. 엄마도 나에게 무서운 사람이 되고 싶지는 않았을 것이다. 단지 방법을 몰랐을 뿐. 엄마가 되어 비로소 이해라는 감정을 배웠다.

4실 터울의 오빠는 꽤 공부를 잘했다. 고등학교 3학년 입시를 볼 때 전교 상위권에 속하는 성적을 유지했다. 오빠는 서울대 법대를 희망했고, 학교에서도 적극 추천을 해줄 정도였다. 그런데 오빠는 서울대 법대를 가지 못했다. 등록금을 줄 수 없다는 엄마의 반대로 꿈이 무산되었다. 엄마는 등록금을 부담하지 않아도 되는 곳이 있다는 누군가의 조언을 듣고, 지금은 폐교되었지만 100% 국가에서 지원해주는 세무대학에 가기를 원했다. 오빠는 생애 처음 반항이라는 것을 했고 가출을 감행했다. 한 달 정도 가출을 했던 것 같다. 기가 푹 꺾여 집에 온 오빠는 일주일을 방에서 나오지 않고 잠만 잤다. 그때 당시 중학교 2학년이었던 나는 그런 오빠를 보면서 실업계 고등학교에 입학하게 되었다. 그때의 엄마에게 분노했다. 생선을 팔아서 대학 공부를 가르쳤다는 어떤 엄마의 사연을 들은 적이 있다. 찢어지게 가난했지만, 자식 교육은 포기할 수 없었다는 이야기를 들으며 엄마는 왜 저렇게 못 했냐며 원망했다. "공부하고 싶은 만큼 해. 유학을 가도 돼. 엄마가 집을 팔아서라도 다 해줄 테니 걱정 말고 네 꿈을 좇아." 아이들에게 나는 늘 이렇게 말하곤 했다. 아이들을 격려하고 동기부여를 하기 위한 말이었을까? 아니다. 아마도 난 엄마와 다르다는 것을 보여주고 싶었던 것 같다. 엄마와 다르게 난 아이들의 꿈을 꺾는 부모는 되지 않겠다는 분노의 표출이었던 것 같다.

그렇게 아이들을 키우며 정신없이 살아가던 어느 날, 큰아이가 대학에 가면서 살 집이 필요했다. 한참을 돌아다녔지만 마땅한 집을 찾지 못해 급한 마음에 고시원을 얻어주게 되었다. 밥을 먹을 수 있게 준비해 준다는 말에 혹해서 좁디좁은 고시원에 큰아이를 밀어 넣었다. 두 달이 지난 후, 아이 아빠와 다시 찾아갔을 때 나도 모르게 눈물이 왈칵 쏟아졌다. 180cm가 넘는 아이가 발도 제대로 못 펴고 습기가 가득한 방에서 비염을 앓고 있는 것을 보니, 그때 내가 왜 이런 결정을 했는지 후회가 되었다.
  나도 엄마가 되어 보니, 그 시절의 엄마가 이해되기 시작했다. 비로소 내 안에 있던 상처를 어루만질 수 있게 되었다. "엄마도 힘들었겠다." 그 한마디가 내 안의 오래된 매듭을 풀기 시작했다. 그리고 그 말은 다시 내 아이에게로, 또 내 삶으로 이어졌다. 돌아보면, 그 모든 세월이 나를 키운 시간이었다. 부끄럽고 후회스러운 결정들도 있었지만, 그것마저도 내 삶의 문장이 되었다.

큰아들과 남편은 잘 익은 홍시를 둘 다 좋아한다. 마침 남편의 본가에는 시원하고 맛있는 대봉 감나무가 있다. 가을날 감이 익을 무렵이면 기다란 나무를 들고 감을 땄다. 남편은 잘 익은 감을 따서 아들에게 먼저 먹이고 흐뭇한 표정으로 바라보고는 했다. 아이가 6살이 될 무렵, 감을 수확하는 시기를 지나서 본가에 내려가게 되었다. 감이 열려 있기는 했지만 까치밥으로 남겨둔 대여섯 개의 감만이 남아 있었다. 아이들이 놀러 나가고 나도 여기저기 둘러보다가 잠깐 방 안에서 쉬고 있을 때였다. 시어머님은 아마도 내가 방에 있는 줄 몰랐나 보다. 남편 이름을 불러 홍시를 꺼내 주며 손주 오기 전에 얼른 먹으라고 내어준다. 남편은 또 어린 자식은 주지 않고 어머님 앞에서 맛있세도 다 먹어 치웠다. 어머님이 나가신 후 결혼하고 처음으로 남편에게 반말을 했다. "혼자 먹으니까 맛있냐?" 남편은 껄껄 웃더니 얼른 뛰어가 까치밥으로 남겨놓은 감을 두 개 따와서 아이들 입에 넣어 준다.

큰아들은 스물다섯 살 청년이 되었다. 하지만 내 마음속에서 아이는 여전히 그때의 그 모습으로 남아 있다. 어머님도 그렇지 않았을까. 마흔 넘은 아들이 여전히 애틋하게만 보였을 것 같다. 부모의 마음은 다르지 않은가 보다. 자식은 늘 애틋하고 때로는 나이 들어도 아이일 뿐이다. 어머님의 그 마음을 내 아들이 청년이 되어보니 이제야 알 것 같다.

먹고살 걱정을 해야 했던 엄마의 마음, 엄격하게 아이들을 키울 수밖에 없었던 입장, 돈이 없어 공부를 제대로 시키지 못했던 상황들, 시어머니가 남편에게 하는 사랑. 내가 아이를 키워보니 모두 이해할 수 있었다. 사람은 누구나 상대방의 입장이 되어봐야 그 마음을 알 수 있나 보다. 그 사실을 깨닫기까지 긴 시간이 필요했다. 오늘도 아이들을 키우며 '부모'라는 존재를 알아가는 중이다.

1-15
부모님의 땀방울 속에서 자란 우리

최영순

어린 시절, 우리는 늘 바쁘고 분주했다. 부모님은 농사를 지으며 육남매를 키웠다. 새벽이 되면 아버지는 어김없이 농기구를 들고 밭으로 나갔다. 해가 뜨기 전, 새벽공기를 가르며 나서는 아버지의 뒷모습이 아직도 생생하다. 도시에서 태어난 엄마는 농사도 짓고 집안일도 하면서 우리 여섯 남매를 돌보느라 늘 바빴다. 아침밥을 하려면 아궁이에 불을 때야 한다. 물이 끓어오르면 씻은 쌀을 넣어서 밥을 지었다. 된장찌개를 하려면 아궁이에 있는 잔불을 이용했다. 그렇게 해야 맛있는 된장찌개가 완성된다. 이런 불편함 속에서 엄마 손끝은 쉴 틈이 없었다. 담배 농사, 고추 농사로 부모의 하루는 늘 고되고 힘겨웠다. 하지만 부모님은 힘든 기색보다 늘 우리를 먼저 걱정했다. "밥은 먹었니?", "학교 가서 선생님 말씀 잘 들어야 한다"라는 말을 잊지 않았다. 돌이켜보면, 그 시절 부모님은 늘 흙냄새와 땀 냄새를 품고 있었다. 그것은 우리 가족의 삶을 지탱하는 소중한 향기였다. 부모님의 희생과 노고 덕분에 여섯 남매는 굶지 않고, 학교도 다니고 꿈을 꾸며 자랄 수 있었다. 그때의 땀방울 하나하나가 우리 인생의 밑거름이 된 셈이다. 이제야 알 것 같다. 부모님이 흙에서 건져 올린 것은 단순한 수확물이 아니라, 여섯 남매의 미래와 희망이었다는 것을. 부모님의 그 땀방울이 있었기에 지금의 내가 존재한다는 사실을 잊지 않으며 살아가고 싶다.

어느 날 갑작스럽게 찾아온 불행은 우리 가족의 세상을 송두리째 흔들어 놓았다.

아침 6시, 아직 잠도 덜 깬 상태였다. 언니에게 전화가 왔다. 갑자기 오빠가 밥을 먹다 기도가 막혀 사망했다고 했다. 아니 이게 무슨 일인가? 정신이 하나도 없다. 현실을 받아들일 수가 없었다. 급하게 3살 된 아이와 1살 된 아이들을 데리고 터미널로 향했다. 버스 안에서 한없이 울면서 집에 도착했다. 당숙이 오빠를 발견했다고 한다. 우리 집에 연장을 가지러 왔다가 우연히 오빠를 발견한 것이다. 오빠는 입에 거품을 물고 있었다고 한다. 정신을 차리라고 몸을 계속 흔들었지만 이미 숨을 거둔 상태였다고. 당숙은 밭에서 일하던 아버지에게 달려가 오빠의 사망을 알렸다. 하지만 아버지는 그 현실을 받아들이지 못했다. 곧장 오빠를 리어카에 실어 여기저기 병원으로 달려갔다. 의사 선생님을 붙잡고 살려달라고 애원했다. 아버지의 모습에는 단 한 톨의 체념도 없었다. 하지만 이미 꺼져버린 숨은 되돌릴 수 없었다.

희망이 없어진 아버지는 리어카를 끌고 다시 집으로 돌아왔다. 이미 병원에서도 손을 쓸 수 없는 상황이라고 했다. 차가워진 오빠 옆을 떠나지 못하고 울기만 했다. 아버지는 장손의 죽음을 결코 받아들일 수 없었다.

그 모습을 바라보는 나는 가슴이 찢어졌다. 부모가 자식을 잃는다는 것은 어떤 말로도 설명할 수 없는 고통일 것이다. 자식은 부모에게 희망이고, 삶의 이유이다. 그런 자식을 먼저 보내야 하는 부모의 마음을 어떻게 설명할 수 있을까. 리어카를 잡은 아버지의 손이 무척이나 떨렸었다고 한다.

우리는 때로 부모의 잔소리와 걱정을 당연하게 여기며 귀찮아하기도 한다. 하지만 그 모든 말과 행동은 자식을 위한 간절한 사랑에서 비롯된 것이다. 부모의 사랑은 늘 앞뒤가 없고 계산이 없으며 목숨보다 소중하다. 오빠의 죽음 앞에서 무너져 내리는 아버지의 뒷모습을 보며, 나는 부모가 자식을 잃는다는 것이 얼마나 큰 상처인지 가슴 깊이 깨달았다.

육남매의 셋째로 태어난 나는 아버지의 사랑을 듬뿍 받으며 자랐다. 아버지의 친구들 사랑까지도 많이 받았다. 기억은 확실히 나지는 않지만, 아버지 친구들이 노래하라고 시키곤 했다. 그때마다 유행하던 노래를 했던 기억이 난다. 천렵을 자주 가던 아버지를 따라다녔던 기억이 난다. 사랑을 독차지하다 보니 늘 언니, 오빠 질투의 대상이 되었다. 언니는 나를 꼬집기도 했다. 오빠는 내 사진마다 눈에 구멍을 뚫어 지금도 제대로 된 사진이 없다.

이모들이나 외갓집 친척들이 놀러 오면 내 손을 잡고 다니던 기억이 떠오른다. 여섯 살쯤 되었을까? 그때 당시 담배 건조실이 이 층에 있었다. 아버지가 매일 사다리 타고 올라가는 모습에 나도 한 번 올라가 보고 싶었다. 아무도 없는 사이 겁도 없이 사다리에 올라갔다. 2층 창문을 들여다보니 빨간색 불꽃이 보였다. 급하게 내려와 일 마치고 들어오는 아버지에게 말했다. 깜짝 놀라며 사다리로 올라가더니 "불이야" 하고 소리 지르며 건조실 문을 열었다. 동네 사람들은 양동이와 고무 대야와 물 조루를 가져와서 불을 껐다. 어느 정도 진화되고 동네 사람들도 안심하고 모두가 돌아갔다. 아버지는 조용히 나를 불러서 "쪼그만 것이 왜 올라갔어? 다시는 올라가지마" 하고 다정한 얼굴로 말했다. 지금 기억해 보니 아버지는 불이 나는 것보다 어린 딸이 다칠까 봐 더 걱정했던 것 같다.

1990년 7월 15일, 삼복더위의 열기는 숨을 막히게 했다. 아침밥을 먹고 쉬고 있었다. 갑자기 첫째 아이의 진통이 시작되었다. 배를 움켜잡고 택시를 타고 남편과 함께 병원으로 향했다. 처음 겪는 일이라 당황스럽고 놀라서 힘이 들었다. 진통이 파도처럼 몰려 왔다가 잠시 물러났다가 다시 강하게 덮쳐왔다. 배를 움켜쥐며 숨을 고르는데 이마에 땀이 흘러내렸다. 내 손을 잡은 남편 손이 부르르 떨렸다. 나조차 놀랄 만큼 긴장해 있었다. 반복적인 진통으로 참기가 힘이 들었다. 남편 머리를 부여잡았다. 왜 내가 이런 고통을 겪어야 하나 하는 후회도 했다.

"조금만 더 힘내세요. 머리가 보입니다!"라는 의사의 말에 나는 마지막 남은 힘을 모았다. 순간, 숨이 멎는 듯한 고통과 함께 뱃속에서 무언가 빠져나가는 감각이 느껴졌다. 병실 안에 울려 퍼지는 울음 소리. 뜨겁고 끈적한 한여름 공기 속에서 그 울음은 마치 청량한 빗줄기처럼 느껴졌다. 간호사가 아기를 안겨 주었다. 작고 붉은 얼굴, 쭈글쭈글한 이마, 주먹을 꼭 쥔 채 떨고 있는 손가락이 눈에 들어왔다. 나의 몸에서 이 작은 생명이 나왔다는 사실이 믿기지 않았다. 온 세상 더위와 고통이 단숨에 사라지는 듯했다. 아기를 품는 순간, 처음으로 '엄마'라는 이름을 실감했다. 그동안 나를 위해 애써준 엄마의 얼굴이 떠올랐다. 엄마가 나를 낳았을 때 어땠을지, 그 마음이 가슴 깊이 느껴졌다. 매 순간 차갑게만 느껴졌던 엄마의 잔소리도, 늘 나를 먼저 챙기던 그 손길도 모두 사랑이었음을 이제야 깨닫는다. 내 몸 하나 추스를 시간도 없이 젖먹이 아기를 밤낮없이 돌보았다. 그제야 엄마가 그 긴 세월 동안 우리 여섯 남매를 키운 일이 얼마나 위대한 일인지 알게 되었다.

부모의 사랑은 나를 살아가게 한 힘이었다. 고된 농사일에도 늘 우리를 먼저 걱정해주던 마음. 오빠를 잃고 한없이 무너져 내리던 모습. 집에 불이 나는 것보다 나를 먼저 생각해 주던 걱정. 자식을 낳고 보니, 그 사랑이 얼마나 대단했던 것인지 깨닫게 되었다. 그 사랑 덕분에 힘들어도 견디며 살아낼 수 있었다. 부모님의 사랑을 기억하며, 나도 아이들에게 힘이 되는 부모가 되려고 한다. 유독, 오늘따라 부모님 생각이 많이 난다.

2장

우리는 매일 사랑을
연습하고 있습니다

2-1
가족, 상처와 치유의 두 얼굴
권은예

며칠 전 글쓰기 수업 중 코치님이 열등감에 대해 질문했다. 열등감이라는 단어를 듣고 떠오르는 것이 운전이었다. 사람마다 못하는 것이 적어도 하나쯤은 있을 것이다. 나에게는 바로 운전이 그렇다. 어쩔 수 없이 하고는 다니지만 다녀오면 기운이 다 빠진다. 그럴 때마다 나 자신이 바보 같다는 생각이 든다. 운전 경력이 몇 년이나 되는데 아직도 제대로 못 하냐는 소리를 들을 때면 자존감이 바닥까지 떨어진다.

대학원에서 박사과정을 함께 한 선배가 안성에 있는 학습관에서 스피치 교육을 한다며 들으러 오라고 했다. 남편과 같이 신청했다. 그날따라 아침부터 비가 내렸다. 오전에 유치원과 어린이집 두 곳에 아동복지교육 수업이 있었다. 유치원에서 수업이 늦게 끝나서 다급한 마음으로 차를 몰았다. 다음 목적지까지는 10분 정도 걸린다. 수업 시간에 맞추려면 시간이 촉박할 것 같았다. 갑자기 백미러에서 쿵 소리가 났지만 무시하고 목적지를 향해 달렸다. 다행히 늦지 않게 도착해 어린이집에서 수업을 무사히 끝낼 수 있었다. 비는 멈출 기미도 없이 계속 내렸다. 빗길을 뚫고 아파트 지하주차장에 주차했다. 별일 없을 줄 알았다. 그런데 조수석 쪽 백미러가 접힌 상태로 깨져 있었다. 시간 안에 도착해야 한다는 마음에 백미러가 접혔는지도 모르고 달렸나 보다. 어디서 백미러가 부딪혔는지 기억이 나질 않았다. 순간 겁이 났다. 차를 친 건지, 사람을 친 건지, 심장이 쿵쾅쿵쾅 뛰었다. 남편의 화난 표정이 떠올라 전화를 할 수가 없었다. 17층이 높게만 느껴진다. 엘리베이터 안에서 수만 가지 생각이 다 났다. 성질낼 남편이 떠올라 결국 전화를 못 하고 지인에게 전화를 걸었다. 자초지종을 들은 지인은 몸은 괜찮냐며 물었다. 관할 파출소에 신고해 놓으면 된다며 걱정 말라고 안심시켰다. 남편이 퇴근해서 집에 왔다. 차를 타기 전에 얘기해야 할 것 같았다. 사고 얘기를 꺼내자마자 버럭 화부터 냈다. 지하주차장에서 자동차 백미러 상태를 보고는 한숨을 더 쉰다. 운전을 어떻게 하고 다니길래 차가 부딪지는 것도 모르고 다니냐며 핀잔을 준다. 화가 나 차가 나보다 더 소중하냐며 대들었다. 교육을 들으러 가는 차 안에서도 분위기는 살벌했다. 말 한마디 하지 않고 교육장에 도착했다. 선배 교수는 평상시와 다른 남편과 내 얼굴을 보고는 왜 그러냐며 이유를 물었다. 얘기를 듣고 난 교수님은 사람이 먼저지 차가 문제냐며 따끔하게 남편을 나무랐다. 그제야 남편은 화내서 미안하다며 사과를 했다. 다행히도 그 이후 몇 번의 크고 작은 사고가 더 있었지만 화를 내지 않는다. 지금 생각해 보면 별일도 아니었는데 그 당시에는 왜 그리도 놀라고 겁났는지 모르겠다. 큰일이 생겼을 때 가장 가깝다고 생각하던 남편에게 말도 못 하고 전전긍긍하던 그날의 기억이 새록새록 떠오른다.

가족 간에도 해서는 안 되는 말과 행동이 있다. 23년을 함께 살며 엄마를 보살피던 둘째 언니. 건강이 안 좋아지면서 어쩔 수 없이 엄마를 요양원으로 보내기로 했다. 큰 새언니는 엄마가 집에 오면 큰오빠랑 이혼한다고 했다. 원래 받는 것만 좋아하고 베풀지 않았던 사람이라 큰 기대도 하지 않았지만 큰오빠와 싸울까 봐 참았다. 의논 끝에 큰언니가 살고 있는 포천 주변 요양원을 알아보았다. 큰언니 집에서 도보로 10분 정도 걸리는 곳으로 정했다. 요양원 입소를 하루 앞둔 날이었다. 언니들은 엄마에게 말할 수 없다며 나에게 미뤘다. 나 역시 입이 안 떨어지기는 마찬가지였다. 요양원에 들어가기 전에 하루라도 엄마와 함께 시간을 보내기로 했다. 큰언니, 둘째 언니와 셋이서 고모리 저수지 주변 길도 걷고 사진도 찍으며 추억을 만들었다. 휠체어에 앉아서 환하게 웃는 엄마를 보니 마음이 더 아팠다. 모처럼 딸들과 꽃구경도 하고 다 같이 잔다고 좋아하던 엄마였다. 큰언니는 새벽부터 일어나 엄마가 드실 음식을 만들고 있었다. 언니들이 언제 말할 거냐는 무언의 신호를 보내왔다. 집에서 드시는 마지막 아침 식사인데 밥이라도 편히 드시게 하고 싶었다. 요양원 입소 시간이 점점 다가오고 있었다. 엄마 앞에 웅크리고 앉아 두 손으로 엄마 얼굴을 감싸고 "엄마! 정아 언니가 많이 아파서 엄마를 돌볼 수가 없으니 건강이 좋아질 때까지만 요양원에 가 있자"라고 말했다. 억지로 태연한 척했다. 그렇게 엄마를 요양원에 보냈다. 뒤돌아서서 나오면서 언니들과 얼마나 울었는지 모른다. 힘겹게 엄마를 요양원에 보낸 후 큰언니는 하루가 멀다 하고 요양원을 드나들었다. 엄마가 좋아하는 음식을 챙겨서 말이다. 얼마 지나지 않아 코로나가 터졌다. 면회도 힘들어지는 상황이 왔다. 백신을 맞은 엄마의 건강이 더 안 좋아졌다는 연락을 받았다. 큰언니는 엄마가 기력을 찾을 수 있도록 영양제도 놓고 간식도 더 챙겨주라고 요청했다. 그러다 보니 평소 나오던 비용보다 더 나온 모양이다. 그 일로 문제가 터졌다. 큰새언니가 요양원에 전화를 걸었다고 했다. 얼굴 한번 비추지 않았던 맏며느리가 병원비가 왜 많이 나왔냐며 꼬치꼬치 캐물었다고 한다. 더 가관인 것은 추가로 돈 들어가는 간식은 주지 말라고 했다는 것이다. 욕이 절로 나왔다. 최소한 인간이라면 "저희 어머니 잘 부탁드릴게요. 드시고 싶은 거 있으면 잘 챙겨 드리세요." 그리 말해야 하는 게 정상이 아닐까. 요양비도 1/n로 나눠서 십 원도 더 내지 않았다. 옆에서 큰고모 고생한다며 일이 만 원 더 보태서 보낼 만도 한데 공과금 내듯이 몇 원까지 딱 맞게 보냈다고 했다. 남도 그리 안 할 것이다. 아버지가 돌아가시자마자 장남이라고 논 팔고 밭 팔아 집까지 사준 시어머니한테 어떻게 그리할 수 있는지. 가뜩이나 미웠는데 그 일이 있은 후로는 더 쳐다보기도 싫어졌다. 본인도 두 딸의 엄마이면서 어쩜 그럴 수 있을까.

허리 수술을 하고 난 후 시어머님이 180도 달라졌다. 사람이 아프면 애가 된다는 말이 괜히 있는 것이 아니다. 주변에서 수술을 잘 하는 곳이라고 우겨서 하게 된 수술이었다. 꼭 그 의사한테서 수술을 받겠다며 특진비 30%까지 내가며 강행했다. 비용도 만만찮게 들어갔다. 그 당시 돈으로 천여만 원이 넘었다. 문제는 수술을 하고 난 후 일어났다. 거동할 수 없는 상태가 됐다. 남편이 누나들에게 어머니를 요양병원으로 모시자고 했다가 난리가 났다. 모시기 싫어서 그러냐며 나한테 그 화살이 돌아왔다. 허리 수술을 하기 위해 대기하는 과정에서 일주일을 우리 집에서 모셨다. 의사 선생님은 빈혈 수치가 낮아져야 수술이 가능하다고 했다. 어린아이들을 데리고 당시 몸에 좋다는 음식을 끼니때마다 해 드렸다. 그 덕분인지 어머님 몸 상태도 좋아졌다. 지극정성으로 모셨는데 진심을 몰라줬다.

허리 수술 후에는 재활이 중요하다. 집에는 재활에 필요한 기계가 없었다. 좋아질 때까지만이라도 병원에 모시자는 의미였다. 단순히 어머니를 모시기 싫어서 보내려 한다는 생각을 한 것 같다. 고집을 꺾지 않은 큰형님으로 인해 집집마다 2주씩 돌아가며 어머님을 모시기로 했다. 퇴원하는 날 신경 써서 식사 준비를 했다. 식탁에 앉은 어머니의 첫마디. "먹을 거 하나도 없다. 입맛 없어 안 먹는다." 퇴원해서 오느라 힘들어서 그런 줄만 알았다. 그런데 점점 상황이 안 좋아졌다. 식사 때마다 투정을 부리는 어머니로 인해 스트레스를 많이 받았다. 손 씻는 것은 물론 양치조차 하지 않았다. 나름 건강 회복을 위해 애쓰는데 전혀 통하질 않았다. 어머니 비위 맞추느라 점점 지쳐갔다. 약속된 2주가 지나고 시동생과 동서가 어머니를 모시러 왔다. 하필 남편은 야간 근무라 집에 없는 날이었다. 현관을 들어선 시동생을 보자마자 "왜 이제 데리러 왔냐"라며 대성통곡했다.

한바탕 전쟁을 치르고 어머님은 시동생 집으로 내려갔다. 시동생 집으로 간 지 이틀 만에 동서한테서 전화가 왔다. 어머님 때문에 못 살겠다며, 어머님이 여기 더 계시면 이혼할 거라고 했다. 모서 간 지 삼일 만에 대전 시누이 집으로 갔다. 대전에서는 일주일, 금산 시누이 집에서도 2주일을 못 채웠다. 모두 겪어보고 나서야 서로를 이해하게 되었다. 시간이 지나고 어머니께 여쭤본 적이 있다. "어머니, 그때는 왜 그러셨어요? 어머니 때문에 저 아범이랑 이혼하려고 했어요." 그 물음에 어머니는 "내가 왜 그랬다냐"라며 여느 때와 마찬가지로 해맑은 미소를 지었다.

가족이라는 이름으로 상처를 줄 때가 많다. 하지만 가까울수록 더 존중하고 소중히 다룰 필요가 있다. 가족은 함부로 하는 대상이 아니라 아껴주어야 할 사람들이다. 나 역시 서운했던 일도 있고 스트레스받을 때도 있었다. 그럼에도 불구하고 가족은 여전히 나를 지탱해주는 소중한 존재들이다.

2-2
가족이라는 무게

김경우

　결혼 후 자연분만이 어려워 첫째를 수술로 낳았다. 수술하고 나니 5명은 무리라는 생각이 들었다. 둘째도 수술. 셋째를 낳던 날 의사선생님은 넷도 괜찮다고 말했다. 갑자기 머릿속이 하얘졌다. 3번 수술했는데 또 해도 괜찮다고? 수술한 곳을 4번 하라는데 그건 아니라고 생각했다.

　막내가 2학년이 되던 해다. 학교 갔다 오더니 심각한 표정으로 여자도 좋고 남자도 좋으니 동생 하나만 낳아 달라고 한다. 동생이 있는 애들을 보면 그렇게 부럽다는 것이다. 낳아주기만 하면 잘 돌봐주겠다고 떼를 쓴다. 동생을 낳아 달라는 말에 고민이 됐다. 일을 시작한 지 5년째다. 아이 낳으면 전업주부로 돌아가야 한다. 5년 전 남편에게 했던 거창한 사업설명회 생각이 났다. 고지식한 남편을 힘들게 설득했다. 어렵게 다니는 직장인데 다시 주부가 되라니! 그렇게는 할 수 없었다. 아들을 설득하기로 했다. 동생을 낳기에는 나이도 많고, 직장도 그만둬야 해서 어려울 것 같다고 대놓고 이야기했다. 말을 듣고는 곰곰이 생각하는 눈치다. 얼마나 지났을까. 식탁 의자에서 일어나며 "제가 장가가서 아이를 낳는 게 빠르겠네요"라는 말과 함께 쿨하게 방으로 들어가 버렸다. 그 말에 너무 웃겨서 배꼽이 빠지는 줄 알았다. 그때 한 명 더 낳을 걸 그랬나 하고 후회할 때도 있다. 아이들이 성인이 된 지금, 3명도 부족하다는 어른들의 이야기. 이제 좀 알 것 같다.

큰아이는 첫째라서 예뻐했고, 막내는 제일 어리기에 마음이 많이 쓰였다. 둘째들은 둘째만의 서러움이 있는 것 같다. 둘째와 셋째는 3살 차이다. 터울이 있어서인지 서로 잘 지냈다. 큰애와 둘째는 2년 차이다. 둘은 자주 티격태격했다. 큰애가 종종 심부름을 시킨다. 그때마다 작은애는 왜 나만 시키냐며 불만이다. 형은 말을 안 듣는다며 화를 낸다. 그러다 보면 감정이 올라오고 육두문자가 나온다. 왜 욕하냐며 또 대든다. 이렇게 둘은 하루에도 여러 번 싸웠다. 항상 똑같은 상황이 되풀이되곤 했다.

학교 갔다 오면 아이들은 게임 하느라 바쁘다. 거실에서 청소하는데 다투는 소리가 들렸다. 돌리던 청소기를 멈추고 방에 들어갔다. 다툼을 넘어 큰아이의 손찌검이 있었고, 둘째는 왜 때리냐며 소리지르고 있었다. 그 모습에 불같이 화가 났다. 둘을 간신히 떼어놓았다. 씩씩대는 작은아들을 뒤로하고 파리채를 가지고 왔다. 큰형이 동생에게 욕하고 때리면 되냐고 야단쳤다. 침대 가장자리에 엎드리게 하고 파리채로 큰애를 때렸다. 옆에 있던 둘째도 예외는 없었다.

어디서 형에게 대드냐며 둘째도 큰애와 마찬가지로 허벅지를 때렸다. 맞으면서 둘은 잘못했다고 용서를 빌었다. 아이들을 때리는데 파리채가 휘어져서 깜짝 놀랐다. 손잡이에 쇠가 들어있었다. 파리채를 침대에 집어 던지며 서로 잘 화해하라며 방을 나왔다. 한바탕 폭풍우가 지나갔고 찬 바람이 불었다. 회사에서 돌아온 남편은 무슨 일 있냐며 물었다. 오늘 있었던 일을 이야기했다. '좀 참지 왜 때렸냐?'라며 속상해하는 눈치다. 오죽했으면 때렸겠냐며 내 행동을 정당화했다.

늦은 밤 살며시 거실로 나왔다. 구급함 상자에서 마데카솔을 꺼냈다. 잠자리에 든 아이들 방문을 열었다. 팬티만 입고 자는 아이들의 허벅지는 선명한 두 줄이 생겨 있었다. 그걸 보는 순간 눈물이 났다. 남편의 말처럼 좀 참을 걸 하는 후회가 밀려왔다. 때릴 만한 곳이 어디 있다고 아이들을 때려 허벅지를 볼썽사납게 만들어 버렸을까. 미안한 마음에 연신 약만 발랐다. 다음 날 아침 학교에 보내기 위해 아이들을 깨웠다. "엄마가 참지 못하고 때려서 아팠지! 미안하다"라고 사과했다. 아이들도 덩달아 다음부터는 그러지 않겠다고 이야기했다. 다짐도 잠시, 며칠 후에 사달이 났다.

아이들과 자동차를 타고 엄마가 있는 서산으로 향했다. 아이들은 신이 났는지 차 안이 콘서트장이 되었다. 음 이탈 상태로 둘째는 고래고래 소리 질렀고 큰애는 참지 못했다. 큰아이와 둘째가 또 말싸움이 났다. 운전하는데 짜증이 났다. 그만 싸우라고 했지만 듣지를 않고 싸움을 이어갔다. 결국 차를 갓길에 멈췄다. 너무 화가 나 큰애에게 차에서 내리라고 했다. 큰애는 요지부동이다. 둘째에게 화살이 돌아갔다. 둘째에게 내리라고 다그쳤다. 쭈뼛쭈뼛 차 문을 열고 내렸다. 아이를 세워둔 채 차를 출발했다. 그렇게 3㎞쯤 갔고 둘째에게서 전화가 왔다. 잘못했다며 다시는 안 싸우겠다는 이야기였다. 다시 차를 돌려 둘째에게 갔다. 엄마가 자기를 내려놓고 출발할 거라고는 정말 생각 못 했다고. 차가 가버리자 두렵고 무서웠다고 했다. 가게에 들어가 주인아저씨에게 동의를 얻고 전화했다는 것이다. 지금 생각해 보면 심각한 아동학대다. 나 또한 부모님과 떨어져 살아서 속상했던 기억이 있다. 어릴 때는 부모가 전부다. 그걸 알고 있으면서 아이에게 아픈 추억을 겪게 했다. 그때 화를 좀 참았더라면 상황은 달라졌을 것이다. 미안한 마음으로 오늘도 사랑을 연습하고 있다.

초등학교 1학년. 학교에서 있었던 이야기는 집에 가서 말하는 거 아니라는 담임선생님의 말. 그로 인해 살가웠던 셋째아들은 말이 줄었다. 학교에서 있었던 이야기는 다른 학부모를 통해 듣곤 했다. 그렇게 막내아들은 힘들어도 내색 없이 알아서 해결하는 어른 같은 아이로 자랐다. 둘째 아들은 게임마니아다. 하루에 10시간을 하기도 한다. 친구들도 게임 속에서 만나 논다. 대화도 점점 줄어들었다. 가족들이 외식하러 가면 다들 핸드폰만 들여다보느라 대화가 없다. 큰아들이 군대 갔다. 하루가 멀게 전화가 왔다. 보고 싶은 마음과 달리 전화는 데면데면했다.

이렇게는 안 되겠다는 생각에 '말 안 하면 그 속을 어찌 알아? 사랑한다는 말하기' 프로젝트에 돌입했다. 처음엔 겸연쩍어했다. 사랑한다는 말을 쉽게 하지 못했다. 처음이 어렵지. 몇 번 하다 보니 입에 배어 "사랑해요"라고 말하니 느낌이 꽤 괜찮다고 했다. 우리는 가족에게 시도하기로 했다. 무뚝뚝한 남편은 내가. 작은애는 큰아들이 맡았다. 타이밍을 찾던 시기에 딱 좋은 일이 발생했다.

진지한 남편은 말하는 도중 끼어들면 화부터 낸다. 차를 타고 가면서 이야기하다 다툼이 벌어졌다. 내가 또 끼어들어 말을 끊어버렸다고 화를 냈다. 집에 와서는 화난 남편에게 미안하고 사랑한다는 문자를 보냈다. 알면 됐다며 빠른 답장이 왔다. 뭘 물어도 대답은 하루 반나절 걸리는데 빠른 문자다. 절반은 성공이다. 문자 보낼 때마다 항상 사랑한다는 말을 보냈다. 지금은 남편이 먼저 사랑한다는 말과 함께 하트도 날린다. 군대에서 큰아들은 동생과 통화 후 마지막에는 사랑한다고 마무리했다. 둘째 아들은 그렇게 자신도 모르게 옮았단다. 막내아들은 야구를 한다. 중학교 때부터 기숙사 생활을 했다. 주말에만 집에 오는데, 시합이 있으면 2주 이상 못 올 때도 있다. 그러다 보니 우리의 프로젝트를 몰랐다. 대회가 끝나 3일간의 짧은 휴가를 받고 막내아들이 집에 왔다. 가족들은 누가 먼저 할 것 없이 보고 싶었다, 사랑한다, 잘하고 있다, 칭찬을 해줬다. 일요일에 기숙사에 들어가며 전화가 왔다. 작은 목소리의 사랑한다는 말이 전화선 너머로 들려왔다. 용기 내 준 아들에게 고마웠다. 그렇게 우리는 프로젝트를 성공으로 이끌었다.

가족은 세상에서 가장 가까우면서도 상처를 주는 존재이기도 하다. 남자아이 3명을 키우다 보니 싸움이 잦을 때도 많았다. 나도 그때마다 감정을 주체하지 못했다. 하지만 방법을 찾아야 했다. 결국, 사랑해 프로젝트를 시작하게 되었다. '사랑해'라는 한마디가 서로의 마음을 열리게 한다는 걸 알게 되었다. 전화할 때도, 문자 보낼 때도 언제나 마지막은 사랑을 표현하고 있다. 진심은 표현할 때 비로소 빛을 발한다.

2-3
부모의 독립, 이제는 당신을 돌볼 시간입니다

김규인

동물을 좋아한다. 특히 포유류. 일요일 아침 SBS 〈동물농장〉 프로그램은 꼭 챙겨 보는 편이다. 늦잠 자야지 하다가도 그 시간 되면 벌떡 일어나 TV를 켜기도 한다. 몇 주 전 본 내용이다. 떠돌이 백구 한 마리가 사람들이 주는 음식을 받아먹기도 하고, 고기 같은 음식을 물고 어디론가 사라지기도 했다. 젖이 축 처져서 불어있는 걸 보니 어딘가에 새끼들을 숨겨놓은 듯했다. 제작진이 동물연대와 작전을 짜서 그들을 구출하기로 했다. 험한 산속에서 발견된 새끼들은 오동통하게 살이 쪄있었다. 어미 백구가 그동안 새끼들 키우느라 얼마나 고생했을지 짐작이 되었다. 동물 모성애가 때로는 사람보다 낫다는 생각이 들었다. MC들은 자막까지 띄우며 새끼들을 분양한다는 소식을 전했다. 백구도 새끼들을 떠나보내야 할 시간이 된 것 같아서 눈가가 촉촉해졌다. 동물도 사람 못지않게 자식을 사랑하지만 때가 되면 독립시켜야 한다는 생각에 안타까웠다. 환경과 형편만 된다면 내가 다 키우고 싶었다.

"엄마! 도파민 중독이야, 중독!" 작은딸 진이의 잔소리. 유튜브로 판다들 보는 내게 볼멘소리를 낸다. 그러거나 말거나 말싸움하기 싫어서 무시하기도 하고, 은근히 눈치 보기도 한다. 요즘 나의 최대 힐링은 에버랜드 판다월드 판다 가족과 중국으로 간 푸바오를 보는 것이다. 엄마 판타가 쌍둥이 육아하면서 함께 죽순도 먹고, 장난도 치고, 위험할 때는 경고하고, 그래도 말 안 들으면 등짝 스매싱을 날린다. 쌍둥이 판다는 엄마한테 애교도 부리고, 졸졸 따라다니기도 하고, 엄마한테 대들거나 때리기도 한다. 사육사들이 정성스럽게 가꾼 화단을 엉망진창으로 만들 때도 있다. 사람이랑 다르지 않은 것 같다. 안아보고 싶고, 만져보고 싶지만 불가능한 일이다. 판다 가족을 직접 보려고 지난 1월에도 에버랜드에 다녀왔다. 판다 가족은 강추위와 쌓인 눈으로 실내에만 있었다. 세 번이나 줄 서서 들어갔는데 두 번은 어부바 나무에서 잠만 자고 있었다. 한 번은 쌍둥이가 엄마한테 젖 달라고 계속 보채는데도 엄마는 모른 척했다. 계속 보채며 졸졸 따라다니는 새끼들에게 결국 젖을 물리는 모습을 보았다. 그것도 새끼들이 편하게 먹을 수 있도록 자세를 취해주는 장면이 아직도 눈에 선하다. 우리 진이도 네 살 때까지 젖을 먹었는데 아무리 끊으려 해도 쉽지 않았다. 어미 판다가 어떤 마음일지 짐작이 갔다. 푸바오가 가족을 떠나 독립하고 중국으로 간 지 1년이 넘었다. 그동안 유튜브로 하루에도 몇 번씩 봤다. 처음에는 적응도 잘 하지 못하고 건강 상태도 별로라서 걱정이 많았다. 말도 많고 탈도 많은 푸바오 생활. 요즘에는 꽤 잘 적응하는 것 같아 한결 마음이 놓였다. 푸바오의 독립. 우리 진이도 곧 독립할 텐데 마음의 준비는 하고 있지만 문득문득 '내가 진이 없이 살 수 있을까, 혼자 견딜 수 있을까' 멍하니 생각에 잠기다 보면 어느새 눈시울이 붉어진다. 자녀의 행복한 삶을 위한 나의 기도. 그것이 내가 할 일이다. 어미 판다는 푸바오를 독립시키고, 곧 쌍둥이 판다도 독립시킬 준비를 하고 있다. 그 모습을 보면서 나도 어미 판다처럼 덤덤하게 받아들이려 연습 중이다.

  5월. 황금연휴다. 모처럼 친정 식구들이 내 고향 태백 작은오빠 집에서 모였다. 각자 바쁘다 보니 시간 맞추기도 힘든 게 현실이다. 특히 나한테 시간을 맞춰 주는 편이다. 며칠 전부터 음식 준비로 바빴을 작은 올케언니. 항상 그랬듯이 이번에도 머무는 내내 맛집 못지않은 음식으로 우릴 대접해 줬다. 이른 저녁, 마당에서 고기 파티가 열렸다. 그동안 밀린 수다는 지칠 줄 모른다. 공기 좋은 곳에서 맑고 고운 하늘을 보면서 먹는 음식은 세상 그 어떤 맛과도 비교할 수 없었다. 배가 빵빵해졌을 즈음, 처마 밑 둥지에 제비 두 마리가 왔다 갔다 하는 게 눈에 들어왔다. 작년에도 있었던 것 같았다. 휙 날아가더니 잠시 후에 둥지로 들어가고, 다시 휙 날아가더니 전깃줄에 앉아서 둘이 조잘댄다. "언니, 쟤네 부부야?" 작은 올케언니한테 물었더니 그렇다고 했다. 작년에 새끼 다섯 마리 있었는데 지금은 부부만 있다고 했다. 독립했나 보다. 둥지를 보니 새끼와 부부 합치면 일곱 마리인데 좁아 보였다. 그곳에서 일곱 식구가 먹고 자고 생활하다니 대견스러웠다. 다음 날 아침, 제비들은 또 조잘대며 들어왔다 나갔다 반복했다. 서로 의지하는 모습이 계속 눈길을 끌었다. 제비는 새끼를 독립시킬 때 어떤 마음일까. 아무리 사랑하는 가족이어도 때가 되면 모두가 독립하는구나 싶었다. 마치 내가 딸들을 품고 살고 싶은 마음을 내려놓으라고 하는 것만 같았다. 아침 식사 마치자마자 우리 4남매는 안동 부모님 산소로 향했다. 하얀 구름이 파란 하늘을 더 예쁘게 장식한 평화로운 선산. 잘 다듬어진 산소지만 삐죽 튀어나온 풀 몇 줄기를 뽑았다. 아버지가 좋아하는 술도 돌아가며 부었다. 4남매 모두 하고 싶은 말을 마음속으로 했을 터다. 아버지 엄마가 잘 지켜주신 덕분에 일도 잘되고 행복하다고 감사 인사를 했다. 진이의 독립을 앞두고 요즘 힘들다고 투정도 부렸다. 우리 부모님도 4남매 떠나보내면서 느꼈을 감정. 어떤 마음일지 짐작하면서.

며칠 전, 부천에서 강의가 있었다. 오전, 오후 두 타임이다. 오전 강의 마치고 오후까지 대기 시간이 길었다. 전날 신월동에 있는 진구들이랑 점심 약속을 했다. 나랑 만나기도 어려운데 무조건 시간 맞춰 준다는 친구들의 배려가 고마웠다. 굴 요리 전문점에서 식사하고 민이가 운영하는 미용실에 가서 수다를 떨었다. 몇 달 만에 만났으니 서로 할 말이 많았다. 어버이날 지난 지 며칠 후라서 아이들한테 어떤 선물을 받았는지가 주요 화제였다. 한 달 전 아들이 결혼한 민이 사연은 나 같아도 속상할 것 같았다. 아들 장모가 바다가 보고 싶다고 해서 어버이날 바다에 다녀왔다고 했다. 아들과 갈등이 시작된 듯했다. "아들 키워봐 봐야 소용없다더니 그 말이 딱 맞더라. 나를 지켜줄 사람은 남편 하나뿐이더라"라고 했다. 그동안 남편에 대해 불만만 터놓았던 민이. 남편의 자리가 얼마나 소중한지 깨닫는 것 같아 보기 좋았다. 아들만 있는 친구들은 아들보다 딸이 훨씬 좋다고 나를 부러워했다. 과연 그럴까. 아들보다 딸이 낫다고들 하는데 어떤 기준인지 모르겠다. 아들이든 딸이든 결혼과 더불어 독립하게 되면 부모를 서운하게 하는 일이 적지 않은데 말이다. 큰딸 정이는 간호사다. 3교대 근무다. 가까이 살아도 밥 한번 같이 먹을 시간이 없고, 만나기도 힘들다. 아이들은 "엄마가 바쁘니까"라며 늘 핑계를 댄다. 인정한다. 그럼에도 문득문득 딸이 보고 싶고 궁금하다. 서로 시간이 잘 맞지 않으니 SNS 통해서 소식을 접하곤 한다. 보고 싶은 딸 근황이 궁금해서 어제는 딸 카톡 프로필 사진을 쭉 봤다. 손녀 희야 사진, 여행했던 사진. 환하게 웃는 사진을 보니 행복한 결혼 생활을 뽐내는 것 같았다. 내 손을 떠나면 안 될 것 같았는데 한편으로는 대견하다. 예쁜 카페, 유원지, 휴양림, 여행 등 거의 매일 SNS에 일상을 올리는 정이. 늘 시간 없다면서 놀 거 다 노는 것 같고, 나한테는 별로 관심 없는 것 같아 서운할 때가 있다. 어른답지 못한 생각인 건 안다. 친구들이 자식들한테 느끼는 서운함. 나도 마찬가지다. 이른 결혼으로 가정을 이룬 정이. 함께 하고 싶었던 게 많았었는데 내 손을 놓고 훌쩍 떠난 것 같아 늘 아쉽다. 나보다 아이와 남편을 더 챙겨야 하는 게 맞긴 하지만 서운함이 갈등으로 이어지기도 한다. 정이가 희야를 쪽쪽 빨며 예뻐하는 모습을 보면 "나도 너 그렇게 키웠어"라며 한마디씩 하곤 한다.

백구 가족, 판다 가족, 제비 가족. 모두 한 가족 울타리에서 서로 의지하며 사랑하고 살았을 동물들. 그럼에도 사람처럼 종종 갈등을 겪었을 터다. 부모와 자녀의 독립은 자연스러운 인생의 흐름이지만, 부모 입장은 마음이 허전하고 때로는 슬프고 두려울 수도 있다. 그 감정은 너무나 당연하고, 또 그만큼 사랑이 깊다는 증거다. 부모로부터의 독립. 아이들로부터의 독립. 생각해 보니 가족 사랑은 거리를 둔다고 줄어들지 않는 것 같다. 서로 늘 걱정하며 기도하는 걸 보면 그렇다. 부모의 독립. 그동안 헌신적으로 자식을 돌봤다면, 이제는 자신을 돌볼 차례다. 그런 모습이 자녀에게도 '삶을 주체적으로 사는 멋진 부모'가 될 것이며, 사랑은 더 깊어질 것이다. 그 사랑을 믿고 나의 인생길에 한 사람으로서 아름다운 여정 안에 있음을, 그 여정은 아직 끝나지 않았고, 새로운 시작을 기다린다.

2-4
행복이라는 선물

김영애

　내가 대학교 2학년이 되던 해, 드디어 우리 가족의 꿈이던 2층 집을 지었다. 거실에서 위를 올려다보면 멋진 계단이 보였고, 2층에는 삼남매 각자의 방이 있었다. 그 행복이 오래가길 바랐지만, 새집에 들어온 지 2년도 안 돼서 할머니가 향년 81세로 세상을 떠났다. 할머니가 있던 22년 동안, 우리 집은 '친척 민박집'처럼 늘 북적였다. 한두 달씩 머물다 가는 친척들이 끊이지 않았다. 제일 힘든 사람은 엄마였지만, 단 한 번도 싫은 내색을 하지 않았다. 아버지가 장남이라 군소리 없이 손님을 맞는 모습은, 지금 돌이켜보면 그저 '효도'였다.
　그러던 어느 날, 평소 말수가 적던 아버지가 식탁에서 고개를 푹 숙인 채 말했다.
　"친한 지인한테 사기를 당했다." 개발될 땅을 사서 집을 지으려던 그 꿈이 물거품이 됐다는 이야기였다.

그날 밤, 거실 불은 꺼져 있었고, 아버지는 TV도 켜지 않은 채 소파에 앉아 있었다. 옆에는 접힌 서류철과 낡은 수첩 한 권. 그 뒷모습이 유난히 작아 보였다. 그 후 집안 분위기는 달라졌다.

엄마는 새벽마다 밥을 짓고, 나는 학교가 끝나면 도서관으로 향했고, 남동생은 어학연수를 준비했다. 막내는 조용히 방에 틀어박혀 있었지만, 이상하게도 우리 집은 점점 더 따뜻해졌다. 누군가는 밥을 차리고, 누군가는 설거지를 하고, 서로의 하루를 묻는 말이 많아졌다. "오늘은 고등어가 싸더라." "오빠, 이 수학 문제 좀 봐줘." "엄마, 허리 아픈 건 좀 나아졌어요?" 무너져 가는 줄 알았던 우리 가족은, 그 무너짐 속에서 오히려 단단해졌다.

아버지의 생신이 다가왔다. 평소 같으면 '그냥 조용히 보내자' 했을 텐데, 그날만큼은 달랐다. 엄마는 케이크를 준비했고, 나와 동생들은 용돈을 모아 겨울 점퍼를 선물했다. "아버지, 추운 겨울에 입으세요." 아버지는 한동안 말을 잇지 못하다가, 처음으로 우리 앞에서 눈물을 보였다.

"나는… 너희들한테 아무것도 못 해줬는데… 이런 선물을 받아도 되는지 모르겠다." 그때 남동생이 조용히 말했다. "아버지가 옆에 있어 줘서, 우리가 버틸 수 있었어요. 무너지지 않고 서 계셨기 때문에."

그 말에, 우리는 모두 웃으면서도 눈물이 났다. 세상 어느 부잣집 생일잔치보다 따뜻하고 진심 어린 순간이었다.

결혼하고 5년 정도 되었을 때였다. 당시 아버지와 함께 살고 있었던 남동생에게서 전화가 왔다. 아버지가 배가 아파서 응급실에 왔다고 했다. 의사가 더 큰 병원에 가보라고 했단다. 종합병원에 가서 검진을 받게 되었고, 일주일 후 '혈액암'이라는 판정을 받았다. 아버지 나이 58세였다. 이제 좀 편하게 사나 싶었는데 도무지 믿어지지 않았다. 누구보다 건강관리를 잘했던 분이었다.

곧바로 입원해서 항암치료에 들어갔다. 그렇게 암과의 사투가 시작되었다. 한 달에 한 번 항암치료가 이어졌다. 입원하면 보름 정도 고된 치료를 받아야 했다. 아버지는 눈에 띄게 머리카락이 빠지고 몸이 점점 말라 갔다. 집에 오면 소파에 힘없이 앉아 있기만 했다. 늘 호탕했던 모습은 사라지고 없었다.

큰아이를 데리고 가끔 친정을 찾았다. 그나마 3살 된 손자와 놀면서 조금씩 웃음을 찾아갔다. 아이를 비행기 태워주며 행복해하던 아버지 모습이 눈에 선하다.

친정아버지는 혈액암 판정을 받고 수술 후 5년간 집에서 요양하며 지냈다. 어느 날 몸이 좋아졌다고 용돈 벌이를 시작했다. 그런데 그게 화근이었다. 병이 재발해 전이되었다는 청천벽력 같은 소식을 들었다. 임신 중이라 서울로 자주 갈 수 없었다. 중환자실에 있는 아버지를 자주 보지 못했다. 결국, 둘째 아이를 가진 지 8개월 되던 5월의 어느 날, 아버지는 하늘나라로 가고야 말았다.

그날 이후 두 달 동안 매일 울었다. 아버지와 더 많은 시간을 보내지 못한 게 너무나 후회됐다. 첫 손자를 안았을 때 얼마나 행복해했는지, 지나가는 사람마다 "우리 손자 잘생겼죠?" 하고 자랑하던 모습이 눈에 선하다. 둘째는 끝내 보지 못했다.

결혼 초반, 우리는 서로의 모든 것이 좋아서 결혼했다. 하지만 함께 사는 일은 연애 때와는 달랐다. 나는 계획적이고 꼼꼼하게 하루를 설계하는 사람이었고, 남편은 즉흥적이고 자유를 사랑하는 사람이었다. 작은 차이는 시간이 지나면서 금이 갔다. 집안일 분담, 아이 키우기, 교육관까지 말끝마다 불씨가 튀었다. 한 번은 아이 앞에서 목소리가 커졌다. 그때 아이가 아무 말 없이 자기 방으로 들어가 문을 닫았다. '철컥.' 그 소리에 심장이 내려앉았다. 그 작은 등이 말없이 전한 메시지, "이건 아니야." 가슴을 찔렀다. 시간이 지나며 정서적 거리가 생겼다. 같은 집에 살면서도 서로의 하루를 묻지 않았다. 웃음은 사라지고, 필요한 말만 건넸다. 결혼 25년 차, 우리 사이의 공기는 무겁게 가라앉았다. '이대로 가면 안 되겠다'라는 불안이 깊어졌다.

그러던 어느 날, 사소한 말다툼이 큰 싸움으로 번졌다. 남편은 현관문을 '쾅' 닫고 나갔다. 분노에 부들거리며 설거지를 하던 나, 몇 분 후 문이 다시 열렸다. 젖은 머리로 선 남편이 말했다. "나… 휴대폰 두고 나왔어." 순간, 나도 모르게 웃음이 터졌다. 옆에서 아이가 고개를 내밀며, "아빠, 드라마 찍어?" 남편이 멋쩍게 웃었다. 긴장된 공기가 조금 풀렸다.

그날 이후, 우리는 달라지기로 했다. 주말마다 가족 산책을 하고, 그 시간만큼은 서로 비난하지 않기로 약속했다. 남편은 퇴근 후 10분이라도 아이들과 이야기를 했고, 나는 그 모습을 칭찬했다. 작은 감사와 인정이 쌓이자, 관계의 온도가 조금씩 올랐다. 우리는 싸움의 방식을 바꿨다. 감정이 격해지면 잠시 시간을 갖고, '너 때문'이 아니라 '나는 무엇 때문에 힘들었어'라고 말하기로 했다. 소소한 여행과 기념일을 챙기며 잊었던 웃음도 돌아왔다. 나는 깨달았다. 부부란 완벽한 사람들이 만나 완벽한 사랑을 만드는 것이 아니라, 서로의 모난 부분을 맞추며 함께 성장하는 동반자라는 것을. 아직 싸움이 없진 않지만, 그 끝에는 이해와 화해가 있다. 서로의 다름이 갈등이 아니라 배우고 보완하는 기회라는 것을 알게 됐다. 그리고 그 과정에서 우리는 부부이자, 한 아이의 부모로서 조금 더 단단해졌다. 오늘 아침, 남편이 커피를 내리며 말했다. "여보, 우리 앞으로도 웃고 싸우고 화해하면서 살자." 나는 웃으며 대답했다. "응, 싸워도 다시 웃을 수 있는 우리니까." 그리고 그렇게 우리의 행복은 다시 시작됐다.

누구나 살아가다 보면 시련을 만난다. 아버지가 친한 친구에게 사기를 당해서 가족들이 경제적으로 힘들었다. 혈액암이라는 생각지도 못한 아픔을 만나기도 했다. 가장 가까운 남편과 소통이 되지 않아 늘 마음이 공허했다. 하지만 어려움을 만날 때마다 어떻게 이겨내면 좋을지 생각했다. 사기를 당해 힘들었지만, 가족끼리 더 응원하고 격려했다. 아버지가 돌아가셨지만, 받은 사랑을 생각하면서 더 살아갈 힘을 냈다. 남편과 갈등을 겪을 때는 일부러 더 칭찬하고 이해하려 애썼다. 행복은 불행을 어떻게 잘 풀어내느냐에 따라 맞이할 수 있는 선물이었다.

2-5
우리는 매일 사랑을 연습하고 있습니다

김은주

　엄지 공주로 태어나다 보니 퇴원 이후로도 병원에 자주 가야 했다. 서울의 대학 병원에서 힘든 수술도 여러 번 받았다. 아이가 병원에서 수술받을 때마다 마음이 복잡했다. 대전에서 서울 병원까지 가는 일이 쉽지 않았다. 무엇보다 큰아이를 누구에게 맡길 것인지가 걱정이었다. 친정과 시댁에 연락했다. 돌아온 대답은 한결같았다. "우린 요즘 농사일이 있어서 안 돼" 하는 친정 부모님. "요즘 노인정 회장으로 일이 많아서 안 된다"는 시어머니. 거절의 말은 짧았지만, 상처로 남았다. 도와줄 거라는 기대는 무너졌고, 서운함만 깊어졌다. 한동안 친정 부모님과 시어머니에게 전화하지 않았다. 시간이 많이 흘렀어도, 여전히 그 기억은 선명하다. 남편은 지금도 그때 이야기를 꺼내곤 한다.

　그런데 우리만 마음에 담고 산 게 아니었다. 친정 부모님과 시어머니도 그 일을 마음에 담고 살았나 보다. "그땐 왜 그랬는지 모르겠다. 지금 생각하면 미안해서 얼굴을 들 수가 없다." 그 후부터 시어머니는 큰아이를 먼저 찾고, 먼저 안아주었다. 언제부턴가 아이에 대한 애정 표현이 많아졌다. 못 해줬던 그날의 미안함이 따뜻한 손길로 이어지고 있다.

한참이 지나고 친정엄마도 마음을 열었다. "그때는 사실 농사 때문이 아니었어. 아이 보는 게 너무 무서웠어. 엄마 힘든 것만 생각했어" 당시에는 솔직히 말할 수 없었고, 부담이 두려움으로 다가왔다는 고백이었다. 병원을 오가는 모습을 보며 미안하다는 말도 못 하고 애만 태웠다고 한다. 큰아이를 보살피지는 못했지만, 늘 마음으로 기도했다고. 아이가 건강해져서 더 이상 딸이 마음 아프지 않게 해달라고 말이다. 말로 표현하지 못했던 감정이 시간 속에서 차곡차곡 쌓여 있었다. 가족의 깊은 마음을 나중에야 알게 되었다. 서운함을 조금 덜 수 있었다.

돌이켜 보면 모두가 서툴렀다. 도움을 청하는 쪽도, 거절하는 쪽도 서로의 사정을 이해할 여유가 없었다. 시간이 흐르며 서로를 다시 바라보게 되었다. 말 한마디, 표정 하나에 담긴 진심을 이제는 조금은 알 것 같다. 사랑은 그렇게 완성되지 않은 감정이다. 처음부터 잘하는 사람은 없다. 때로는 무심한 말투 속에, 말없이 건네는 반찬 속에, 못다 한 안부 속에 마음이 담겨 있다는 것을.

막막하던 그때 의정부에 사는 시누이가 집으로 왔다. 학교 다니고 있는 두 아이를 데리고. 아무 걱정하지 말고 수술 잘하고 오라는 시누이. 든든했다. 시누이는 그 이후로도 여러 차례 우리의 고민을 해결해 줬다. 수술 일정으로 병원 가는 길에 큰아이를 의정부에 맡기기도 했다. 다행히 "고모네 집 좋아 좋아"를 외쳤다. 아직 어린데 엄마랑 잘 떨어지는 큰아이가 기특했다. 동생 건강하게 수술 잘하고 오라고 손 흔드는 모습을 보며 늘 마음이 아팠다. 집에 있을 때도 우리는 작은 아이를 바라보는 시간이 많았다. 큰아이도 엄마 아빠한테 서운한 점이 많았겠다는 생각이 들었다. 가족은 힘들 때 응원하고 기도하는 거다. "나는 오빠니까 엄마 보고 싶어도 참을게요." 아들은 미안해하는 엄마를 안심시켰다. 아마도 시누이가 큰아이를 안심시키기 위해 노력했을 거다. 시누이와 의젓한 아들 덕분에 여러 번의 수술도 잘 마치게 되었다. 가족의 도움으로 작은 아이는 점차 건강을 찾아갔다.

가까운 사이일수록 표현이 서툴 때가 많다. 그러나 진심은 묵묵히 자리를 지키고 있었다. 가족이란 이름 아래, 각자의 자리에서 최선을 다했던 것뿐이다. 누군가는 무거운 마음을 안고 농사일하러 나갔다. 누군가는 병원으로 발걸음을 옮겼다. 누군가는 아이에게 더 가까이 다가가려 했다. 누군가는 엄마랑 처음으로 떨어지는 연습을 했다. 모두가 사랑을 연습하는 방법이 달랐을 뿐이다.

작은아이 건강은 조금씩 좋아졌지만, 대신 분리불안이 심해졌다. 첫째도 그 무렵 비슷한 증상을 보였다. 작은아이가 떨어지지 않으려고 하는 바람에 아무 일도 할 수 없었다. 식사 준비할 때도, 밥을 먹으면서도 이야기하거나 책을 읽어줘야 했다. 화장실에서도 문을 활짝 열어놓고 눈을 맞췄다. 그래야 울음소리가 들리지 않았다. 남편에게도 가지 않아서 꼼짝할 수 없는 상황이었다. 빨리 잠들기만을 기다리던 시간이었다. 큰아이는 한 달 정도 지나고 증상이 사라졌는데 작은아이는 끝날 기미가 보이지 않았다. 두 달 정도 계속되었다. 늘 껌딱지처럼 붙어있었다. 지쳐갔다. 1시간 만이라도 제발 떨어졌으면 좋겠다는 생각이 간절했다. 바람을 쐬고 싶었다. 숨을 좀 쉬고 싶었다. 가슴이 터질 것만 같았다. 음식쓰레기 버리고 오겠다는 핑계로 우는 아이를 뒤로하고 현관문을 닫았다. 3층이라 아이의 울음소리가 1층까지 들려왔다. 음식쓰레기가 담긴 봉투를 들고 하늘을 보는데 눈물이 쏟아졌다. 벤치에서 한참 울다 보니 작은 아이 울음소리가 더 크게 들려오는 것 같았다. '내가 왜 이러고 있나, 제발 건강하게 해달라고 간절히 기도할 때는 언제고 엄마 좋다고 붙어있는데 왜 힘들어하는 거야'라는 생각이 들었다. 한바탕 쏟아내고 나니 정신이 돌아왔다. 음식쓰레기를 그대로 들고 집으로 돌아왔다. 현관문 앞에서 꼼짝하지 않고 울고 있었다. 엄마를 보자마자 뚝 그치는 작은아이를 품에 안고 울었다. "미안해, 엄마가 잘못했어"라고 외쳤다. 옆에 있던 남편도 큰아이도 모두 함께 울었다.

나만 힘들다고 생각했다. 남편도 큰아이도 작은아이도 모두 힘든 시간이었는데. 아이가 태어나면 부모가 되는 줄 알았다. 작게 태어난 아이로 우리는 매우 아팠다. 하루하루 보내는 게 힘겨운 날도 많았다. 하지만 덕분에 깨달음도 많았다는 것을 늦게야 알게 되었다.

작은아이는 태어날 때부터 시력도 약했다. '미숙아망막증'이라는 병명도 있었다. 여러 번의 수술 끝에 한쪽 시력은 겨우 살릴 수 있었다. 양쪽 눈 시력 차이가 나다 보니 발을 헛디디는 경우가 많았다. 계단에서 넘어지기도 하고 논두렁에서 떨어지는 적도 있었다. 5살 즈음, 어린이집에 가게 되었다. 장애아동에 대한 각종 혜택이 있다는 사실을 알게 되었다. 장애인 등록을 생각했다. 하지만 가족은 생각이 달랐다. 멀쩡한 아이를 장애인 만든다는 의견이었다. 나는 장애인 등록에 대한 장점을 계속 강조했다. 가족은 쉽게 뜻을 굽히지 않았다. 1년 가까이 의견 차이를 좁히지 못했다. 시간이 좀 걸리기는 했지만, 점차 가족들도 장애인 등록이 주는 장점들을 알아보았다. 결국, 작은아이가 6살 때 시각장애인으로 등록하게 되었다. 이 부분에서 갈등이 있었지만, 가족을 생각하는 마음은 모두 같았다.

사랑은 연습이다. 그리고 오늘도, 그 연습을 포기하지 않는 사람들이 있다. 무심한 듯 스치는 손길 속에도, 조용히 지켜보는 눈빛 속에도 사랑은 숨어 있다. 누군가는 표현이 서툴고, 누군가는 너무 늦게 마음을 전하지만, 그럼에도 포기하지 않는 것이 바로 사랑이다. 서툴러도 괜찮다. 사랑은 함께 하며 매일 연습하는 마음이니까. 그리고 지금 이 순간에도 우리는 각자의 자리에서 서툴지만 진심 어린 사랑을 연습하고 있다.

2-6
기대의 끝에서 피어난 다짐
나윤희

초등학교와 중학교를 1시간씩 걸어서 학교에 다녔다. 아빠는 중학생이 되는 나에게 상업고등학교에 가라고 매번 말했다. 딸은 빨리 취직해서 돈을 벌어야 한다고 이야기했다. 그래서 읍내에 있는 상업고등학교에 진학했다. 김제 시내에 있는 학교는 버스를 타고 다녀야만 했다. 집에서 25분 정도 걸어가면 버스정류장이 있다. 학교까지 한 번에 가는 버스는 없다. 시내까지 나가서 다시 학교로 향하는 버스를 갈아타야 한다. 이런 번거로움 때문인지 고등학교 내내 아빠는 나의 발이 되어 주었다. 밭에서 일하다가도 학교 가는 시간만 되면 돌아와 승용차로 태워다 주었다. 학교 마치면 바로 주산학원으로 갔다. 학원 끝나는 시간이 되면 항상 데리러 왔다. 고등학교는 내내 편하게 다닐 수 있었다. 상업고등학교를 다니면서 취업 준비를 했다. 그때도 공부는 열심히 하지 못했다. 여전히 집안일을 더 많이 해야 했기 때문이다. 고3이 되었던 해 5월, 삼성그룹에 3회차를 거처 면접을 보고 최종 합격통지서를 받았다. 고등학교 3학년을 다 마무리하기 전에 용인으로 취업을 나갔다. 그래서 쉼 없이 7년 동안 직장생활을 했다. 직장생활을 하면서 7천만 원을 모았다. 결혼 전에 제일 먼저 한 일은 아빠에게 새 차를 선물하는 일이었다. 용돈 천만 원도 준비했다. 하루도 쉬지 않고 통학을 책임져 준 아빠에 대한 사랑 표현이었다.

스물여섯에 동갑내기 남편과 결혼했다. 양가 도움 없이 새로운 삶을 준비했다. 그러다 보니 작은 집을 전세로 얻을 수밖에 없었다. 11평짜리 2천8백에 얻은 전셋집 상가주택이다. 1층은 상가로 사용하고 2층부터 4층까지는 살림집이다. 우리가 살 집은 3층이다. 11평이지만 둘이 살기에는 딱 좋은 집이다. 작은 방 2개와 거실 겸 주방이 있다. 아이가 태어나기 전에 돈을 모아 집을 넓혀 나가자고 입을 맞추었다.

2년 동안 작은집에 살면서 최대한 아꼈다. 아이가 태어나면 같이 생활하기에 불편할 것 같아 넓은 집으로 이사하고 싶었다. 결혼한 지 1년 후 아이가 태어났다. 22평 아파트로 이사하기로 마음먹었다. 여기저기 집을 보러 다니는데 딱 눈에 들어온 집이 있었다. 22평 주공아파트이다. 거실이 크고 방은 2개였다. 무엇보다 마음에 든 건 넓은 거실이었다. 아이가 편하게 놀 수 있는 공간이 있어 좋았다. 예전 집은 거실이 좁아 불편하고 답답했다. 22평 거실은 운동장처럼 넓어 보였다. 아이 키우기에는 정말 좋은 구조라 생각했다. 이사 날짜를 맞춰 보니 일주일 정도 차이가 났다. 문제는 자금이었다. 이사

나가는 날짜와 이사 들어가는 날짜가 맞지 않아서 일주일 정도 쓸 천만 원이 필요했다. 그렇게 하면 원하는 집에 이사할 수 있었다. 일주일 후 전세자금을 받으면 갚아 줄 수 있는 상황이었다. 그 집이 욕심났다. 작은 집에 살다가 깨끗하고 넓은 집을 보니 무리해서라도 그 집에 들어가고 싶었다. 남편과 여러 이야기 끝에 일주일 정도 천만 원을 빌려서라도 그 집에 들어가자는 결론을 내렸다.

천만 원을 구하기 위해 제일 먼저 생각난 곳은 부모님이다. 일주일 정도 쓰고 전세자금이 나오면 돌려 드리면 된다고 생각했다. 부모님께 전화했다. 자초지종을 설명했다. 이자까지 드리겠다고 했지만, 부모님은 단호하게 거절했다.

"너는 시집갔으면 강씨 집안 식구여."

처음이자 마지막으로 부모님께 기대했던 순간이 가슴에 비수가 되어 눈물로 꽂혔다. 생각해 보니 아주 어릴 적부터 듣고 자라왔던 말이 생각났다.

"딸은 시집가면 남의 자식이여."

그러니 무슨 일 있으면 그 집에서 해결하라는 의미였다. 생각만 했던 순간이 현실이 되자 마음이 아팠다. 엄마와 통화 나누는 대화를 지켜 보고 있는 남편에게 미안했다. 나 자신이 초라해지는 순간이다. 남편은 그런 날을 위로하며 자신이 돈은 해결할 테니 걱정하지 말라고 했다. 그리고 바로 친구 한수 씨한테 전화했다. 한수 씨는 통화가 끝나자마자 남편 통장에 천만 원을 보내 주었다. 우리는 그렇게 11평짜리 집에서 22평 넓은 집으로 이사를 할 수 있었다. 하기 싫은 청소를 할 때도 콧노래가 나올 만큼 기분이 좋았다.

부모님에 대한 서운한 감정이 다 가시기도 전에 친정집에서 큰 사건이 터졌다. 오빠가 카드 돌려막기를 해서 1억 5천이라는 빚이 쌓여 압류가 들어온다는 것이다. 남동생도 2천만 원 카드빚이 터졌다. 부모님은 아들이라면 끔찍하게 여겼다. 부모님은 오빠와 남동생 카드빚을 이틀 만에 다 갚아주었다. 내가 천만 원만 빌려달라고 말한 일주일도 안 돼 모든 일이 터지고 수습이 된 것이다.

그때 서운했던 감정이 가끔 가슴에서 올라오기도 한다. 나 스스로 그 감정을 토닥여 주기도 한다. 그 후로 한 번도 부모님께 손을 내민 적이 없다. 불편한 감정은 한 번으로 족하다. 이제는 돈이 필요하면 대출을 받을 수 있는 내 집도 생겼다.

부모님에게 서운한 감정은 여전히 남아 있다. 하지만, 나는 누구보다 나를 잘 안다. 부모님이 돌아가시면 후회할 일을 만들고 싶지 않아 자식 된 도리를 다하려고 노력하는 중이다. 부모라고 해서 다 해 줘야 하는 것도 아니고, 부족하다고 해서 부모를 원망할 수도 없는 것 같다.

삶은 지치게 하기도 하고 성장하게 하기도 한다. 바라는 것이 있으면 기대가 크고 기대가 크면 상처도 깊어진다. 어떤 말 한마디에 마음이 무너지기도 한다. 바라는 것이 없다면 기대할 것도 상처받을 것도 없다. 서로 다른 방향을 바라보고 있는 것을 인정하는 순간 마음이 편해진다.

우리는 무로 태어나 유를 창조해내며 살아간다. 그 힘이 넘어진 마음을 다시 일으켜 세운다. 누구에게도 의지하지 않고 내 힘으로 일어섰던 순간들이 결국 나를 단단하게 만든다. 삶은 기대가 아니라 성장으로 채워가야 한다는 걸 나는 내 걸음으로 배워 가고 있다.

우리는 각자의 방식으로 삶을 겪고 있다. 잔잔한 바람을 잘 견딘 나무는 결국 강한 바람도 견뎌낼 수 있다. 우리는 누구나 견뎌내는 힘을 가지고 태어났다.

미국의 월드 디즈니가 이런 말을 했다. "역경 속에서 피는 꽃이 가장 아름답다"라고 말이다. 나도 그런 꽃이 되어가는 중이다.

2-7
우리는 진짜 가족이 되었다

류남숙

우리나라에서 월드컵이 열리던 해, 3월에 결혼했다. 집들이가 시작되었다. 시어머니는 4월 초 제사에 온 가족이 모일 테니, 그때 집들이를 겸하자고 했다. 평범하지 않은 일이라고 생각하면서도 거절하지 못했다. 왠지 이상하다는 생각이 들었지만, 물어볼 데가 마땅치 않았다. 이북에서 피난 온 시아버지는 '하늘 아래 혈육은 우리 둘뿐'이라며 동생을 끔찍이 챙긴다고 들었다. 자녀들은 작은어머니에게도 '엄마'라고 부를 정도로 각별한 가족이었다. 얼떨결에 신혼집에서 제사를 모시게 되었다.

제사 당일이 되었다. 한 번도 본 적이 없는 제사상을 차려야 했다. 집집마다 제사 상차림이 다를 텐데 어떻게 준비해야 할지 막막했다. 오후 5시가 넘도록 시어머니는 전화를 받지 않았다. 시누이에게 전화했다. 제사 음식은 먹기만 했지 차려본 적은 없다며, 올케가 알아서 하라고 했다. 연락할 곳이 없었다. 아무도 도와주는 이가 없었다. 외아들과 결혼한 며느리를 초장에 휘어잡으려고 작정한 것 같았다.

생각해 보면 상견례 때부터 그랬다. 걸핏하면 '우리 정이는….'이라며 딸 자랑을 일삼았다. 아들과 결혼할 사람을 앞에 두고 딸 키우던 이야기만 했다. 사돈 앞에서도 딸 자랑만 늘어놓았다. 시어머니의 모든 추억에는 딸만 있었다. 그리고 그 딸과 매사를 비교했다. 우리 정이라면 벌써 다했고, 훨씬 잘했을 거라고 침이 마르도록 반복하다. 내가 듣는 곳에서 이모님과 함께 '키 작고 뚱뚱하고 인물 없다'라는 외모 평가를 하기도 했다. 화장이나 장신구로 꾸미지 않는다며 '언제까지 아들이 저를 좋다 하겠냐'라는 심술궂은 말도 했다. 지난 기억이 자꾸 떠올라 제사 준비를 시작하기도 전에 마음이 지쳤다.

채소가게 아주머니에게 물어가며 대구식 제사상에 오르는 식재료를 샀다. 엉터리고 부족해도 하는 수 없다는 마음이 들었다. 서툰 솜씨로 꾸역꾸역 제사 음식을 만들었다. 밤 10시가 가까워오니 사람들이 모이기 시작했다. 시부모님과 시누이 가족들, 시삼촌과 사촌 시동생까지. 방 두 칸짜리 집에 열세 명이 앉으니 돌아설 틈도 없었다. 엉성한 솜씨로 제사를 모시고 자정이 다가오는 시간에 제사 음식을 나누어 먹었다.

시아버지는 조기가 싱거워 맛이 덜하다 했다. 작은아버지는 밥이 질어 못 먹겠다고 했고, 작은어머니는 탕국에 간이 안 맞는다고 지적했다. 시누이들은 음식량이 적다고 타박하고 엄마 음식과 맛이 다르다고 했다. 신혼집에 있을 리 만무한 아이들용 수저를 찾았다.

둘째 시매부는 맛이 없다며 저녁에 먹었던 칼칼한 멸치조림을 내놓으라 했다. 시어머니는 당신 체질에 맞지 않는다며 뿌리채소가 담긴 접시를 젓가락으로 탁탁 쳐서 옆으로 밀쳤다. 사촌 시동생은 전을 먹을 때마다 앞뒤를 뒤집어 살피며 먹었다. 온통 부족하다는 지적만 있을 뿐, 수고했다고 말하는 사람이 하나도 없었다. 온종일 동동거렸던 나는 결국 밥 한 술 뜨지 못했다.

다음 제사가 다가오자 어머니는 말을 바꾸었다. 제사는 이리저리 옮기는 게 아니라고 했다. 한 번 맡았으면 그대로 지내야 한다며 알아서 하라고 했다. 납득이 안되는 채로 제사를 또 모셨다. 준비는 여전히 혼자 감당해야 했고, 식구들의 음식 타박도 변함이 없었다. 밥을 먹으며, 어머니는 "너거 할매는 콩나물밖에 안 다듬어줬다"라며 시할머니의 흉을 보았다. 정작 당신은 그 콩나물조차도 안 다듬어주었으면서 말이다.

제사가 끝나고 나면 남편에게 하소연했다. 아무도 고마워하지 않는 것이 어이없다고 호소했다. 화도 내고, 울기도 했다. 야속하다 원망하고, 비난도 했다. 얄팍한 꾀로 제사를 떠넘긴 시어머니가 비겁하다고도 했다. 기본적인 예의가 있다면 이럴 수는 없다고 온 식구를 원망했다. 맞장구가 듣고 싶어서 했던 말을 하고 또 했다. 화가 난 만큼 짜증을 부렸다. 남편은 묵묵히 듣기만 했다.

제사 때마다 나의 원망은 길게 이어졌다. 그만하라고 할 법도 한데, 고지식한 이 남자는 아내의 화를 다 들어주었다. 일부러 더 모질게 하는 뾰족한 말에도 본가의 식구들을 두둔하지 않았다. 화도 내지 않았다. 답답할 정도로 대꾸가 없었다. 말없이 부지런히 움직이며 그 많은 설거지와 뒷정리를 하고 있었다. 곧 날이 밝으면 출근해야 할 사람이, 수고했고 고맙다는 말과 함께 새벽이 오도록 아내의 팔다리를 주물렀다. 힘들고 기가 막혔던 하루는 자상하고 다정한 남편으로 인해 덮이고, 일상은 또 이어졌다.

몇 번의 제사가 지나갔지만, 장을 보고 재료를 다듬고 음식을 하는 데는 여전히 종일이 걸렸다. 손은 느리고 마음은 바빴다. 토종닭은 큰 솥에다 넣고 물을 넉넉히 부었다. 굵은 소금만 조금 넣고 중불로 푹 고아 냈다. 닭을 건져낸 후 기름을 싹 걷어내고, 그 육수에 무와 콩나물을 삶아 익혔다. 삼겹살은 세 손바닥 크기로 사서 넓적한 그대로 삶았다. 센 불로 50분을 익힌 뒤, 불을 끄고 15분간 뜸을 들이고 곧바로 건져내야 무르기가 딱 맞다. 요령이 조금 늘고 있었다. 육전, 생선전, 채소전…… 전은 아홉 가지를 부쳤다. 제사 후 식구들이 나누어 갈 양까지 푸짐히 준비했다.

정성껏 차려진 제사상 앞에서 시아버지는 고맙다는 말을 수없이 반복했다. 평소에도 "이렇게 어여쁜 사람이 우리 아들 짝으로 와 줘서 너무 고맙다"라는 말을 자주 했는데, 이날도 같았다. 아니다, 조금 더 많이 했다. 더운 날씨에 온종일 불 앞에서 씨름한 나에게 시아버지의 말은 진하게 와닿았다. "너로 인해 우리 집이 환해졌다", "네가 우리 집 보배다"라며 눈물을 글썽였다. 자식의 손등을 토닥이는 아버지의 진심이 감사했다. 매달 혼자서 제사를 준비하느라 버겁고 속상했던 마음이 스르르 풀리는 것 같았다.

제사를 모신 후에는 할머니에 대한 이야기와 아버지의 어린 시절을 듣기도 했다. 식사가 끝나고 음식을 나누어 쌌다. 푸른 채소만 드시는 어머니를 위해 나물은 골라서 담았다. 시아버지는 조기를 좋아하니 제일 잘 구워진 것으로 챙겼다. 돔배기는 작은어머니 드릴 보자기에 다 넣었다. 시누이 몫으로 닭육수와 탕국까지 따로 쌌다. 수북하던 소쿠리가 텅 비었다. 점점 익숙해지니 몸과 마음이 덜 힘들었다. 대문간에서 어깨를 안고 토닥토닥, 다정히 인사를 나누었다. "아버지, 조심히 들어가세요." "오냐, 수고 많았다." 식구 중에서 유일하게 사랑과 감사를 표현해 준 시아버지는 다음 날 오후, 하늘의 별이 되었다.

상을 치르며 알게 되었다. 시아버지는 심각한 알코올의존증이었다. 젊어서부터 마시던 술이 점점 과해졌고, 단란하던 가정은 불행해졌다. 어머니와는 모진 다툼이 계속되었고, 딸들은 이른 결혼으로 집을 떠났다. 며느리에게 집안의 온갖 대소사를 떠넘기며 이혼을 꿈꾸었던 시어머니는 마음을 바꾸었다. 아들 부부가 아버지에게 신경 쓰지 않도록 최선을 다해 감당하고 있었다. 남편은 아버지에 대한 측은함과 어머니에 대한 안쓰러움, 형제들에 대한 책임까지 다 짊어지고 있었다.

장례식 내내 펑펑 울었다. 만감이 교차했다. 억울하기만 했던 나는 비로소 결혼으로 만난 가족을 이해하기 시작했다.

보이는 것이 전부가 아니라는 말이 있다. 복잡해 보이는 어떤 일

뒤에는 숨은 이야기가 있었다. 겉만 보고 판단해서 상처받았던 시간이 아쉬웠다. 예상치 못한 행동을 마주했을 때, 이유를 찾아 조금 더 들여다보기로 마음먹었다. 사람 사이에는 헤아림이 필요하다. 좀 더 자세히 보면 숨은 진심을 느낄 수 있다. 다만, 표현하지 않아서 허비하는 시간은 아깝다. 표현하지 않는 사랑은 사랑이 아니라는 말도 있다. 상대방을 위해 감추는 것만이 능사는 아니다. 기쁘면 기쁜 대로 고되면 고된 대로 표현해야 한다. 있는 그대로의 마음을 나누기 시작했을 때 우리는 진짜 가족이 되었다.

2-8
사랑도 가족도 믿음 안에서 단단해진다

박은주

 2년 동안 학교폭력 예방교육을 진행했던 중학교에서 다시 연락이 왔다. 담당 선생님이 바뀌었다며, 가정폭력 예방교육을 의뢰하고 싶다고 했다. 반가움보다 걱정이 앞섰다.

 5월은 어린이날, 어버이날, 스승의 날이 이어지는 사랑과 감사의 달이다. 이런 따뜻한 시기에 가정폭력이라는 무거운 주제를 다뤄야 한다는 사실에 강사로서 마음이 복잡했다. 단순한 경고만으로는 부족하다고 느꼈다. 어떻게 하면 건강한 관계를 만들 수 있을까. 갈등이 생겼을 때 어떻게 풀어야 할까. 진심을 담아 고민하며 강의를 준비했다. 그 과정에서 10년 전 있었던 일이 떠올랐다.

 그날, 학교폭력예방센터에서 스터디 중이었다. 낯선 번호로 전화가 왔다. "여기는 H지구대입니다. 전준우 어머님 되시죠?" 순간 가슴이 철렁 내려앉았다. 초등학교 3학년인 작은아이에게 무슨 일이 생긴 건 아닐까, 머릿속이 하얘졌다.

경찰은 뜻밖의 이야기를 전했다. 작은아이가 두 살 위 친누나를 학교폭력으로 신고했다는 것이다. 잠시 말문이 막혔다. 곧 떠오른 건 몇 분 전 큰아이에게서 받았던 전화였다. 학원에 가야 할 동생이 낮잠을 자고 있어 몇 번 깨웠지만 일어나지 않는다는 것이다. 깨워서 보내고 너도 학원 가라고 했다. 큰아이는 알겠다고 했지만, 결국 동생과 실랑이를 벌이며 다툰 모양이다.

아이들에게 폭력은 어떤 이유로도 정당화될 수 없다고 늘 강조해 왔다. 아이는 그 말들을 기억하며 누나의 고함을 폭력이라 느낀 것이다. 경찰에게 상황을 설명하고, 아이들을 잘 지도하겠다고 말한 뒤 전화를 끊었다. 강사이기 이전에 부모로서, 마음이 복잡해지는 순간이었다.

집에 가기 전, 작은아이를 따로 불러 조용히 말했다. "엄마는 너희 남매가 서로를 존중하고, 잘 지냈으면 좋겠어." 아이는 말없이 고개를 떨군 채 눈물을 흘렸다. 큰아이도 엄마의 부탁을 책임감 있게 해내려다 상처받았을 것이다. 두 아이 모두 안쓰러웠다.

가정은 각자의 역할이 존중받고, 협력할 때 따뜻해진다. 옳고 그름을 따지기보다, 서로를 이해하려는 노력이 필요하다. 자율과 협력이 조화를 이루는 공간, 그게 우리가 바라는 가정의 모습이다.

2023년 5월, 바람이 시원하고 세상이 푸르렀던 날, 작은아이와 함께 학교를 찾았다. 고2로 진급한 아이는 오랜 고민 끝에 자퇴를 결정했다. 우리는 그 결정을 존중하기로 했다. 아이는 조심스럽게 자퇴서를 내밀며 눈시울을 붉혔다. 선생님은 말없이 아이의 손을 꼭 잡고 따뜻하게 안아주었다. 말보다 깊은 위로였다. 나는 조용히 고개 숙여 감사의 마음을 전했다.

"학교를 그만두는 것보다, 선생님과 헤어지는 게 더 슬퍼요." 아이의 말에 마음이 뭉클했다. 만약 이런 좋은 선생님을 조금만 더 일찍 만났더라면, 아이의 학교생활이 달라졌을까. 그런 생각이 문득 가슴을 스쳤다. 하지만 지난 시간을 되돌릴 순 없다. 중요한 건, 아이가 사랑받았던 기억을 품고 앞으로 나아간다는 사실이다.

자퇴 후, 아이는 방 안에서 지내는 시간이 많아졌다. 말수는 줄었고, 하루 대부분을 컴퓨터 게임에 몰두했다. 출근하던 남편이 '은둔형 외톨이'에 관한 기사를 보내왔다. 걱정이 되고, 가슴이 무너지는 듯했다. 자퇴를 허락하며 세 가지 약속을 했다. 세 끼 식사, 운동, 일정한 수면. 그마저도 지켜지지 않았다.

아이의 밤낮은 완전히 뒤바뀌었고, 식사는 하루 한 끼로 줄었다. 체구가 작은 아이는 점점 야위어갔다. 눈앞에 있는 선 분녕 내 사식인데, 마음은 점점 멀어지는 듯해 불안했다. 아이가 문을 닫고 혼자 있는 시간이 길어질수록, 그 문 너머의 마음은 더 알 수 없었다. 무엇을 어떻게 해야 할지, 나조차 길을 잃은 기분이었다.

학부모로서 아이들을 위해 헌신해 온 시간이 무너지는 듯했다. 진학, 성적, 학교생활에 집중하며 쉼 없이 달려왔지만, 정작 내 아이의 마음은 놓치고 있었던 것 같았다. 나는 이제 학부모가 아닌, 온전히 부모로서 아이 곁에 서야 했다. 그래서 결심했다. 아이와 함께하며 나와 가족을 위해 할 수 있는 일을 찾자고.

처음 아이가 학교를 그만두려 한다고 했을 때, 나는 필사적으로 설득하고 조언했다. 하지만 어느 순간, '이 아이는 정말 결심했구나'라는 걸 느꼈다. 억지로 붙잡는 게 답이 아니라면, 나는 어떤 자세로 이 결정을 함께 견뎌야 할까. 고민 끝에 나 자신부터 바로 세우기로 했다.

2023년 1월, 나는 [국민강사교육협회]에 가입했다. 매일 비대면 수업에 참여하며 우울과 무기력을 공부로 이겨냈다. 강의 활동은 학교에서 기관과 기업으로 넓어졌고, 다시 삶에 활력이 돌기 시작했다. 나를 바라보는 가족들의 응원도 따뜻했다.

무엇보다 변화된 내 모습 덕분에 아이와의 관계도 편안해졌다. 지나치게 간섭하지 않으면서도 따뜻하게 지켜보는 거리감이 생겼다. 내 회복은 가족에게도 긍정적인 변화를 가져왔다.

큰아이는 동생을 이해하고 도우려 애썼다. 우리는 작은아이를 비난하지 않았다. 조용히, 꾸준히 사랑을 표현했고, 그 사랑은 변화를 만들었다. 아이는 거실에서 시간을 보내고, 운동을 시작했으며, 자신만의 리듬을 되찾아갔다.

작은아이는 검정고시에 합격했고, 좋아하던 컴퓨터 공부도 꾸준히 이어갔다. 완전한 회복은 아니었지만, 우리 가족은 함께 믿고 버티고 기다렸다. 그 시간이 아이를 다시 세웠다.

어느 날, 강의를 마치고 나니 허기가 몰려왔고, 무더운 날씨에 온

몸이 축 늘어졌다. 운전대를 잡고 집으로 향하던 중, 언제 오냐는 작은아이의 전화를 받았다. 10분 내로 도착한다고 했다. 집에 도착하니 식탁 위에 크림 파스타 두 그릇이 놓여 있었다. 면은 약간 불어 있었지만, 소스는 부드럽고 향기로웠다. 미리 준비하고 엄마를 기다렸을 아이의 마음이 느껴졌다. 싱크대는 어지럽혀 있었지만, 아이의 정성이 고스란히 느껴졌다. 피곤했던 마음이 순식간에 풀렸다. 그 파스타는 단연코, 세상에서 제일 맛있는 음식이었다. 그날 다시금 느꼈다. 아이는 자신만의 방식으로 사랑을 표현하고 있었다. 서툴지만 진심 어린 마음, 그게 가장 깊은 위로가 되었다.

작은아이는 정보 보안학과에 진학했다. 밴드 동아리에서 기타를 맡아 버스킹도 하며 장학금을 받을 정도로 성실하게 학업에 임했다. 스스로 계획을 세우고 실천해가는 모습에서, 아이의 단단해진 내면을 느꼈다.

어느 날, 작은아이가 조심스럽게 말했다. "엄마, 자퇴했을 때 엄마가 화내지 않아서 감사해요. 사실은 엄마가 우울증에 걸릴까 봐 걱정했어요. 엄마가 힘들어했으면 저도 더 힘들었을 거예요." 그 말을 듣는 순간, 가슴이 뭉클해졌다. 그 조용한 시간 속에서도 나를 걱정하고 있었던 것이다. 말없이 아이를 안아주었다.

이 모든 시간을 돌아보면, 우리는 완벽하지 않았고, 때로는 흔들렸지만 멈추지 않았다. 아이들은 힘든 시간을 지나 자기의 길을 찾고, 나 역시 부모로서의 길을 배우며 걸어왔다.

서툴고 아팠던 순간들이 있었기에, 지금의 따뜻함이 더 깊게 느껴진다. 우리는 때때로 다투고, 오해하고, 마음이 멀어지기도 했지만, 언제든 돌아올 수 있는 길이 있다는 걸 알게 되었다. 그 길의 이름은 사랑이었다. 서툴렀지만, 우리는 매일 사랑을 연습하며 살아왔다. 그 사랑은 아이의 마음속에도, 내 마음속에도 조금씩 자라고 있었다.

2-9
멈추고 둘러보니, 내 안의 나를 만난다
박준식

 나는 고집이 세다. 고집쟁이에다가 잘 삐치기도 한다. 외골수에 내 맘대로 해야 하는 사람이다. 뜻을 잘 굽히지 않는다. 좋게 말하면 신념이 굳고 주관이 뚜렷하다. 나쁘게 말하면 자기중심적이고 고집불통이다. 모든 일에도 고집스럽게 한다. 한번 시작한 일은 끝장을 보고 만다. 내 방식이 100% 맞다고 생각했다. 근거 없는 자신감이 많은 사람이었다. 그럼에도 불구하고 대부분은 결과가 좋았다. 업무에 둘러싸여 살았다. 앞만 보고 달렸다. 주위를 둘러볼 여유가 없었다.

 2014년은 인생에서 가장 큰 터닝 포인트가 있었던 해이다. 장교로 복무하던 직업군인이었던 때이다. 장교로서 쌓아왔던 경력이 한순간에 무너졌다. 2014년 1월이었다. 9715부대에서 군수계획장교 직무를 수행했다. 중령 진급을 바라보고 근무하던 자리였기 때문에, 힘은 들지만, 그만큼 인정을 받을 수 있는 직책이었다. 그 당시 군수처는 근무환경이 열악했다. 직속상관이었던, 군수참모님이 새로 부임한 지 1주일도 되지 않았다. 환경담당 주무관도 공석이었다. 그 업무들은 모두 군수계획장교인 내가 담당하고 있었다. 원래 일이 많은 직책이었다. 공석이 있어서 더 일이 많았다.

군부대는 유사시 즉각 대응하기 위해 위기조치반을 두고 있다. 당연히 참모가 공석이어서, 대리근무자로 임무를 수행했다. 구정 연휴 기간에 앞서, 감찰에서는 공직기강 확립을 위해 부대를 점검한다. 그날은 훈련 상황으로 비상소집이 있었다. 부대로 복귀하라는 전화를 받고 비몽사몽간에 잠에서 깼다. 정신도 차리지 못한 상태에서 전투복을 입었다. 숙소가 부대와 약 8㎞ 떨어져 있다. 차를 타고 이동하기 위해 주차장으로 향했다. 운전 경력 20년의 숙련된 드라이버였기에 급하게 출발했다. 그리고 이동 간에 '언제 도착하느냐'라는 재촉 전화를 4~5번 받았던 것 같다. 마지막 통화 후에 잠깐의 전방 주시 태만이 사고로 이어졌다. 차량이 도로 옆 도랑으로 향했다. 급하게 차량의 핸들을 틀었다. 하지만, 속도가 빨랐기 때문에 제대로 제어하기가 힘들었다. 몇 번 좌우 측으로 움직이다가 전봇대를 들이받고 멈췄다. 순간, 내 삶이 파노라마처럼 스쳐가는 듯한 느낌과 함께 잠깐 정신을 잃었다. 그나마 에어백이 작동해서 상체는 크게 다치지 않았다. 에어백을 걷어내고 보니, 승용차 보닛 중간에 전봇대가 꽂혀있었다. 아프다는 것은 생각할 겨를이 없었다. 빨리 부대로 가는 것이 중요했다. 하지만, 운전석 문을 열고 기어 나왔을 때, 걸을 수 없다는 걸 알았다. 부대 앞 2㎞ 전방에서 났던 사고이다. 그 사고로 10달 동안 병원에서 치료를 받아야 했다. 진급 확률이 가장 높았던 시기에 병원에서 생활하면서, 군 생활은 새로운 방향으로 접어들었다.

이 사고로 오른쪽 발목을 잃었다. 국군수도병원 정형외과 의국에서는 두 다리로 일어서면 다행이라고 했다. 처음에는 복잡한 생각들이 많았다. 진급, 연금 수급, 장애 등 많은 문제가 불확실했다. 배우자에게도 미안했다. 나의 의지와는 달리 오른쪽 발목은 1차 수술 결과가 좋지 않았다. 재수술을 해야 했다. 3번의 큰 수술을 더 하고 나서 발목은 최종적으로 고정되었다. 이번 생에는 움직일 수 없다. 영구 신체장애를 가지게 되었다. 두 다리로 일어설 수 있었던 것은, 하루도 빠짐없이 지극정성으로 케어해준 배우자가 있었기 때문이다. 묵묵히 지지해 주고 응원해 준 가족이 있었기에 가능했다.

국군수도병원의 일상은 무료했다. 바이탈 체크하고, 정해진 시간에 투약한다. 이동은 휠체어로 하고, 재활운동은 목발로 했다. 통증이 많지만, 빨리 회복해서 부대로 복귀하겠다는 마음이 컸다. 회복에 집중했다. 하지만, 상태가 나아지지 않아 두 번의 수술을 더 해야 했었다.

배우자의 일상은 더 힘이 들었다. 아침에는 아이들을 등교를 시켰다. 그리고 점심을 준비해서 금왕에서 성남 국군수도병원까지 면회를 왔다. 점심을 먹고, 샤워까지 도와주었다. 그렇게 잠깐의 만남 후에 아이들의 하교 시간에 맞춰 금왕으로 이동했다. 아이들을 케어하고, 저녁이면 다음날 나의 점심을 만들고, 그제야 쉴 수 있었다고 한다. 금왕에서 성남까지 100㎞ 거리이다. 매일 200㎞를 10개월 동안 이동했다. 주말에는 아이들과 함께 면회 왔다. 산책하기도 하고 함께 지내다가 간다.

그 당시에 아이들은 '씽크빅'이라는 학습지를 공부했다. 나는 대학교에서 수학을 전공했다. 그래서 초등 수학은 내가 맡아서 아이들을 봐 주었다. 학습지 선생님이 있지만, 숙제는 점검해 주었다. 병실에서 아이의 학습지를 봐주었다. 분명히 지난주에 알겠다고 했었다. 이해했고 문제까지 잘 풀었던 부분이다. 그런데, 이번 주에는 모르겠다고 하면서 문제를 풀지 못했다. 분명히 지난주에 여러 장의 문제들을 다 잘 풀었다. 그래서 당연히 안다고 생각하고 있었다. 지난주에는 알겠다고 했으면서, 왜 모르냐고 다그쳤다. 배우자와 아이들이 금왕으로 가고 난 다음, 속이 많이 상했다. 아이가 수학 문제를 못 풀어서가 아니다. 그렇게 '다그치면서 이야기했어야 했는가?'를 되돌아보았다. 곰곰이 생각해 보니, 내가 잘못 생각하고 있는 것이 있었다. '당연히'라는 생각이 옳지 못한 전제조건이 있었던 것이다.

'개구리 올챙이 적 생각 못 한다'라는 속담이 있다. 어린 시절을 생각해 보았다. 모든 것을 한 번에 익혔던가? 그렇지 않았다. 구구단은 초등학교 2학년 때, 콩나물을 다듬던 어머니 앞에서 외웠다. 한두 번이 아니었다. 수백 번, 수천 번이 아니라 수만 번 이상 끝없이 반복한 결과이다. 무언가를 깨달아 각인되기도 하지만, 숙달되기 전에는 잊어버리는 것이 당연하다. 생각이 여기에 다다르니, 아이가 잊어버릴 수도 있다는 생각이 들었다. 다음 주말에 아이가 왔을 때, 먼저 이야기했다. "네가 잘못한 것이 아닌데, 아빠가 야단을 먼저 쳤던 것 같다." 내가 먼저 인정하고 아이에게 손을 내밀었다. 아이를 키우면서 오히려 내가 그 속에서 배우는 것이 많았다. 그날 이후 "지난번에 이야기했잖아"라는 말은 안 하려고 노력한다. 그때는 알아들었고 이해했지만, 지금은 모를 수 있기 때문이다.

등산하다 보면, 첫 산행에서는 산을 오르기에 바빠서 주변을 제대로 보지 못한다. 삶이 그러하다. 바쁘게 살다 보면 주변을 둘러볼 여유가 없다. 맞는지 틀렸는지도 모르고 그냥 열심히만 산다. 큰 위기 속에서 여유를 가지고 돌아보니 옳고 그름에만 너무 집착하고 살았던 내가 보였다.

영화 〈원더〉(2017)에 나온 브라운 선생님의 말씀 중 "옳음과 친절함 중 하나를 선택해야 한다면 친절함을 선택해라"라고 한 명대사가 있다. 지금까지 나의 시각에서 옳음에 집중했던 것 같다. 앞으로는 친절함이 묻어나는 따뜻한 말을 하려고 한다.

2-10
갈등을 마주하는 자세

유연옥

　나는 넷째 딸로 태어났다. 하나 달고 태어났으면, 여자는 조신해야지, 나대지 말라 등의 말을 늘 듣고 자랐다. 사촌 남동생이 당시에는 귀했던 센베이 과자를 먹을 때 난 구경만 했다. 그래서인지 남자에게 무조건 이기고 싶은 마음이 있었다. 남편에게도 지면 안 된다고 생각했다. 경제 부분에서도 마찬가지였다. 그래서 공부도 쉬지 않고 하고 자격증도 끊임없이 취득했다. 내 능력을 키우고 싶었다.

　결혼 10년 무렵부터 여행을 다녔다. 구체적인 계획을 세워야 떠나는 나와 즉흥적으로 움직이는 남편은 많이 달랐다. 마음이 바뀌어 가다가 돌아오기도 했다. 이유는 말하지 않고 자신의 감정만을 따랐다. 나는 이유를 묻지 못했다. 말을 하면 대꾸한다며 목소리를 높였다.
　어느 겨울, 삼천포 여행 중 저녁 식사 후 노래방에 갔다. 평소에

즐겨 부르던 노래를 불렀는데, 갑자기 눈을 부릅뜨고 째려봤다. 맥주캔 하나를 단숨에 마시고 밖으로 나갔다. 숙소에서도 침묵은 계속되었다. 다음 날 예정된 목적지가 아닌 집으로 향했다. 차 안은 남편의 숨소리만 들렸다. 남편의 감정 변화는 예측할 수 없었다. 아직도 이유를 모른다. 혼자 화를 내고 마치 아무 일 없다는 듯 일상으로 돌아갔다. 그때마다 감정이 소용돌이쳤다. 한겨울 살얼음판 위에 서 있는 듯했다. 불안감과 두려움으로 가슴은 쿵쾅거리고 머리는 하얘졌다. 어디서 시작되었는지, 무엇을 잘못했는지 알 수 없다. 이유도 모를 고통을 받았지만, 누구에게도 말하지 못한 채 끙끙거렸다.

　남편과 다툼이 잦아지면서 아이들 앞에서도 큰소리로 다투게 되었다. 남편이 사과하지 않으면 나도 말하지 않았다. 두 아이가 초등학교 다닐 때였다. 학교에 갔다 오면 조잘조잘 일과를 이야기하던 아이들이 점점 말수가 적어졌다. 남편이 번호 키를 누르는 소리가 나면 거실에서 놀던 아이들이 방으로 들어갔다. 말소리며 웃음소리가 사라졌다.

　출근 준비를 하는데 남편이 불렀다. KBS에서 방영하는 〈아침마당〉을 같이 보자는 거였다. 부부 갈등에 관한 주제였다. 다른 사람 입장이 되어 생각해보는 시간이었다. 남편은 한동안 그 장면을 꽤 유심히 보았다. 그러고 나서 나에게 말했다. 지금까지 나는 당신이 하는 말은 틀리다 생각했어. 우린 틀린 게 아니라 다른 것이었네. 왜 당신을 계속 틀렸다고 몰아세웠을까? 그렇게 말한 뒤 미안하다고 했다. 그 말에 그동안 쌓였던 설움이 복받쳤다. 고맙기도 하면서 이제야 알아준 남편이 야속하기만 했다. 그날 이후 관계는 조금씩 편안해졌다. 남편의 미안하다는 말 한마디에 내 말투도 부드러워졌다. 아이들도 조금씩 웃음을 찾았다.

친정아버지가 세상을 떠난 후, 10년 동안 엄마는 홀로 지냈다. 고향 집 텃밭에 채소를 가꾸며 건강하게 지냈다. 동네 한가운데 집이라 마을 사람들이 대문 앞을 자주 오갔다. 문이 닫혀있으면 "아줌마 무슨 일 있어요?"라며 들어오곤 했다. 방 안에 있어도 발걸음 소리가 누구인지 알 정도였다. 바로 옆집에 작은엄마가 살았다. 작은아버지가 돌아가신 후, 작은엄마는 우리 집을 매일 오갔다. 함께 식사하며 서로를 의지하며 살았다. 그날도 엄마와 함께 식사하고 집으로 갔다. 갑자기 그릇을 갖다 주고 싶어서 다시 오게 되었다. 그때 부엌에 쓰러져 있던 엄마를 발견했다. 119에 신고한 후 엄마는 병원으로 이송되었다. 엄마는 왼쪽에 마비가 왔다. 병원에서 여러 시술을 했지만 큰 변화가 없었다. 중환자실에 입원했다.

병원비를 계산하는 상황이었다. 셋째 언니는 내가 빌렸던 엄마 돈 300만 원을 가져오라고 다그쳤다. 엄마가 쓰러지기 전, 남편의 과도한 부동산 투자로 경제 상황이 좋지 않았다. 사정을 아는 엄마가 통장을 줘서 잠깐 융통하고 갚는다고 하고 엄마가 쓰러졌다. 보험을 해지해서 바로 입금했다. 엄마는 일반 병실로 옮겼다. 의사의 권유로 재활병원에 입원했다. 하지만 엄마가 재활에 참여하지 않아 6개월 후 요양원으로 옮겼다.

엄마의 상태가 점점 나빠지자 재산을 정리해야 할 필요가 있었다.

아버지 명의의 재산은 셋째 언니 명의로 상속했다. 시골집과 논밭을 한 사람 명의로 하는 것에 가족 모두 동의했다.

엄마가 요양원에 입소한 후, 자매 5명은 매월 10만 원씩 엄마 통장으로 용돈을 입금했다. 아버지 명의 재산을 처분하기보다는 엄마를 돌보자는 취지였다. 3년 후, 집이 무너지기 전에 팔기로 했다. 집을 팔아도 엄마의 요양비는 예전과 같이 나누어 냈다. 집을 판 돈은 셋째 언니 혼자 가져갔다. 엄마는 요양원에서 8년을 지내다 세상을 떠났다. 엄마가 돌아가신 지 3년쯤 지났을 때, 셋째 언니는 농지도 자신의 명의라며 혼자 가지겠다고 했다. 둘째 언니 부부는 명의만 해준 것이라고 말했지만, 묵묵부답이었다. 둘째 언니 부부가 서울까지 찾아갔지만 만나지 못했다. 전화 통화에서 셋째 언니는 자신의 몫이라며 마음대로 하겠다고 말했다. 내가 찾아가겠다고 하자 둘째 언니는 말렸다. 둘째 언니 부부는 친정 부모님이 일군 땅이 팔릴까 봐 걱정했다. 그 후 3년이 넘도록 한 번도 찾아오지 않았다. 부모님의 재산을 오래 간직하고 싶어 명의를 한 사람에게 해주었는데, 이런 일이 우리 집에 생겼다. 몇십억도 아니고 겨우 2~3억 정도인데 생각할수록 어이가 없다. 엄마 돈 300만 원을 빌렸다고 빨리 갚으라고 다그친 사람이 맞나. 울화가 치민다.

늘 자기 것만 중요하게 여기던 사람, 계산적인 사람, 나눔을 전혀 모르는 사람이었다. 매주 둘째 언니가 해주던 반찬을 가져다 먹더니 이제는 발길을 완전히 끊어버렸다. 이런 사람이 자매라는 사실이 끔찍하다. 피는 물보다 진하다는 말이 무색해진다.

두 딸이 태어나고 6년이 지났다. 여름 어느 날 갑자기 매운 게 먹고 싶었다. 자장면 먹고 싶다는 둘째 말에 나는 짬뽕을 시켰다. 엄마는 매운 것 못 먹는데. 얼마 지나지 않아 셋째를 임신한 걸 알게 되었다. 그 시절, 정부는 둘째 이상 출산을 억제했다, 건강보험 혜택조차 받을 수 없었다. 셋째는 4.0kg으로 태어나 건강하게 자랐다. 조용하고 차분하며, 늘 어른스러운 아이였다. 고등학교 졸업할 때까지 개근상, 선행상을 받고, 사춘기도 별 탈 없이 지냈다. 대학 1학년을 마친 뒤 군 입대 준비로 휴학했다. 입대 전 제과 공장에서 야간 아르바이트를 했다. 세종시에 있는 훈련소에 배치되어 집과 가까웠다. 집에 부담을 주고 싶지 않다고 외박도 자주 오지 않았다. 어버이날 홍삼 진액을 보내왔다. 덕분에 기운 내서 두 배로 일했던 기억이 있다. 전역하자 복학을 권했다. 하지만 아들이 망설이다 "저 자퇴했어요"라고 했다. 그 한마디에 하늘이 무너지는 줄 알았다. 지금껏 한 번도 문제를 일으킨 적 없고, 속 썩인 적도 없는 아이였기에 충격이 컸다. 그렇게 중요한 일을 혼자 결정했다는 것이 믿기지 않았다. 하고 싶은 일, 적성에 맞는 일을 찾아보겠다고 했다. 머리와 가슴은 따로였지만 아들의 선택을 존중했다. 전역 두 달 뒤, 취업을 원해, 고용노동부 취업 지원센터를 소개해 줬다. 일주일 만에 외국계 중소기업에 입사했다. 3교대지만 통근 버스도 있고, 집에서 다닐 수 있었다. 동기들은 3명이나 퇴사했다고 했다. 새벽 5시에 일어나 출근하는 모습이 안쓰러웠다. 2년이 지난 어느 날, 새벽 출근 후 사고가 났다고 전화가 왔다. 상담 중으로 전화를 받지 못해 뒤늦게 병원에 갔다. 오른손에 붕대를 감고 있던 아들을 보니 자퇴한 것에 화가 났다. 다행히 신경을 다치지 않았다고 했다. 일주일 후 퇴원 준비를 하며 치료실에서 상처를 봤다. 손등이 으깨지다시피 했다. 가슴이 무너지는 듯 고통스러웠다. 산재 치료로 10개월 동안 피부이식을 두 차례 했다. 아들은 자기 실수였다고 한 번도 불평하지 않았다. 회복 후 사무직으로 옮겼다. 어느덧 7년째 근무 중이다. 이제는 1억을 모았다고 한다. 이제 하고 싶은 일을 찾고 있다고 한다. 그 꿈이 무엇이든 아들을 믿고 응원하기로 했다.

가장 가까운 사람들이 바로 가족이다. 가깝기 때문에 갈등도 생기게 마련이다. 갈등을 피해야 할 벽이라고만 생각할 것이 아니라, 서로를 이해하는 창이라고 여기는 마음이 필요하다. 지금도 완전히 해결한 것은 아니지만, 더 나은 방법을 찾아가는 중이다. 가족이라는 이름으로.

2-11
'사랑'이라는 이름으로 씌워진 기대

이서윤

아이에게 책을 읽어주기 시작한 건 생후 두세 달 무렵이었다. 출산 전 준비해 둔 유아 도서를 꺼내 아이 옆에 누워 동물 소리를 흉내 내며 책장을 넘겼다. 아이가 앉을 수 있게 되자 손바닥만 한 헝겊 그림책을 펼쳐 함께 읽었다. 책은 아이에게 장난감이었다. 나는 놀 듯이 이야기를 건넸다. 자연스럽게 글자에 노출되며 아이는 어느새 한글을 깨치기 시작했다. 학습지를 시킨 적도, 억지로 가르친 적도 없었다. 그저 아이와 눈을 맞추고 함께 시간을 보냈을 뿐이다. 아이의 빠른 인지 발달에 사람들은 감탄을 쏟아냈다. "애가 천재 같아요." "영재교육원에 보내보세요." 그 말들은 내 마음속에 '기대'라는 이름으로 자라났다. 아이에게 더 좋은 걸 해주고 싶었고 아이가 가진 가능성을 놓치고 싶지 않았다. 거실 벽엔 하나둘 영어 단어장이 붙기 시작했고 아이 하루는 점점 경쟁 무대처럼 바뀌어갔다.

세 살 무렵, 미술학원에 등록했다. 지금 돌아보면 너무 이른 시기였다. 첫째인 딸이 그린 그림을 보며 나누는 시간은 늘 새롭고 벅찼다. 몇 달이 지나자, 아이 손등과 손목이 붓기 시작했다. 정형외과 의사는 조심스럽게 말했다. "아직 관절이 완전히 형성되지 않은 상태에서 꼼꼼히 색칠하는 건, 무리가 될 수 있어요." 그 말을 듣는 순간 마음이 저릿했다. '내가 아이를 혹사시킨 걸까?', '너무 앞서간 건 아닐까?' 병원에서 주사기로 물을 빼내자 가라앉았다. 초보 엄마는 아이가 좋아하던 장난감 피아노 대신 피아노 레슨, 미술 학원으로 아이의 시간을 채워갔다. 아이 스케줄이 곧 나의 안도이자 성취로 여겨졌던 시절이었다. 아이 생일은 2월이다. 또래보다 일찍 초등학교에 입학해야 했기에 입학 유예를 고민했지만 결국 입학시켰다. 조용하고 순한 성격 덕에 학교에 잘 적응했고 수업도 즐거워했다. 책 읽고 노래 부르며 친구들과도 잘 어울렸다. 하지만 상담 시간에 들은 담임교사의 말이 마음에 남았다. "아이가 장난감을 가져왔길래 제 서랍에 넣어뒀는데, 허락도 없이 다시 꺼내 가더라고요. 그러면 안 되죠." 담임에게서 들은 말은 둔탁하지만 묵직하게 오래 남았다.

둘째인 아들이 태어나면서부터 큰아이에게 변화가 나타났다. 6년 6개월 차이가 나는 동생을 처음엔 인형 다루듯 어루만졌다. 엄마를 흉내 내며 어구, 우리 아기 일어났네, 라고 말하며 다정하게 바라봤다. 시간이 지날수록 큰아이는 밖에 나가면 좀처럼 집에 돌아오지 않았다. 어느 날, 학원에서 아이가 오지 않았다는 전화를 받고 두 달

된 아기를 안은 채 동네를 헤매며 찾아다녔다. 놀이터, 친구네 집, 마트 옆 골목까지… 한참 후에 친구들과 비눗방울을 불며 웃고 있는 아이를 발견했다. 그 모습을 본 순간, 화가 났다. 왜 그렇게 웃고 있는 아이에게 화가 났던 걸까. 나는 아이에게 소리를 질렀고 아이는 고개를 떨군 채 말이 없었다.

'주의력 결핍일까?', '집중력이 부족한 걸까?' 검사를 받았지만 결과는 의외였다. "지능도 높고 발달도 정상입니다. 다만, 관심 있는 분야에 몰입이 강한 편이에요." 나는 오히려 더 혼란스러워졌다. '왜 이렇게 말이 안 통할까?', '왜 다른 아이들처럼 매끄럽게 행동하지 않을까?'

초등학교와 중학교 내내 아이는 성적 우수상은 물론 교내 대회에서도 상을 받았다. 어느새 수상을 당연하게 여겼고, 상을 받지 못한 날에는 "이번엔 왜 못 받았지?"라는 말을 무심코 내뱉었다. 남편은 "그냥 아이답게 살게 두자"고 했지만, 쉽게 내려놓을 수 없었다. 좀 더 나은 경험을 하길 원했다. 아이는 책상 앞에 앉아, 엄마가 교과목을 가르치는 긴 시간을 감당했다. 기대가 커질수록 더 엄격했고 그것이 사랑의 또 다른 표현이라고 믿었다.

일찍 퇴근하고 온 날, 학교 숙제와 과외 과제를 미리 해놓으라 아침에 당부했는데도 하지 않은 아이에게 화가 나 야단쳤다. 야단치다가 내 감정에 몰입돼 감정이 격해졌다. "이럴 바엔 나가"라며 캐리어를 꺼냈다. 옷 몇 벌을 챙겨주며 짐을 싸라고 말한 뒤 주방으로 향했다. 그런데 곧 현관문 닫히는 소리가 들렸다. 아이 방은 텅 비어 있었다. 곧바로 현관문을 열고 나갔더니 엘리베이터는 이미 1층에 멈춰있었다. 간이 쿵 내려앉았다. 진짜 나갈 줄은 몰랐다. 잘못했다고 빌길 바랐지만, 아이는 밖으로 나갔다. 마침 전화한 남편에게 아이를 찾아보라고 말했다. 잠시 후, 아파트 내 산책길에서 아이를 발견했다. 아이는 캐리어를 질질 끌며 고개를 푹 숙이고 걷고 있었다. 조용히 뒤를 따라갔다. 힘없이 가방 끌고 가는 아이 모습에 남편은 눈물이 났다고 했다. 마치 자신이 집을 나온 심정이었다고 다시는 그러지 말라고 내게 당부했다. 그날 밤, 아이에게 진심으로 사과했다. 그 후로는 어떤 잘못을 해도 '밖으로 나가라'는 말은 절대 하지 않는다. 아동학대 예방 교육을 하며, 내 행동이 정서적 학대였음을 깊이 반성하게 된다. 강의 중 이 이야기를 꺼내면 교육생들이 웃으며 "우리도 그랬어요"라고 말한다. 몰라서, 사랑이라고 믿었던 행동들이 이렇게 가슴속에 남는다.

딸이 중학생이 되자 본격적인 사춘기 현상이 나타났다. 중2병이라는 말처럼 아이는 자신만의 세계를 만들어가고 있었다. 과외 선생님이 2년 가까이 아이 방에서 수업했지만, 둘 다 포기한 듯한 분위기였다. 아이는 억지로 공부했고, 선생님은 숙제만 확인한 채 돌아갔다. 그 사실을 알았을 때의 허탈함은 오래도록 남았다. 양육이 이렇게도 힘든 일이란 걸 그 시절 처음 실감했다. 나의 양육방법으로 인해 남편과의 의견 충돌이 있었고 일방적으로 화를 내거나 자책하는 날이 많았다.

오래된 비디오테이프를 복원하다 충격적인 장면을 마주했다. 영상 속 젊은 나는 생후 7~8개월 된 둘째만 찍고 있었고 작은아이 이름만 자주 불렀다. 그 옆에서 큰아이는 끊임없이 엄마에게 말을 걸고 있었다. 큰아이에게는 무덤덤하게 대답하며 둘째만 바라보는 엄마였다. 그 장면 앞에서 얼굴이 화끈 달아오르고 등이 뜨거워졌다. 몇 년간 몽땅 받던 사랑을 갑자기 나타난 동생에게 빼앗긴 큰아이는 얼마나 외로웠을까. 중학교 3학년 무렵, 딸이 카카오톡 상태 메시지에 올린 한 문장. '언제까지 나를 그냥 내버려 둘 건가요?' 그 문장을 남편이 보여주었을 때, 머리를 한 대 얻어맞은 듯 멍해졌다. 사랑했지만, 아이를 힘들게 했다. 사랑이라는 이름 아래, 아이도 나도 갇혀 있었다. 어리석고 고단했던 시간을 지나 비로소 '엄마'로 나를 다시 마주할 수 있었다.

딸은 누구보다 따뜻하고 성숙한 청년이 되었다. 부모 생일을 가장 먼저 챙기고 결혼기념일엔 여행 코스까지 계획해 선물로 건넨다. 지난여름, 가족과 함께한 홋카이도 여행도 딸이 운전부터 숙소 예약, 일정까지 모두 준비했다. 가족이 우선인 아이, 누구보다 부모를 먼저 생각하는 아이. 돌이켜보면 그 모든 시간이 있었기에 지금의 우리가 있다.

그럼에도 엄마는 다시 욕심을 낸다. 스킨, 로션만 바르고 다니는 딸이 불만이다. 선크림도 바르고 색조화장도 좀 했으면 좋겠다. 주말이면 친구들과 피크닉 다니고 영화 보고 국내외 여행도 자주 떠나지만, 그 틈에 마음 나눌 남자 친구도 있으면 어떨까, 조심스럽게 평범한 생각을 끼워 넣는다.

  아이를 키우는 것은 결국 자신을 다시 키우는 일이었다. 실수나 반성이 쌓여 서로의 상처를 품는다. 사랑을 배우고 회복을 통해 깊은 가족이 된다. 엄마라는 이름으로 오늘도 한 걸음 더 나아간다. 아직 가보지 않은 길의 끝에서 함께 웃을 우리를 믿으며.

2-12
교학상장(敎學相長)
이은주

 나와 두 딸은 성격이 정반대다. 계획적이고 논리적인 엄마와 감성적이고 자유로운 딸의 충돌은 날마다 반복되는 일상이었다. 정리정돈을 제대로 하지 못하는 딸을 보며 나는 잔소리를 쏟아냈고, 그녀의 느긋한 태도에 자주 답답함을 느꼈다. 공감하기보다 문제를 분석하고 해결하려 했다. 옳고 그름을 따지며 이유를 조목조목 설명하기에 급급했다. 마음은 따뜻했지만 말은 친절하지 않았다.
 엄격하고 무뚝뚝한 아버지 밑에서 자라며 늘 긴장 속에 살았다. 아버지는 특별한 일이 아니면 말을 아끼는 분이었다. 그래서 대화보다는 지시와 훈계가 더 익숙했다. 국민학교를 졸업할 때까지 연필을 바르게 쥐지 못했던 나는 아버지 앞에서는 글 쓰는 것을 피했다. 젓가락질이 어색하다는 이유로 자주 꾸중을 들었고, 긴장한 채 밥을 먹었던 기억이 아직도 선명하다.
 성인이 되어서도 여전히 아버지 앞에 자유롭지 않았다. 화장, 옷

차림, 귀가 시간 하나하나 간섭을 받았고, 나의 속앓이도 깊어졌다. 때로는 밖에서 몰래 옷을 갈아입고 화장을 고친 채 친구를 만나러 가기도 했다. 아버지에게 들킬 때면 큰 꾸중이 뒤따랐다. 그 시절에는 아버지를 이해하지 못했다. 어느새 딸에게 그런 엄마가 되어 있었다.

나는 계획을 세워야 안심이 되는 사람이다. 예측 가능한 삶, 정돈된 공간, 효율적인 시간 운용이 내게는 중요했다. 반면에 두 딸은 감정이 삶의 중심에 있었다. 딸들은 상대적으로 시간 개념이 흐릿했고, 공간은 어질러져 있는 경우가 많았다. 그런 딸들을 이해하지 못했다. 사실 이해하려는 마음조차 없었던 것 같다. 딸들이 감정에 치우쳐 행동할 때면 속이 터졌다. 차분하게 이유를 설명하기보다는 비효율적이라며 쏘아붙이기 일쑤였다. 내 방식대로만 키우려고 했다. 그런 엄마를 아이들은 힘들어했다.

다행히 두 딸은 내 기대에 부응하며 잘 자라주었다. 둘 다 특목고에 진학했고 대학 진학도 순조로웠다. 그런데도 늘 만족하지 못하고 딸들에게 더 높은 목표를 요구했다. 큰딸이 전교 2등을 했을 때, 내가 가장 먼저 한 말은 "조금만 더 노력했으면 1등도 가능했을 텐데"였다. 칭찬보다 아쉬움이 먼저였고, 기쁨보다 평가가 앞섰다. 딸은 무표정으로 고개를 끄덕였고, 그 표정 속에 담긴 쓸쓸함을 읽지 못했다.

주말마다 기숙사에서 돌아올 딸을 기다렸다. 딸과 시간을 좀 더 보내고 싶었다. 한껏 기분이 들떠서 장을 보고 맛있는 음식을 준비했다. 하지만 정작 딸에게 집은 따뜻하고 편안한 공간이 아니었다.

집은 잔소리와 지적으로 가득 찬 곳이었다. 딸은 오히려 기숙사를 더 편안하게 느꼈을지도 모르겠다. 나는 딸을 사랑하고 있었지만, 딸이 느끼는 사랑은 조건과 평가 속에 갇혀 있었다.

요즈음 문득문득 아버지의 다른 얼굴이 떠오른다. 오랜만에 만난 중학교 동창이 물었다. "너희 아버지 아직 건강하시지? 옛날에 너희 집에서 먹은 돈까스 맛, 아직도 기억나." 그 말에 나는 한참을 멍하니 있었다. 내 기억 속 아버지는 지시하고 명령하고 꾸중하는 모습인데, 내 친구가 기억하는 아버지는 달랐다. 친구 덕분에 잊고 있던 중학교 추억이 밀려온다. 그때 아버지는 정육점에서 돼지고기를 사와서 손수 돈까스를 만들고, 직접 튀겨 친구들에게 내어주었다. 평소엔 엄하고 무뚝뚝한 아버지였지만, 어쩌면 그것이 아버지의 방식이었을지 모른다.

사실 아버지는 퇴근할 때 빈 손으로 온 적이 별로 없다. 붕어빵, 호떡, 군밤, 군고구마 등 간식거리를 손에 쥐고 귀가했다. 당시엔 대수롭지 않은 일상으로 여겼지만 나중에 친구들과 이야기를 나누며 그것이 사랑이었음을 깨달았다. 아버지의 엄숙함은 자식 사랑과는 별개였다. 나는 아버지와 긴 대화를 나눈 기억은 별로 없다. 칭찬을 받았던 적보다 꾸중을 들었던 적이 더 많은 것 같다. 그래서일까? 여전히 아버지와의 대화는 낯설다. 성인이 되어서도 아버지는 무서운 존재였다. 나는 더 따스하기를, 더 자상하기를 기대했다. 때론 아버지를 원망하기도 했다. 하지만 돌이켜 생각해보니 아버지는 사랑을 표현하는 데 방식이 서툴렀을 뿐이다. 팔순을 훌쩍 넘긴 아버지를 보면, 그 시절의 한국 사회와 아버지 세대가 어떠했는지 깊이 이해하게 된다. 책임과 근엄함을 지닌 맏아들, 다섯 식구의 가장, 공무원…. 그 이름의 무게가 얼마나 무거웠을까?

큰딸이 고등학교 2학년이던 어느 날, 마침내 감정이 폭발했다. "엄마랑 얘기하면 숨이 막혀. 엄마는 내 편이 아니라 나를 평가하는 사람 같아." 그 한마디가 내 가슴에 송곳처럼 꽂혔다. 나는 그저 딸이 더 나은 사람이 되기를 바랐을 뿐인데, 딸에게 상처와 부담으로만 전해진 것이다. 우리는 서로에게 점점 멀어졌다. 소원해진 모녀 관계는 한동안 지속되었다. 같은 공간에 있었지만 마음은 떨어져 있었다.

시간이 흘러 딸은 소위 명문대에 진학했다. 그녀는 대학교 합격과 동시에 독립을 선언했다. 대견하면서도 서운함이 컸다. 내 곁에 좀 더 두고 싶었지만, 이미 충분히 자라 있었다. 놀랍게도 딸은 참견 없이 혼자서도 잘 해냈다. 현재는 미국에서 대학원 생활을 하며 스스로의 삶을 열어가고 있다. 한국을 떠나 이국의 도시에서, 자기 삶을 단단히 살아내고 있는 딸을 떠올리면, 금세 마음 한구석이 젖어든다.

나와 큰딸과의 관계가 최악이었을 때 딸과 관계가 가장 좋았던 사람은 아버지였다. 그토록 엄했던 아버지가 딸에게는 자애로운 외할아버지라는 사실이 당시에는 납득되지 않았다. 성장하면서 아버지로부터 제대로 된 사과를 받은 기억이 없다. 사실 아버지에게 사랑한다는 말, 미안하다는 표현을 하는 것이 어색하다. 부모에게 하고 싶지만 표현하지 않았고, 부모로부터 듣고 싶었지만 듣지 못했다.

큰딸과 관계가 악화된 후에야 비로소 나를 돌아보았다. 나의 말과 태도가 딸들에게 어떤 그림자를 드리웠는지 깨달았다. 딸의 눈물 속에서 내 잔소리의 무게를 느낄 수 있었다. 늘 칭찬에 인색하고 높은 기준으로 채찍을 가했던 온갖 기억들이 떠올랐다. 어느 날, 진심을 담아 딸에게 사과했다. 처음에는 무척 어색하게 느꼈다. 시간이 흘러 대화가 조금씩 많아졌고, 서로의 감정이 오가기 시작했다. 차갑기만 했던 관계가 서서히 풀렸다.

딸이 말했다. "엄마가 미안하다고 말해줘서 정말 놀랐고… 진심이 느껴졌어." 그 말을 듣는 순간 나는 알았다. 사랑은 완성형이 아니라는 것, 그리고 우리는 매일 서로를 통해 사랑을 배우고 있다는 것을.

'교학상장'이라는 말처럼, 가르치고 배우며 함께 성장하는 것이 가족의 본질이 아닐까? 가족이 된다는 것은 함께 자라고 함께 익어가는 시간이다. 자녀는 부족한 존재가 아니고, 부모는 완성된 존재가 아니다. 우리들은 함께 배우고, 서로의 사랑 안에서 조금씩 성장한다.

쉰이 넘은 지금에서야 비로소 알 것 같다. 나는 두 딸을 키우며 성장했다. 우리는 오늘도 함께 배우며, 사랑이라는 긴 수업을 이어가고 있다. 우리 가족은 이렇게 매일 연습하며 사랑을 배우고 있다.

2-13
사랑은 그렇게 시작되었다
조은연

　일요일, 동성로 다방에서 남자친구를 만나기로 했다. 주섬주섬 옷을 챙겨 입고 설레는 마음으로 버스에 올랐다. 문을 열고 들어서니 남자친구가 먼저 와 기다리고 있었다. 맞은편에 앉으려는 순간, 누군가 내 옆에 털썩 앉았다. 엄마였다. 어떻게 알고 왔는지, 남자친구와 나는 그 자리에서 얼어붙고 말았다. 집에서부터 나를 몰래 따라왔던 것이다. 엄마는 다짜고짜 말했다.
　"내가 할 말이 있어서 왔네. 둘이 그만 만나게. 막내라 싫고 키도 작고 얼굴도 까맣고, 직장도 시원찮고…."
　작정하고 따라나선 듯했다. 그 말만 남기고 엄마는 다방을 나섰다. 정신을 차릴 시간도, 대꾸할 시간도 없었다. 그날은 남자친구가 연수 갔다가 일주일 만에 보는 날이었다. 커다란 곰 인형에 목걸이를 걸고 내게 고백하려던 날이었다. 우리는 아무 말 없이 앉아 있다가 팔공산으로 올라갔다. 무슨 말을 나눴는지는 기억나지 않는다.

다만 곰 인형을 받아 들고 집에 돌아왔던 것만 선명하다.

다음 날 퇴근해보니 뒷집에 낯선 이삿짐이 보였다. 혹시나 하는 마음에 내다보니 눈앞에 서 있는 건 남자친구였다. 세상에, 어제부터 놀랄 일의 연속이었다. 그날 저녁부터 남자친구는 우리 집에 와서 "어머니, 밥 좀 주세요" 하며 자연스럽게 밥을 먹는 사이가 되었다. 밥을 참 야무지고 맛있게 먹는 모습이 보기 좋았다. 아침 먹고 출근도 같이 하고 퇴근도 같이 했다. 저녁까지 먹으며 종일 함께 시간을 보냈다. 우리는 같은 회사를 다니고 있었다.

그렇게 싫다고 하던 엄마도 아침저녁으로 얼굴을 보면서 사람을 알아가니 마음이 누그러지는 것 같았다. 나 역시 게임도 하고 오락실도 다니면서 동생들과 친해지려 노력하는 모습에 감동받았다. 막냇동생과는 탁구 내기까지 했다. 동생이 이기면 나와 헤어지고, 남자친구가 이기면 결혼해도 된다는 기상천외한 내기였다. 지금 생각하면 참 재미있지만, 그때 남자친구의 마음은 얼마나 간절했을까. 매일 같은 밥상에서 밥을 먹고, 똑같은 길로 출근하고, 저녁이면 우리 집 마당에서 동생들과 어울리는 그 모든 순간이 소중한 추억으로 남았다.

부모님 마음은 어땠을까. 귀한 자식을 떠나보내는 것이 얼마나 아깝고 서운했을까. 자식이 조금이라도 더 나은 환경에서 살기를 바라는 마음으로 그토록 반대했을 것이다. 나를 시집보낼 때 뒤돌아 눈물 훔치던 아버지의 뒷모습은 지금도 눈에 선하다. 엄마의 반대를 이겨내고 결혼하여 지금까지 잘 살고 있다. 그때 그 남자친구가 지금의 남편이다. 그때나 지금이나 변함이 없다. 장모님에게 제일 살갑게 대하고, 처가 식구들과 가장 잘 어울리는 사람이다.

시집가서 첫째를 낳을 때였다. 시어머니는 아들이라고 굳게 믿고 있었던 터라 아기용품도 모두 아들 것으로 준비하였다. 그런데 간호사가 "조은연님 보호자분, 예쁜 공주님입니다"라고 이야기하는 순간, 시어머니는 바닥에 털썩 주저앉았다. 그 모습을 지켜보던 친정엄마. 그 순간, 두 분의 마음속에는 어떤 파도가 일고 있었을까. 시어머니의 깊은 실망과 그런 딸을 지켜보는 친정엄마의 안쓰러움이 교차하던 그 순간을 지금도 기억한다.

할머니의 서운함을 온몸으로 받고 태어난 내 딸이 시집을 간다. "나는 아빠, 엄마 옆에서 평생 같이 살 거야!"라고 떼쓰던 녀석이었다. 독립하라고 해도 찰싹 달라붙어 떨어지지 않던 딸이 어느 날 갑자기 결혼을 하겠단다. 반면 둘째 아들은 직장 생활 시작하자마자 "나 집 나갑니다!" 선언하더니 아직도 자기 살림을 야무지게 꾸려 잘 살고 있다. 아, 이 복잡미묘한 기분! 무어라 말해야 할까. 옛날 나의 결혼을 극구 반대하던 엄마의 모습도 떠올랐다. 언젠가는 떠나보내야 할 것을 알고 있었지만, 느닷없이 꺼낸 아이들의 이야기에 나는 아무 말도 할 수 없었다.

예비사위는 잠깐잠깐 얼굴만 본 사이다. 딸이 "아버지, 밥 한번 같이 먹어요"라고 이야기하니 남편은 단호하게 거절했다. 부모가 되어봐야 그때의 기분을 알 수 있다고 했던가. 결국 인사도 제대로 하지 못하고 결혼식 날짜가 잡혔다. 그제야 밥을 같이 먹게 되었고, 정식으로 인사를 받았다. 키도 크고 인물도 훤칠했다. 무엇보다 내 딸이 사랑한다고 하니 그것만으로 충분했다. 예비사위 부모님이 무얼 하는지, 어디에 사는지, 무슨 일을 하는지 아무것도 아는 것 없이 만남이 이루어졌다. 예비사위 얼굴을 제대로 쳐다보지 못하는 예비 장인어른이었다.

이제는 어색함도 서운함도 없다. "아버님, 어머님" 하는 예비사위가 예쁘고, 둘이 늘 웃으며 지내는 모습이 너무나 보기 좋다. 딸이 행복해하는 모습을 보니 그것으로 족하다는 생각이 든다.

부모가 되고 새 식구가 들어온다는 것이 이런 것이구나. 마냥 아기인 줄 알았던 내 새끼가 어른이 되는 과정을 바라보는 부모의 자리가 이것이구나. 한 가족이 이루어진다는 것은 숭고한 일이다. 소중한 인연으로 만난 사람들이 만들어내는 것이다. 부모님에게서 떨어져 나와 나의 가정을 이루고, 자식을 낳고, 그 자식이 자라서 또 가정을 이룬다.

부모님의 반대를 무릅쓰고 남편과 함께 시작한 우리 둘만의 작은 울타리. 쉬운 날들만 있었던 건 아니었다. 서로의 다름에 부딪히고, 작은 일에도 토라지고, 가끔은 '내가 왜 이 사람과 함께 있을까' 싶은 순간도 있었다. 하지만 우리는 매일매일 함께 살아가는 '연습'을 했다. 서로의 서툰 부분을 감싸주고, 때로는 못마땅해도 참고 넘어가고, 기쁠 때 함께 웃고 슬플 때 말없이 등을 토닥여주면서.

남편이 뒷집에 방을 얻고 엄마 밥을 얻어먹으며 우리 가족에게 스며들었던 것처럼, 사랑은 작은 노력이 쌓여 만들어지는 것임을 배웠다. 매일 아침 "잘 다녀와"라고 손을 흔들어주는 것, 퇴근길에 "오늘 힘들었지?" 하고 물어봐 주는 것, 아픈 날 죽을 끓여주는 것, 화가 날 때도 욕하지 않고 참는 것. 그 모든 평범한 순간이 쌓여 지금의 우리를 만들어냈다.

그 시절 엄마가 왜 그렇게 반대했는지, 이제는 아주 조금 알 것 같다. 내 새끼 앞날에 더 단단하고 편안한 길만 깔아주고 싶은 부모 마음이었겠지. 하지만 나는 내가 선택한 길에서, 이 사람과 함께 우리만의 '사랑 연습'을 게을리하지 않았다. 때로는 서툴고 때로는 힘들었지만, 포기하지 않고 계속 연습해왔다.

이제 그 연습의 과정을 지켜보던 내 새끼가 자기만의 연습을 시작하러 나간다. 부모가 된다는 건 어쩌면 평생 '떠나보내는 연습'을 하는 것일지도 모른다. 품 안의 자식을 세상으로 내보내고, 그들이 스스로의 가정을 꾸리는 것을 지켜봐야 하는. 그리고 그 빈자리를 배우자와 함께 채워가며 다시 '둘만의 사랑 연습'을 해나가야 하는 과정.

새로운 식구를 맞이하는 설렘과 함께, 괜스레 마음 한구석이 시큰한 건 어쩔 수 없나 보다. 잘 살 거라고 믿지만, 그래도 문득문득 걱정이 드는 것도 부모 마음일 테고. 딸의 결혼식 날, 나는 또 어떤 마음으로 딸의 등을 토닥여주게 될까. 아마 엄마가 나를 시집보낼 때 그랬던 것처럼, 눈물 한 방울 훔치면서 '잘 살아라' 덕담을 건네겠지.

그리고 뒤돌아서는 딸의 뒷모습을 보며, 우리가 함께 쌓아온 시간을, 그리고 앞으로 딸이 쌓아갈 사랑의 시간을 응원할 거다. 우리는 그렇게 각자의 자리에서, 각자의 인연과 함께, 매일매일 사랑을 연습하며 살아가고 있다.

2-14
사랑은 서로의 이해하려는 노력과 소통으로 완성된다

최애숙

우리의 신혼집은 23평 빌라였다. 방도 3개이고 2층이라 오르고 내리는데 그다지 힘이 들지도 않았다. 나름 만족스러운 신혼생활을 할 수 있었다. 문제가 발생한 것은 아이를 가지면서 직장을 그만두고 태교에 힘쓰던 어느 여름부터였다. 집이 너무 더웠다. 처음에는 여름이라 더운 거라 생각했는데 그 정도가 너무 심했다. 원인은 1층에 위치한 중국집이었다. 우리 둘 다 1층에 있는 중국 음식점의 열기가 2층까지 올 거라는 계산을 하지 못했다. 그 당시에는 집집마다 에어컨이 있던 시절이 아니었다. 아이까지 낳고 보니 너무 더워 힘겨운 여름을 보내야 했다.

우리가 안쓰러웠던 남편은 아이와 나를 조용히 차에 태웠다. 이런저런 말도 없이 남편은 차 에어컨을 켜고 늦은 밤까지 드라이브하며 열기를 식혀줬다. 남편의 한밤의 드라이브는 여름이 끝나는 날까지 계속 이어졌다.

그로부터 1년 후, 우리는 새로운 집으로 이사를 했다. 이번에는 23층 고층 아파트의 15층, 창문을 열면 시원한 맞바람이 불어 에어컨이 없어도 견딜 수 있을 듯한 집이었다. 이전 빌라보다는 좁았지만 아래층에 뜨거운 중국집도 없었다. 고층에서 내려다보는 풍경은 마음을 편안하게 해주었다. 햇살 가득한 거실에 아직 정리되지 않은 박스들이 여기저기 쌓여 있었다. 나는 콧노래를 부르며 이삿짐을 하나하나 정리하느라 분주히 움직이고 있었다. 그때 갑자기, 열어놓은 현관으로 키가 큰 박스 하나가 불쑥 들어왔다.

에어컨이었다. 남편은 이사가 결정된 날 제일 먼저 에어컨부터 주문했다고 한다. 지난여름이 많이 미안했나 보다. 남편의 세심한 배려와 마음 씀씀이가 애틋하게 느껴졌고 감사한 마음이 컸다. 하지만 동시에 알 수 없는 서운함이 밀려왔다. 남편은 무뚝뚝하며 감정 표현에 인색하다. 과정보다는 결과를 더 중요하게 생각하며, 뭐든 혼자 처리하고 감당하려고 한다. 반면 감정을 표현해 주고 의견을 물어주고 함께 선택해 주는 것이 나는 더 좋았다. 에어컨을 집에 들이기까지의 모든 과정을 함께하고 싶었다.

그해 봄, 창이 넓은 아파트로 이사를 하고 보니, 오디오가 갖고 싶어졌다. 아이가 잠든 오후, 좋아하는 음악을 틀어놓고 분위기 있게 커피 한 잔을 마시는 작은 사치를 누려보고 싶었다. 남편은 필요하지 않다는 이유로 단박에 거절을 했다. 내 마음속 작은 기대는 그렇게 사라졌다.

그로부터 한 달 후, 갑자기 오디오가 집으로 배달되었다. 남편이 보내온 오디오였다. 그즈음 막내 시누가 결혼을 앞두고 있었다. 우리는 세탁기를 사주기로 계획하고 있었다. 어느 날 남편은 나와 상의도 없이 시누들과 매장에 들러 세탁기를 사줬다. 매장을 나오려는 순간 시누가 오디오도 필요하다고 하니 덤으로 오디오까지 사주게 된 것이다. 그때 문득 내가 얼마 전 오디오 얘기를 했던 게 떠올라, 시누와 같은 모델로 하나 더 주문해 집으로 보내온 것이었다.

그 이야기를 들었을 때 갑자기 화가 치밀어 올랐다. 불필요하다고 했던 오디오가 동생이 원하니 필요한 물건이 된 셈이다. 덤처럼 따라온 오디오를 보니 무시당한 듯한 느낌을 지울 수 없었다. 물론 남편은 단박에 거절했던 미안함과 아내를 위한 선물이라 생각했겠지만, 서운함으로 남았다. 오디오는 거실 한편에 자리만 차지한 채 한동안 켜지지 않았다.

배려는 언제나 고맙다. 그러나 소통 없는 배려는 올곧이 상대방에게 전달되지 않는다. 예고 없이 건네진 선물이나 조용히 처리해둔 일들이 센스있는 행동처럼 보일 수도 있지만, 결과보다는 과정이 중요할 때도 있다. 결국 배려는 나를 위해 해준 행동이 아니라 함께 나눈 시간과 마음에서 완성된다는 것을 삶에서 배웠다.

지금은 돌아가신 시어머니는 강원도 분이었다. 충청도에서만 자란 내게 시어머니의 말투는 투박하고 직설적이며, 가끔 오해를 불러오기도 했다.

상견례 날 앞으로는 밥해줄 사람 생겨서 좋다고, 밥을 잘 해주라는 말만 되풀이했다. 반면 친정엄마는 내 딸이 밥해주러 결혼하냐며 뒤늦게 화를 냈다. 지금 생각하면 시어머니는 좋은 감정을 표현하는 것이 서툴렀을 뿐이었다.

"메누리 망했지?"

한 달 만에 찾아간 시골집에서 어머니와 부엌에서 저녁을 준비하고 있었다. 반찬을 만들던 어머니의 갑작스러운 말이 이해가 되지 않았다. '나보고 망하라는 말인가? 무엇이 망했다는 말이지?' 도통 알 수가 없었다. 나중에 알고 보니 별로지, 마음에 안 들지, 라는 같은 말이었다. 지금은 무슨 뜻으로 한 말인지 이해하지만 그때는 소통하기 참 어려웠다.

시어머님은 치매를 앓고 있었다. 시간이 지날수록 증세가 심해져 냄비를 태우기도 하고 집을 찾지 못하는 일이 잦아졌다. 결국 남편과 나는 큰 결심을 했다. 고향의 옛집을 허물고 새집을 지은 뒤 회사에 발령 신청을 하고 남편의 고향으로 귀촌을 했다.

가족과 함께였지만, 시어머니의 치매는 점점 심해졌다. 머느리인 나는 어느 날은 도둑이 되기도 하고, 어느 날은 옆집 여자가 되기도 했다. 밥을 먹다가 갑작스러운 간질 발작으로 119를 부른 적도 있었고, 사라진 시어머니를 찾아 헤맨 적도 많았다. 속옷에 묻어 있는 오물 빨래도 하기 싫었고, 모든 것이 버거웠다.

어느덧 어머니가 돌아가신 지 5년이 지났다. 그때 얼마나 힘들었는지 이제는 잘 기억이 나지 않는다. 다만 내가 잘하지 못한 것만 생각이 났다. 조금만 어머님을 이해하려는 마음을 가지고 있었다면 '메누리 망했지'라는 말에 담긴 어머님의 마음을 느낄 수 있었을 것이다.

내가 부족했다는 후회와 미안함 속에서 너그러워지고 이해하는 법을 배웠다. 가족이라는 관계가 얼마나 소중한 것인지, 소통하고 이해하려는 노력이 얼마나 중요한지 깨달았다. 소통은 가족 사이의 오해를 풀고 이해를 채워 넣는 열쇠이다. 가족이라도 서로를 이해하려는 노력 없이 관계가 좋아지지는 않는다. 결국, 소통은 노력이 있을 때 비로소 완성된다.

2-15
잊을 수 없는 7월의 어느 날

최영순

아버지를 떠나보내던 날. 지금도 그날을 떠올리면 가슴이 먹먹해지고, 코끝이 시큰해진다. 무더위가 기승을 부리던 7월의 어느 날이었다. 찜통 같은 날씨에도 일상을 이어가던 중, 우리는 청천벽력 같은 소식을 접하게 되었다. 아버지가 폐암 진단을 받았다는 병원의 통보였다. 처음 그 말을 들었을 때는 믿기지 않았다. 이게 무슨 농담인가 싶었고, 혹시 검사가 잘못된 건 아닐까 하는 생각이 끊임없이 들었다. 정밀검사 결과는 냉정하고 명확했다. 이미 암은 폐 깊숙이 퍼져 있었다. 치료가 어렵다는 진단이 나왔다. 그 순간 내 안에서 무언가가 무너져 내렸다. 땅이 꺼지는 것 같고, 하늘이 눈앞에서 사라지는 것 같은 절망감이 밀려왔다. 아버지는 내 인생에서 가장 믿음직하고 든든한 존재였다. 어린 시절부터 지금까지 단 한 번도 큰소리 낸 적 없었다. 가족을 위해 묵묵히 일하고 자식들 앞길을 위해 자신의 삶을 뒤로 미루었던 분이었다. 그런 아버지가 왜 암이라는 잔인한 병에 걸려야 했을까.

아버지는 당시 일흔이었다. 연세가 적지 않았지만, 여느 젊은이보다도 부지런하고 건강하게 생활했다. 새벽이 되면 누구보다 먼저 일어나 밭일을 했고, 마을 사람들 일까지 도울 정도로 손이 크고 인심이 좋았다. 성실이라는 단어가 가장 잘 어울리는 분이었다. 나는 늘 아버지가 자랑스러웠다. 그런 아버지가 암이라니. 세상은 너무도 불공평하고 잔인했다. 아이를 등에 업고 병원으로 향했다. 더운 날씨 속에 식은땀이 흐르고, 마음은 천근만근 무거웠다. 병실에서 마주한 아버지는 너무도 말라 있고 창백했다.

숨쉬기도 힘들어 보였지만, 아버지에게는 더 큰 걱정이 있었다. 그것은 다름 아닌 돈 문제였다. 아버지는 당숙 사촌에게 1억이라는 큰돈을 빌려주었고, 그 돈을 아직 돌려받지 못한 상태였다. 병으로 인해 몸이 아픈 것보다 돈으로 인해 마음이 더 아픈 듯했다. 그때 처음으로 알았다. 아버지는 병보다 자식들이 짊어져야 할 짐을 더 무겁게 여기고 있었다는 것을. 평생 고생만 했는데 그런 근심에 잠겨 누워 있는 모습이 너무나도 안타까웠다. 아버지 표정을 지금도 잊을 수 없다. 우리 여섯 남매는 급히 가족회의를 열었다. 당숙 사촌에게 정식으로 차용증을 받고, 일정한 금액을 분할하여 갚도록 하자는 결정이 내려졌다. 가족이라는 이름 아래 모두가 모여 한마음으로 움직였다. 하지만 다짐은 오래가지 못했다.

당숙 사촌은 차일피일 돈을 미루었고, 결국 약속은 지켜지지 않았다. 그렇게 시간이 흐르고, 아버지는 끝내 우리 곁을 떠났다. 아버지의 장례식은 말로 표현할 수 없는 슬픔 속에서 치러졌다. 떠나는 그 순간, 두 다리가 풀려 주저앉고 말았다. 나의 정신적 지주이자, 세상에서 가장 따뜻했던 아버지. 다시는 돌아올 수 없는 곳으로 떠난다는 사실이 믿기지 않았다. 장례가 끝나고도 매일 밤 아버지를 꿈속에서 만났다. 꿈속에서라도 다시 보는 것이 그나마 위안이 되었다.

현실은 슬픔에 잠겨 있을 여유를 주지 않았다. 돈 문제는 여전히 해결되지 않았고, 남겨진 자식들에게는 또 다른 시련이 시작되었다. 남동생은 끝까지 당숙 사촌에게 돈을 받기 위해 애썼지만, 결국 전액을 회수하지 못했다. 그리고 언니는 법정 공방 끝에 2,500만 원을 받아냈다. 그 돈은 아버지가 빌려준 돈의 일부였다. 하지만 언니는 자신이 법적 절차를 거쳐 어렵게 받은 돈이라며 혼자서 보관하겠다고 선언했다. 당시 나는 사업 실패로 인해 큰 빚을 지고 있었고, 신용불량자가 되기 직전이었다. 아이들은 대학교 입학을 앞두고 있었지만, 집안 형편상 학자금 대출 없이는 입학이 불가능한 상황이었다. 하루하루가 고통이었다. 갚아야 할 이자가 많았다. 전화벨이 울릴 때마다 가슴이 철렁 내려앉았다. 그런 상황에서 마지막 희망으로 언니에게 도움을 요청했지만, 언니는 단호했다. "그 돈은 내가 고생해서 받은 거야. 네가 어려운 건 알지만, 나도 힘들었어." 나는 말없이 전화를 끊었다. 눈물이 멈추지 않았다. 언니 입장도 이해할 수 있었지만 너무나도 서운했다. 가족 간의 정이 이렇게 허물어질 수도 있구나, 하는 허탈함에 아무 말도 할 수 없었다.

그 일은 벌써 20년 전의 일이 되었다. 지금은 조금 나아졌지만, 아직도 기억이 선명하다. 시간이 지나도 지워지지 않는 상처가 있다. 지금도 가끔 하늘을 바라보며 아버지를 떠올린다. 아버지가 살아있었다면 지금 우리는 어떤 모습이었을까? 아이들은 더 나은 환경에서 자랄 수 있었을까? 나는 파산의 문턱에서 그토록 고통스러운 선택을 고민하지 않아도 되었을까? 그런 상상을 할 때면 마음이 아프고, 아버지를 더욱 그리워하게 된다. 비록 아버지는 우리 곁에 없지만, 아버지가 남긴 삶의 태도와 가치, 책임감을 기억하며 살아가고 있다. 언젠가 나도 누군가에게 그런 존재가 되고 싶다.

남동생과의 동업이 시작되었다. 식당을 시작할 때는 꿈이 있었다. 가족과 함께라면 더 든든하고 서로를 믿고 이끌어가며 멋진 가게를 만들 수 있으리라 생각했다. 남동생, 남편과 동업하기 시작한 지도 벌써 2년이라는 시간이 흘렀다. 기대했던 것만큼 순탄치 않았다. 오히려 인생에서 가장 힘든 시기 중 하나였다. 식당 운영은 생각보다 훨씬 고됐다. 새벽같이 재료를 준비하고 손님 맞을 준비를 하고 종일 서서 일하다 보면 어느새 하루가 저물었다. 육체적으로도 힘들었지만 가장 어려운 건 감정의 균형을 잡는 일이었다. 남동생과 남편 사이에서 일하는 것은 민감하고 섬세한 줄타기였다. 하물며 그 대상이 남동생이었다면 말할 것도 없다. 처음엔 서로 배려하려 애썼다. 하지만 시간이 지나면서 서로 다른 운영 방식, 말투, 결정의 속도까지 사사건건 충돌하기 시작했다. 쌓이고 쌓인 감정은 어느새 서로를 상처 입히는 칼이 되었다. 말 한마디가 날카로운 비수가 되고 작은 오해가 큰 불신이 되었다.

결국, 감정이 폭발했다. 사소한 말다툼이었는데 그날은 평소와 달랐다. 그동안 눌러왔던 화, 서운함, 억울함이 동시에 터졌다. 물바가지로 서로에게 물을 끼얹으며 말로 다 하지 못할 만큼 큰 싸움이 벌어졌다. 지금 생각해도 참 부끄럽고 아프다. 우리가 정말 형제가 맞나 싶을 정도로 얼굴을 붉히며 소리를 질렀다. 싸움으로 인해 결정하게 되었다. 나는 말문을 열었다. "이래서는 안 되겠다. 우리가 계속 같이하면 형제로 남기 어려울 것 같다. 둘 중 한 명이 운영하고, 다른 한 명은 물러나는 게 좋겠다." 그 말은 결코 쉽지 않았다. 하지만 이대로 갈 수 없다는 생각에 꺼낸 마지막 선택이었다.

그렇게 우리는 헤어졌다. 누가 나가고 누가 남았는지는 중요하지 않았다. 중요한 건 서로에게 얼마나 상처를 입혔는지 하는 부분이었다. 형제로 다시 돌아갈 수 있을까. 관계는 회복될 수 있을까. 많은 생각이 머리를 떠나지 않았다. 지금 돌이켜보면 마음이 아프다. 내가 그때 조금만 더 참았더라면, 동생을 조금만 더 이해하고 품으러 했다면 결과가 달라졌을까. 동생도 지치고 힘들었을 텐데 왜 나는 그 마음을 헤아리지 못했을까. 미안함이 가슴을 무겁게 누른다. 사랑하는 마음을 더 표현했어야 했다. 고맙다고, 함께해 줘서 든든했다고 말했어야 했다. 그런데 그 말들은 싸움과 함께 삼켜지고 말았다. 지금은 세월이 지나 서로의 상처도 조금씩 아물었겠지만, 그날의 기억은 여전히 선명하다. 그래서 용기를 내어 이렇게 말하고 싶다. "정말 미안해. 그리고 고마워. 그 힘든 시간을 같이 견뎌줘서. 내가 부족했어. 그땐 잘 몰랐지만 지금은 네 입장도 이해가 돼. 우리 둘 다 최선을 다했는데 그게 서로를 지치게 했던 것 같아. 결과는 이렇게 되었지만, 마음만큼은 변하지 않기를 바란다. 늘 건강하고 행복해라."

가족이란 가장 가까우면서도 상처를 주는 존재다. 아버지를 잃은 슬픔이 채 가기도 전에 돈 문제가 생겼다. 그 과정에서 서로에게 서운함을 남겼다. 식당을 함께 경영하면서 동생과 씻을 수 없는 아픔을 만들기도 했다. 그때는 가족한테만 문제가 있다고 여겼지만, 돌이켜 보니 나에게도 부족한 점이 많았다. 가족 안에서 생긴 상처는 그 어떤 상처보다 깊고 아프다. 하지만 그 마음을 제대로 인정하고 아픔을 헤아려 줄 때, 가족 안에서의 회복은 시작될 수 있다.

3장

가족이라는 이름으로

3-1
오늘도 나를 버티게 하는 힘, 가족

권은예

살다 보면 생각지도 못한 일들이 생길 때가 많다. 힘겨워서 버티기 힘들 때 가족이 있어 힘을 내고 다시 살아간다. 있는 것만으로도 버팀목이 되어 주는 것이 가족이다. 막내딸인 영아가 태어난 지 6개월밖에 안 됐는데 우유병을 빨지 않았다. 며칠째 먹지 않아서 걱정됐다. 밤낮이 뒤바뀌지도 않고 순하기만 했던 아이가 자꾸 칭얼거렸다. 병원 다닌 지 일주일. 단순 감기라며 며칠째 약만 처방해 주었다. 소아과 선생님은 차도가 없자 오늘은 입원이 가능한 다른 병원으로 가서 링거라도 맞으라고 했다. 너무나 태연하게 말해서 별일 없을 줄 알았다. 서울에 있는 둘째 언니에게 전화를 걸었다. 의사 선생님이 한 말을 전했더니 노발대발했다. 당장 평택으로 내려갈 테니 서울에 있는 병원으로 가자고 했다. 유치원으로 가서 오빠인 셋째 원우를 데려왔다. 둘째 언니는 쏜살같이 달려왔다. 곧장 서울 강남 차병원으로 갔다. 둘째 언니는 아기들이 아픈 것에 특히 민감하다. 소중한 아기를 태어난 지 7개월 만에 하늘나라로 떠나보냈기 때문이다. 원인도 알 수 없이 2차 세균감염이라는 병명만 남긴 채 죽었다. 그런 아픈 경험이 있는 언니였기에 더 예민할 수밖에 없었다. 병실이 없어 입원이 안 된다고 했다. 아이 상태가 점점 나빠지고 있었다. 모습만 봐도 일반 감기가 아닌 것 같았다. 영아가 강남 차병원에서 태어난 것을 확인하고는 간호사가 급히 손을 써서 입원 수속을 밟아주었다. 바로 검사에 들어갔다. 폐쇄성 급성 후두염이라고 했다. 수치가 100 이하로 떨어지지 않으면 목 부분을 절개해야 한다고 했다. 그래야 살릴 수 있다고. 곧바로 응급처치에 들어갔다. 눈앞이 깜깜했다. 눈물이 줄줄 흘러내렸다. 진즉 서울로 데리고 올 걸 후회가 막심했다. 둘째 언니의 발 빠른 대응이 아니었다면 정말로 큰일 날 뻔했다. 조금만 늦었어도 못 살릴 수 있었다는 말에 가슴이 철렁 내려앉았다. 동네 의사 말만 믿고 괜찮아질 거라고만 생각했던 나 자신이 미웠다. 눈에 넣어도 아프지 않은 소중한 내 딸을 다시는 못 볼 뻔했다고 생각하니 끔찍했다. 다행히 수치가 떨어지고 수술하지 않고 회복이 되었다. 퇴원하던 날이 5월 5일이었다. 어린이날이다. 병원에서 퇴원 축하로 큰 곰 인형을 아이에게 선물로 줬다. 무슨 일이 생길 때마다 발 벗고 나서주는 친정 가족들 덕분에 힘든 상황들을 이겨낼 수 있었다.

막내딸 영아가 기숙사에서 생활하다 보니 얼굴을 자주 보지 못한다. 학교에 행사가 있을 때면 엄마가 꼭 참석해 주길 원한다. 항상 일정이 나오면 바로 톡을 보내 시간 되냐고 물어본다. 막내딸의 고등학교 3학년 마지막 체육대회 날이다. 운동에 진심인 아이이다. 계주 선수는 기본이고 반에서 나가야 하는 종목은 모두 나갔다. 여리기만 했던 아이가 못하는 운동이 없는 건강한 아이로 자랐다. 유독 병치레를 많이 했었다. 임신했을 때부터 문제가 많아서였을까?

"영아 5개 있네." 신생아실 아기들을 보고 두 살 된 아들이 꺼낸 첫마디였다. 이름표를 달아놓지 않으면 구분하기 힘들다. 엄마는 느낌으로 알아차린다. 똑같이 생긴 아기들 속에서도 유난히 반짝이는 내 아이를 찾아낸다. 그게 엄마다. 새하얀 피부에 조그마한 얼굴에 있을 건 다 있다. 엄마 목소리에 반응하며 두 눈을 뜬다. 쌍꺼풀까지 잡혀있는 눈이다. 손가락 발가락도 다 있다. 이상한 곳 하나 없이 건강한 예쁜 딸이다. 저렇게 예쁜 아기가 내 뱃속에서 나왔을까! 너무나도 신기하다.

임신이 되지 않는 기간에 생긴 아이였다. 생명이 내게 찾아왔다는 기쁨도 잠시였다. 몸이 좋지 않아 약을 달고 살았다. 임신하게 될 줄은 전혀 생각지도 못하고 말이다. 복용한 약으로 인해 기형이 될 확률이 높다고 했다. 셋째를 가지면서 출산 전까지 다녔던 서울 명동에 있는 M 산부인과에 전화를 걸었다. 원장님과 통화했다. 전후 사정을 말씀드렸더니 원장님은 일단 병원으로 오라고 했다. 희망의 빛이 보였다. 남편이랑 단숨에 달려갔다. 마지막 생리 날짜부터 체크하며 기본 검사를 시작했다. 초음파로 보이는 생명이 너무나 작았다. 검사를 모두 마치고 원장님과 면담했다. 어떻게 된 거냐며 따지듯 물었다. "엄마, 위 세 자녀를 모두 건강하게 낳았으니 이번에도 낳아봅시다. 괜찮을 거예요"라는 원장님의 말에 천군만마를 얻은 듯했다. 모두 낳으면 안 된다고 했는데 이곳 원장님은 괜찮을 거라고 안심시켰다. 배 속에 있는 생명에게 약속했다. 엄마가 꼭 지켜주겠다고 말이다. 수술 일정보다 먼저 진통이 왔다. 긴급수술로 태어났다. 힘든 여정 다 이겨내고 태어난 너무나도 소중한 막내딸이다.

말로만 듣던 보이스피싱을 아들 원우가 당했다. 평소에는 전화를 받지도 않는 아이였다. 늘 휴대폰 알림은 무음이었다. 그런 아이가 낯선 사람의 전화를 받았고 사건이 일어났다. 나중에서야 원우는 자신도 무언가에 홀린 듯한 기분이라고 했다. 상대방이 시키는 대로 다하게 되었다고 말이다. 강아지 미용실 원장님한테서 연락이 왔다. 별이가 아직 안 왔다며. 별이는 8살 된 말티즈이다. 약속 시간이 지나도 오지 않으니 원장님이 전화를 한 것이었다. 원우에게 전화를 걸었는데 받지를 않았다. 바로 톡이 왔다. "엄마, 저 지금 방에서 못 나가서 별이 못 데려다줘요. 맡기는 건 아빠가 해주라 해요. 찾아오는 건 제가 할게요." 톡 내용이 이상했다. 방 안에서 무슨 일이 생겼나 하는 생각이 들었다. 무슨 일 있냐며 톡을 보냈더니 "나중에 말할게요. 지금은 안 돼요."라는 답이 왔다. 강아지 미용실 원장님한테서 다시 연락이 왔다. 10분 안에 데리고 오지 않으면 별이 미용은 해줄 수 없다는 거였다. 야근하고 나와 자고 있을 남편에게 전화를 걸었다. 비몽사몽인 남편에게 자초지종을 말하고 일단 강아지부터 데려다주라고 했다. 아무래도 원우의 행동이 이상해 6명이 있는 가족 단톡방에 톡 내용을 공유했다. 고등학교에서 수업 중이던 영아가 톡 내용을 확인하고는 오빠인 원우에게 연락을 한 모양이었다. 절대 방문 열면 안 된다. 아빠테도 전해달라. 문 열면 큰일 난다. 대략 내용이 이러했다. 무슨 일이 생긴 건 분명했다. 원우 방에는 애완 뱀들이 많다. 크고 작은 뱀들이 9마리가 있다. 혹시 뱀한테 물려서 그런가. 별의별 생각이 다 들었다. 그렇다면 도움이 필요할 텐데 왜 문은 못 열게 하지? 이상한 생각이 꼬리에 꼬리를 물었다. 함께 있던 지인이 원우가 보이스피싱을 당하고 있는 것 같다며 얘기를 했다. 연락했는데 전화를 계속 받지 않았다. 초비상이 걸렸다. 남편한테 전화를 했다. 아파트 현관문 앞에서 원우를 만났다고 했다. 어디 가냐고 물었는데 대답도 않고 급히 전화하면서 뛰어가더라고 했다. 그리고 보니 상황이 딱 맞아떨어졌다. 단톡방에 불이 났다. 당장 멈추지 않으면 더 큰 일이 일어날 것 같았다. 원우한테서 연락이 왔다. "엄마, 지금 은행이에요. 경찰이 잘 해결해 주고 있어요." 둔기로 머리를 한 대 맞은 느낌이었다. "원우야, 너 지금 보이스피싱 당하고 있는 거야. 들고 있는 핸드폰은 당장 꺼. 창구에 있는 직원분께 부탁해서 엄마한테 전화해"라고 문자를 보냈다. 낯선 번호로 전화가 걸려왔다. 은행 직원이었다. 아드님이 보이스피싱 당한 것 맞다며 지금 조치 취하고 있지만 이미 상당 부분 빠져나갔다고 했다. 경찰을 사칭해 접근한 보이스피싱이었다. 알바천국이라는 아르바이트 사이트에서 2005년생 정보가 유출되었다며 해결을 위해서 본인 말만 들어야 한다며 주변을 차단시킨 수법이었다. 다행히 원우가 학생이라 일일 한도가 책정되어 있어 은행까지 가서 통장해지를 해야 인출이 가능했다. 덕분에 큰 피해는 막을 수 있었다. 얼마 뒤 근처에 있는 파출소에서 연락이 왔다. 보이스피싱 건이라 아들과 경찰서로 가라는 전화였다. 남편에게 전화를 걸어 내용을 전했다. 남편은 출근을 포기하고 경찰과 함께 있던 원우를 데리고 경찰서로 갔다. 원우가 열심히 아르바이트해서 모아 둔 천만 원을 고스란히 보이스피싱범에게 날릴 뻔했던 사건이었다. 피해 금액은 200만 원 정도 되었다. 피해액은 남편과 원우가 반반씩 담당하기로 했다. 다행히 원우는 쿨하게 털어냈다. 큰 경험을 했다며 다시는 모르는 번호는 받지 않겠다며 말했다.

박완서는 "가족은 말없이 곁에 있어 주는 것만으로도, 삶의 가장 단단한 위로가 된다."라고 말했다. 힘들 때마다 도와주는 친정 식구, 생각지 못했지만 찾아온 소중한 생명, 위기 때 먼저 도움을 건네는 존재들. 내 삶의 모든 순간에 가족이 있었다. 내가 살아가는 든든한 버팀목이자 이유이기도 하다. 오늘도 가족을 위해 힘을 내어 본다.

3-2
함께할 수 있음에 행복

김경우

시집을 왔다. 시할아버지는 돌아가셨고 시할머니가 있었다. 손주 며느리인 나를 예뻐했고, 나도 시할머니가 좋았다. 작은 몸으로 사부작사부작 다니며 많은 일을 했다. 봄이면 산으로 들로 나물 뜯느라 바빴다. 가을이면 정과를 만들었다. 마루에 앉아서 버너에 냄비를 올려놓고 정과를 만든다고 오랫동안 자리를 지켰다. 만든 정과는 맛이 좋아 우리 가족에게 인기가 많았다. 명절이 다가오면 한과를 만드느라 분주했다. 찹쌀을 빻고 치대서는 사각형으로 잘게 자른다. 방 안 가득 줄을 맞춰 널어놓는다. 방안은 한과가 차지해 버렸다. 마를 때까지 며칠간 방주인은 다른 방에 얹혀 지낸다. 방주인은 아버님이다. 예민한 어머니는 아버님이 밤새 텔레비전을 켜 놓으면 잠을 설친다. 자연스럽게 어머니와 각방을 썼다. 절이 싫으면 중이 떠난다고 아버님은 어머니의 잔소리 듣지 않으려고 건넌방으로 갔다. 1년에 한 번 만나는 견우와 직녀처럼 아버님은 한과 덕분에 어머니와 합방한다.

　음식을 만들어 먹다 보니 양념이 많이 들어간다. 자연스럽게 쌀, 콩, 채소 등 먹거리는 시댁에서 가져다 먹었다. 마당에 널어놓은 멍석의 곡식은 할머니 몫이다. 할머니가 마늘을 챙겨주었다. 마늘이 작으면 까서 먹기 너무 힘들다. 마당 한쪽 귀퉁이 멍석에 마늘이 있었다. 자세히 보니 마늘이 쪼개져 있지 않고 한 덩어리였다. 껍질 까기 쉬울 것 같아 눈이 번쩍 뜨였다. 이건 무슨 마늘인데 한 덩어리냐고 물었다. 마늘종 열매를 심어 자란 마늘이라고 했다. 마늘종은 꽃대를 말한다. 마늘종을 발견 못 하면 마늘 꽃이 핀다. 마늘꽃이 피고 나면 열매가 맺는다. 대개는 열매를 버린다. 할머니는 알뜰하게 열매를 모아 둔다. 열매를 심으면 첫해는 마늘이 덩어리로 자란다. 내가 본 마늘이 바로 그거다. 껍질 까기 쉬워 먹기 너무 좋다는 말에 할머니는 해마다 열매를 심었다. 한 알로 자란 마늘은 항시 내 몫이 되었다. 마늘덩어리는 할머니의 사랑이었다.

　시골집 마루에 문턱이 있다. 밖으로 나올 때마다 발에 걸려 위험할 때도 더러 있다. 할머니는 몸집이 작다 보니 더 불편했다. 옛날 집을 입식으로 수리한 집이다. 부분적으로 수리하다 보니 손길이 덜 간 곳이 마루턱이다. 아침밥 먹고 화장실에 가기 위해 방에서 나왔다. 마루에서 내려오다가 마루턱에 발이 걸려 주저앉았다. 순간 움직일 수조차 없었고, 병원에 입원해야 했다. 대퇴부 골절이었다. 어르신들은 골절이 되면 쉽게 낫지 않는다. 대퇴부 골절은 할머니를 힘들게 했다. 입원한 지 3개월도 안 돼 합병증이 왔다. 결국 폐렴까지 겹치며 건강을 회복하지 못하고 돌아가셨다.

갑작스럽게 돌아가시면서 장례식장에 온 손님에게 음식 날라줄 사람이 없었다. 그때 큰아들이 팔을 걷고는 오신 손님들에게 음식을 날라주었다. 누가 일하라고 하지 않았는데 초등학생인 큰형을 따라 둘째와 막내도 함께 했다. 손님들은 고사리 같은 손으로 음식을 나르는 아이들을 칭찬하기에 바빴다. 할머니의 장례를 치르고 마을 어귀에 플래카드를 걸었다. 가족의 이름과 "사랑합니다"라고 쓴 글귀였다. 그때 할머니 나이 99세, 가족이 99명.

'싸우면서 정든다'라는 말이 있다. 셋째 언니와는 싸우면서도 잘 따랐다. 예로부터 셋째딸은 얼굴도 안 보고 시집간다고 했다. 그래서일까 셋째딸 턱을 했다. 딸 중에 제일 이쁘고 늘씬했다. 마을 오빠들의 관심을 한눈에 받았다. 말 그대로 왕년에 잘나갔다. 언제나 내겐 부러움의 대상이었다. 나이를 먹고 사회생활을 하면서 언니는 10년 차이가 나는 남자를 만났다. 집에서 반대가 심했고 언니는 집을 나가버렸다. '자식 이기는 부모 없다' 하지 않던가. 결혼을 승낙했고 언니는 두 아이를 낳았다. 회사택시로 일을 했던 형부는 수입이 그리 많지 않아 생활에 어려움이 많았다. 언니도 밥값을 벌 요량으로 마을을 까기 시작했다. 애들은 학교에 가고 마을을 조금이라도 더 까 살림하려다 보니 집안은 늘 엉망이었다. 개수대에 먹고 난 밥그릇이 쌓이고, 옷은 빨래 바구니에 들어가다 만 모습으로 널브러져 있었다. 언니는 그렇게 생활고로 힘겨워했다.

나는 결혼하고 3명의 아이를 둔 주부가 되었다. 언니는 주말마다 우리를 기다렸다. 우리가 도착하면 아귀찜 해준다며 부리나케 시장에 간다. 싱싱하고 큼직한 아귀와 통통한 콩나물을 커다란 솥에 넣고 뚝딱뚝딱 만들어 푸짐하게 한 상 내놓는다. 언니의 아귀찜은 누구도 따라 하기 어려울 정도로 맛이 있다. 입이 짧은 남편의 입맛에 맞는다는 것은 정말 맛있다는 것이다. 모두 행복해하며 맛있게 먹었다.

맛있는 음식만큼이나 함께 보내는 시간이 너무 좋다. 아이들을 키우며 살림만 하다가 주말에 야외로 나가 바람 쐬면 속이 뻥 뚫린다. 주말이면 자주 가까운 바닷가로 달려간다. 돗자리를 깔고 준비해 온 압력솥에 감초, 인삼, 마늘, 대추, 토종닭을 넣고 끓인다. 삼계탕이 끓여지는 동안 가족들은 손에 바가지와 소금을 들고 바다에 간다. 삼계탕이 다 끓여질 때면 맛조개가 한가득이다. 잡아 온 맛조개를 커다란 대야에 바닷물과 함께 넣어놓는다. 해감을 시키기 위해서다. 맛조개는 바닷물이 담긴 대야에서 물총을 쏘며 좋아라 이리저리 돌아다닌다. 그러거나 말거나 우린 배고픔에 삼계탕을 게 눈 감추듯 배불리 먹었다. 아이들은 모래 놀이하고 어른들은 그 옆에 누워 아이들의 장난감이 된다. 모래로 듬성듬성 덮어 모래 찜질을 해준다. 얼마나 지났을까. 몸에 묻은 모래도 털어낼 겸 해서 검사검사 아이들과 한바탕 수영을 한다. 그렇게 놀다 보면 또 출출해진다. 대야에서 춤추던 맛조개를 인정사정없이 한 움큼 꺼내 끓는 라면에 넣었다. 맛조개를 잡느라 고생한 덕분인지 순식간에 냄비 바닥이 드러났다. 헤어질 때쯤이면 다음엔 무얼 할지 계획을 세웠다. 다음을 기약하는 사이 서산에 해는 넘어가고 있었다.

행복은 먼 곳에 있지 않다. 가족의 미소 속에 있었다. 시할머니가 내게 보여준 사랑 속에도, 언니가 준비해주는 아귀찜 속에도, 가족들과 물놀이하고 먹는 라면 속에도, 행복은 존재했다. 가족이 있어서 웃을 수 있었다. 힘든 세상 속에 살면서 유일하게 돌아가서 웃을 수 있는 곳, 그곳이 바로 가족이었다. 가족이 있어 나는 오늘도 괜찮다.

3-3
가장 따뜻한 울타리, 가족이라는 이름의 등불

김규인

결혼한 지 34년. 사별한 지 25년. 참 숨 가쁘게 살아왔다. 4남매 중에 막내로 태어나 부모형제의 아낌없는 관심과 사랑을 받으며 행복하게 살았다. 처음 맞게 되는 '가정'이라는 울타리였다. 그 울타리는 세상 그 무엇과도 바꿀 수 없을 정도로 귀하다. 전부였다. 스물네 살에 결혼하여 남편과 새로운 가정을 꾸리고 딸아이 둘 낳고 행복했던 가정생활. 가족은 인생에서 처음으로 배우는 공동체이며, 끝까지 함께하는 유일한 공동체라고 생각했다. 남편은 우리 가족의 버팀목 역할을 잘했고 항상 든든했다. 하늘의 별도 다 따줄 것 같은 사람이었다. 끝까지 함께할 줄만 알았고, 우리 가족을 책임져줄 거라 믿었다. 25년이라는 세월이 흘렀음에도 아직도 가슴 한쪽에 자리 잡고 있는 사람. 어리석은 건지, 당연한 건지 모르겠다. 늘 그립고 그곳에서는 안녕한지 궁금하다.

얼마 전 〈천국보다 아름다운〉이라는 드라마를 봤다. 제목이 마음에 들었다. 시간 맞춰 첫 회를 본 적이 있다. 김혜자 주연이다. 다음 회차부터 제대로 챙겨 보지 않아서 정확한 내용은 모른다. 먼저 세상을 떠난 남편이 천국에서 살고 있었다. 아내인 해숙이 죽어서 천국에 갔는데 그곳에서 남편을 만났다. 남편은 젊은 시절 모습으로, 아내는 80세 모습으로 만났다. 남편이 죽기 전, 지금 모습이 가장 예쁘다고 해서 80세인 모습으로 재회를 했다. 드라마 속 스토리가 꽤 감동적이고 시사하는 바가 많은 것 같았다. 선과 악을 다루는 내용이기도 한데, 시간 내서 몰아서 볼 예정이다. 이 세상에서도 충분히 사랑했는데 천국에서도 재회했다. 나이는 달랐지만, 알콩달콩 재미있게 사는 부부 모습이 부러웠다. 내 남편은 과연 천국에 있을까. 아마도 그럴 것이다. 그렇다면 나도 천국에 가야만 만날 수 있을 텐데. 드라마 속 주인공들처럼 만날 수는 있을까. 한참이나 생각에 잠기곤 했다. 여전히 밝은 미소로 나를 맞아줄 남편. 사후 세계는 아무도 모른다. 과연 있기나 한 건지도 모르겠다. 나에게 '가족'을 만들어 준 사람. 이생에서 끝내 지켜주지 못했던 가족이지만, 하늘나라에서 그 어디에 있든, 지켜줄 사람이란 걸 항상 믿었다. 내가 만나고 싶은 것처럼 그도 나를 만나고 싶은 걸까. 남편은 38세, 나는 100세쯤. 하늘나라에서 재회한다고 생각하니 피식 웃음이 난다.

"요즘 젊을 것들은 몸매 망가질까 봐 젖도 안 먹인다더라. 너 젖 안 먹이려고 일부러 밥 안 먹는 거지?" 첫 아이를 낳았을 때 시어머니가 했던 말이다. 얼마나 아팠던 기억인지 아직도 잊히지 않는다.

20시간 이상 진통하며 출산을 기다릴 때 갑자기 아이가 지쳤는지 배 속에서 돌다가 멈춰 버렸다. 출산예정일을 보름이나 지난 상황이라 촉진제로 유도분만을 했다. 진행이 잘되지 않아 결국 응급 수술로 제왕절개를 했다. 마취에서 깨자마자 친정엄마한테 했던 말. 손가락 열 개, 발가락 열 개 다 있냐고 물었다. 아들 같은 건강한 딸이라며 안심시켜 주셨다. 3.65kg. 출산일이 지나면 엄청 큰다더니 여자아기치고는 큰 편이었다. 문제는 그때부터 약 한 달 정도 밥을 거의 먹지 못했다. 입맛을 잃어서 그 어떤 음식도 넘어가지 않았다. 친정엄마는 물론, 시어머니, 남편. 모든 가족이 내 입맛을 살리려고 온갖 노력을 했다. 호박, 모유 잘 나온다는 족발, 가물치, 잉어 등. 무얼 갖다 줘도 먹을 수가 없었다. 음식을 잘 먹지 못하니 젖이 나올 리 없었다. 아이를 위해서 먹긴 해야 하는데 쉽지 않았다. 간신히 우유와 빵으로 때우기도 하고, 엄마가 끓여주는 죽으로 대신했다. 모유 먹이려고 억지로라도 먹으려고 노력하는 내게 시어머니의 빈정대는 말투와 그 말은 정이 떨어질 정도였다. 시어머니와의 갈등. 그게 시작이었다. 포대기, 띠, 유모차. 장난감 등. 아기용품을 살 때마다 "참 유별나다" 했다. 옛날에는 그런 거 없어도 애들 잘 키웠다며 빈정대는 말투로 나무랐다. 남편이 중간에서 내 편이라도 들어주면 좋으련만. 항상 침묵하거나 웃어넘겼다. 얼마나 얄밉던지. 1년 정도 살림 배운다는 이유로 시집살이(?)하면서 시어머니와의 갈등이 종종 있었다. "시어머니 말씀 잘 들어라. 애들이 보고 배운다." 친정엄마의 당부와 나를 진심으로 아껴주고 사랑해 주는 남편 덕분에 이겨낼 수 있었다. 남편과 8년의 결혼 생활. 시댁에는 왜 큰 행사가 그리도 많은지 제사, 명절, 시댁 어른들 생신, 시어머님 계모임. 손에 물이 마를 날이 없었다. 게다가 형제자매 우애는 왜 그리도 좋은지, 일주일이면 한두 번은 무조건 모인다. 지금은 배달 음식이나 외식 문화가 발달해서 중노동 안 해도 되지만, 그때는 가족이나 친척들 결혼식 때조차도 집에서 다 음식을 했었다. 지긋지긋했다. 장보랴, 음식 하랴, 설거지하랴, 심부름하랴. 방바닥에 엉덩이 붙이고 편하게 밥 한 번을 못 먹었다. 지금 생각해 보면 남편이 존재했기에 가능했던 일이다. 이젠 시댁에서 집안 행사에 잘 부르지 않는다. 그냥 때 돼서 직접 찾아가는 일 외에는 왕래가 별로 없다. 그때는 모든 것이 힘들고 싫었는데 사람은 참 간사하다. 이제는 그때가 그리우니 말이다. 점점 야위어가는 시어머님. 자식 먼저 보내고 눈물 마를 날 없었던 분. 예전처럼 호되게 야단도 치고, 당당하게 며느리한테 일도 시키고 그러면 좋으련만. 어느새 90세가 훌쩍 넘어버리고 기력도 없고, 점점 야위어만 간다. 남편을 낳아 준 덕분에 '가정'이라는 새 출발을 만들어 준 존재. 남편이 너무 일찍 세상을 떠나 또다시 새 인생을 살아야만 했던 나의 삶. 지난날 모든 것이 아름다운 추억이었음에 감사하다. 일부러 젖 안 먹인다고 억지 부렸던 시어머니마저도 언젠가는 추억이 되겠지.

"회장님, 그동안 모든 일을 그렇게 혼자 다 해결하셨어요?" 얼마 전 국민강사교육협회 김은주 교수가 내게 건넨 말이다. 최근 들어 살고 있는 오피스텔 건물이 경매 위기라고 부동산에서 알려줬다. 하늘이 무너지는 것만 같았다. 눈물밖에는 나오지 않았다. 위기였다. 수원 전세사기가 뉴스 보도로 나올 때마다 남의 일인 줄 알았다. 며칠 동안 여기저기 쫓아다니며 보증금 건질 방법을 알아보았다. 경매 넘어가기 직전이라 매매하면 보증금을 살릴 수 있었다. 그렇게 한 달여간 얼마나 몸 고생, 마음고생 했는지 모른다. 아무리 독한 마음 먹고 살아낸다고 해도 한 번씩 큰일이 닥칠 때마다 남편의 빈자리는 더욱 컸다. 25년간 뭐든 혼자 해결해야 했던 시간들. 집안에 큰 기둥이 없으면 때론 흔들릴 때도 있다.

"저는 혼자 사는 회장님이 제일 부러워요." 며칠 전 남편과의 갈등을 겪는 M 강사가 한 말이다. 어떤 사연이 있는지는 모르겠지만, 남편이 존재하기에 부부싸움도 할 텐데 내겐 그마저도 부러운 일이다. 지인들도 가끔 나를 부러워한다. "남편 죽은 게 부러워요?"라고 하면 모두 아무 말도 못 한다. 부부가 살다 보면 이런저런 갈등을 겪기 마련이다. 그렇다고 굳이 남편이 없었으면 하는 건 내겐 상처가 되기도 한다. 요즘은 미혼, 이혼, 사별, 별거 등으로 1인 가구가 늘어난다. 혼자 살아도 크게 불편한 게 없는 이유도 있는 것 같다. 딸 둘, 사위 하나, 손녀 하나, 친정 식구들, 시댁 식구들. 소중한 가족들이다. 이런 가족이 있어도 큰 기둥과 뿌리가 없으면 어둠 속에서 길을 잃을 수도 있다. 남편은 항상 내게 빛이었고, 위로와 감동이었다. 내 편이 있다는 자체만으로도, 존재만으로도 안정감과 평안함을 가질 수 있었다. 말없이도 조용히 내 곁을 지켜준 사람. 이제는 모든 게 추억이 되었다. 힘든 순간마다 가장 먼저 떠올린 사람. 무너질 때마다 지켜보며 눈물 흘릴 그 사람. 그렇게 버텨낸 세월. 부러워할 일 아니다.

가족은 우리가 인생의 폭풍을 건널 때, 가장 조용히, 그러나 가장 강하게 닻이 되어주는 존재라고 생각한다. 인생의 어두운 시간 속에서도 나를 가장 밝게 비춰준 이름, 그것이 가족이었다. 가족이란, 약해질 때 가장 먼저 달려와서 아무 말 없이 안아주는 사람들이다. 가장 큰 위로는 말이 아니라, 곁에 있는 가족의 존재임을 잊지 않았으면 하는 바람이다. 가장 따뜻한 울타리, 가족이라는 이름의 등불. 천국보다 아름다운 그 날. 남편과의 재회를 꿈꾸며 '지금'에 집중하고 내일을 살아가리라.

3-4
가족이라는 이름이 나를 붙들어 준 날들

김영애

"엄마, 나 오늘 시험 망했어." 고3 어느 날, 교실에서 터덜터덜 걸어 나오던 나를 본 엄마가 다급하게 물었다. "왜 그래? 무슨 일이야?" 그 순간, 참아왔던 눈물이 한꺼번에 터졌다. "그동안 준비한 거 다 날렸어…. 너무 떨려서 말도 제대로 말을 못 했어." 엄마는 아무 말 없이 내 가방을 받아 주었다. 집에 도착하자마자, 엄마는 내 책상 위에 따뜻한 유자차 한 잔을 올려두었다. 그리고 조용히 한마디. "넌 늘 잘해왔어. 오늘 하루 해온 게 네 전부는 아니야. 난 네가 얼마나 노력했는지 알아."

그 순간, 마음속에 단단히 눌러놓았던 돌덩이가 스르르 무너졌다. 아무도 몰랐던 나의 떨림과 실망, 눈물을 엄마는 단 한마디로 끌어안아 주었다. 그날 이후, 나는 시험의 두려움보다 '나를 믿어주는 가족이 있다'라는 용기가 더 크게 자리 잡았다. 실패는 있어도, 외로움은 없었다. 가족이라는 이름 덕분에.

그 기억은 하나만이 아니다. 어느 겨울, 대학 기숙사에서 독감에 걸려 앓고 있었다. 갑자기 문이 열리고, 뜨끈한 소고기뭇국이 담긴 보온병을 든 아빠가 서 있었다. "엄마가 끓였는데, 음식이라 택배도 못 보내겠다 해서… 직접 왔다." 국 한 그릇으로 병보다 더한 외로움을 씻어냈다. 가족은 무언가를 거창하게 주려고 애쓰지 않아도, 그 존재만으로 삶을 지탱하게 해주는 울타리다.

삶이 벅찰 때, 나를 끝까지 붙잡아 준 것도 결국 '가족'이었다.

결혼하면서 남편을 따라 서울에서 충남 보령으로 내려오게 되었다. 남편을 챙기며, 집-교회-학교를 쳇바퀴 돌듯 살아왔다. 낯선 곳에 살다 보니 향수병이 슬그머니 찾아왔다. 남편은 그걸 몰랐다. 아니, 알면서도 모른 척했는지도 모른다. 남편은 토박이라서 별의별 모임이 많았다. 나는 늘 외톨이처럼 지냈다.

첫째가 돌 때부터 4년 정도 주말부부로 지내게 되었다. 예전에 일했던 한솔교육에서 스카웃 제의가 들어온 것이다. 서울 본사로 복귀를 하게 되었다. 첫아이는 시어머니가 키워주기로 했다. 덕분에 일에 집중할 수 있었다. 아무리 바빠도 매주 집으로 내려왔다. 피곤했지만 아이와 놀아주는 것도 잊지 않았다. 아이는 하루가 다르게 건강하게 자랐다. 가끔은 아이를 데리고 서울로 올 때도 있었다. 그때는 친정 부모님이 봐주기도 했다. 주말부부 시절에는 남편하고 사이가 좋은 편이었다. 매일 전화하고, 주말마다 내려가서 짧은 시간을 함께하며 서로를 귀하게 여겼다. 주말에 내려가면 남편과 사랑표현도 많이 했다.

아이가 4살 정도 되었을 때, 더 많이 엄마를 필요로 하기 시작했다. 고민이 되었다. 한참 경력을 쌓고 있던 시기라 결정이 쉽지는 않았다. 마침 승진까지 이야기가 나오는 상황이었다. 하지만 아이를 외면할 수는 없었다. 결국, 다니던 회사를 그만두기로 했다.

주말부부를 끝내고 같이 살기 시작하니 긴장감이 사라졌다. 말로 상처를 주게 되면서 점점 말수가 줄어들었다. 그래서 내 삶의 주인을 찾기 시작했다. 신앙생활로 마음의 공허함을 채우며 살았다.

남편 때문에 한참 힘들었던 시기였다. 그날따라 친정 부모님이 보고 싶었다. 4살 된 아이를 데리고 친정으로 향했다. 마치 숨이 막혀 창문을 열어야 하는 사람처럼, 가족이라는 창문을 열었다. 거실 한쪽에서 TV를 보고 있던 아버지는 아무 말 없이 내 쪽으로 귤 바구니를 밀어주었다. "힘들어도 먹고 다녀라." 그 짧은 한마디가 내 마음속 둑을 터뜨렸다. 주황빛 귤은 눈에 들어오지도 않고, 뜨겁게 차오른 눈물이 먼저 쏟아졌다. 아버지의 단단한 손등 위로 눈물이 뚝, 하고 떨어졌다. 그 순간 깨달았다. 내가 무너져도, 끝까지 나를 믿어주는 사람이 있다는 건 얼마나 큰 힘이 되는지를.

몸살로 누워 있던 어느 날이다. 중학교 1학년이던 둘째 아들이 방문을 조심스레 열고 들어왔다. 손에는 엉성하게 만든 달걀 프라이가 들려 있었다. "엄마, 밥 먹어야 나아." 그 말이 그렇게 따뜻하게 들릴 수가 없었다. 비록 프라이는 기름이 질질 흐르고 소금이 뭉텅이로 들어가 거의 먹지 못했지만, 마음만큼은 평생 먹고 살 힘이 됐다. 그날 저녁, 웃픈 일이 벌어졌다. 아침에 아들이 만든 달걀 프라이를 남편이 슬쩍 집어 먹은 것이다. 나는 "아이고…" 하며 웃음이 터졌고, 아들은 볼을 부풀리며 말했다. "엄마, 그건 엄마에게 주는 나의 사랑이었는데…." 그 표정이 얼마나 귀엽던지, 하루 종일 피곤했던 마음에 작은 햇살이 스며드는 것 같았다. 사람들은 "아들 둘 키우느라 힘들겠다"라고 말했지만, 나는 전혀 그렇지 않았다. 아이들이 태어나기 전부터 마음속으로 다짐했다. '이 아이들이 세상에서 가장 따뜻한 가슴과 넓은 시야를 가진 사람이 되게 하겠다.' 그래서 태교 때부터 클래식을 들려주고, 아이가 누워 있을 때도 쉬지 않고 말을 건넸다. 하루도 빠짐없이 동화책을 읽어주고, 사랑한다고 말해주었다. 그 덕분일까. 두 아들은 책을 좋아하고, 머리가 똑똑하다는 이야기를 자주 듣는다. 인성도 따뜻하고, 남을 배려하며, 어휘력도 남다르다. 주말이면 서울에 와서 연극과 뮤지컬을 보여주고, 놀이동산이나 가볼 만한 곳을 찾아 함께 다녔다. 시골에서 그저 그렇게 살아가는 것을 원하지 않았다. 세상은 넓고, 그 안에는 배울 것과 느낄 것이 너무 많다는 걸 아이들에게 보여주고 싶었다. 그래서 큰아들은 초등학교 6학년 때 서울로 전학을 갔다. 축구 선수로 활동하기 위해서였다. 둘째는 서울의 국제학교에 입학해 현재는 영국에서 유학 중이다. 나는 언제나 머릿속 지식을 채우는 것이야말로 평생 써먹을 수 있는 최고의 재산이라고 믿었다.

지금 두 아들은 군 복무 중이다. 큰아들은 이제 막 제대해 축구 지도자가 되기 위해 자격증을 준비하며 친구와 함께 서울에서 독립을 시작했다. 둘째는 영어 실력을 살려, 들어가기도 어렵다는 지상작전사령부에서 행정병으로 복무 중이다. 두 아들이 올해 내 생일엔 잊지 못할 깜짝 이벤트를 해주었다. 그날 나는 서울에서 교육을 마치고 집으로 내려오고 있었다. 큰아들이 시간마다 전화를 걸어 몇 시에 도착하는지 집요하게 물었다. 집에 들어서자마자 그 이유를 알았다. 식탁 위에는 따끈한 미역국, 김이 모락모락 나는 통삼겹김치찜, 케이크, 그리고 여러 반찬이 차려져 있었다. 그 순간, 가슴 한가운데서 무언가가 터져 나왔다. '아… 자식 키운 보람이 이런 거구나.' 둘째는 군부대에서 용돈을 송금해주고, 틈틈이 전화를 걸어 안부를 전했다. 그 모든 순간이 나를 울렸다.

형제들도 나의 버팀목이었다. 내가 힘들어서 전화하면, 여동생은 늘 이렇게 말했다. "괜찮아. 언니가 행복해야 우리도 행복해." 그 단순한 말 한마디가 '버텨야 하는 이유'가 아니라 '살아가고 싶은 이유'가 되어주었다. 행복은 결코 거창한 게 아니었다. 모두가 모여 식탁에 앉아, 서로의 하루를 이야기하고, 웃으며 밥을 먹는 그 순간. 그때 깨달았다. 행복은 멀리 있는 것이 아니라, 지금 이 자리에, 이 사람들이 함께 있는 것 자체에 있었다. 나는 여전히 완벽한 엄마도, 완벽한 아내도, 완벽한 딸도 아니다. 하지만 가족은 언제나 나를 있는 그대로 사랑해줬다. 나는 오늘도, 그 사랑을 조금이나마 돌려주기 위해 하루를 살아간다. 그 이름만으로도 가슴이 뜨거워지는 단어 가족. 그것이 나의 힘이고 나의 집이다.

3-5
가족이라는 이름으로

김은주

"보호자와 함께 오세요."

짧고 조심스러운 그 한마디가 시작이었다. 전화기 너머의 간호사는 특별한 설명을 덧붙이지 않았다. 나는 직감적으로 알 수 있었다. 무언가 심상치 않다는 것을. 병원에 가는 날까지, 나도 남편도 아무 말 없이 일상을 보냈다. 눈이 마주치면 불안한 마음이 들킬까 봐 두려웠다. 말하면 불안함이 현실이 될까 봐 꾹 눌렀다. 진료실 문이 닫히고, 의사의 입에서 검사 결과에 대한 이야기가 시작되었다. 몸이 얼어붙었다. 목소리는 들리는데, 단어는 의미 없이 흩어졌다. 머릿속이 하얗게 비어버렸다. 입이 떨어지지 않았다. 온몸이 굳었다. 말문이 막힌다는 게 어떤 건지 느껴졌다. 옆에 있던 남편도 말이 없었다. 그는 나보다 더 단단히 입을 다문 채, 내 손을 꽉 잡았다. 손가락 끝에 들어간 힘만으로도 얼마나 애쓰는지 알 수 있었다. 조용한 떨림이 전해졌다. 떨리는 숨을 내쉬며 남편이 입을 열었다. "그래서…

나을 수 있는 거죠?" 그리고 다시 한번, 더 작고 단호하게, "그래도… 나을 수 있는 거죠?" 같은 말을 반복했다. 마치 그 말 안에 우리가 붙잡을 희망이 있는 것처럼. 그 순간, 그의 손에서 따뜻한 온기를 느꼈다. 무서운 진단의 한가운데에서, 내 마음을 붙잡아 준 건 설명도, 약속도 아닌 함께 있는 존재의 힘이었다. 그날의 충격보다 더 오래 가슴에 남은 건, 남편 손이었다…. '괜찮을 거야'라는 말 대신, 그 손의 떨림이 말해주었다. 함께 잘 버텨보자고. 함께 이겨내 보자고.

항암치료는 총 여덟 번이었다. 생각했던 것 이상의 고통이 따랐다. 눈을 뜨고 있기조차 힘에 겨웠다. 몸이 녹초가 되었고, 속은 매번 뒤집혔다. 하늘도 꽃도, 모든 사물이 울렁거렸다. 식욕은 바닥났고, 아무것도 삼킬 수 없었다. 그런데 그때마다 20살 된 아들은 물었다. 오늘은 뭐가 먹고 싶냐, 떡 사 올까…. 그 평범한 질문이 그렇게 따뜻하게 들릴 줄은 몰랐다. 계속 토하고 기운이 빠져 화장실을 들락거릴 때면, 방에서 쏜살같이 뛰어나왔다. 아들은 화장실 문 앞에 서서 내가 나올 때까지 기다렸다. 나와 마주지면 "괜찮아? 얼른 누워요" 하고 부드럽게 말하며 물을 건네주었다, 식은땀이 흐르는 등을 조심스럽게 닦아주었다. 숨을 고르고 다시 침대에 누우면, 작은 쟁반에 반찬과 국을 담아 내 머리맡에 가져왔다. 그리고 숟가락을 쥐여주며 말했다. "한 숟가락이라도 먹어야 살 수 있다." 그 말에 몇 번씩 울컥했다.

아무것도 삼킬 수 없을 것 같은 순간에도, 그의 손에 쥐어진 숟가락 하나가 나를 일으켰다. 엄마가 아파서 사경을 헤매고 있으니 얼마나 불안했을까. 그 마음을 내색하지 않고 묵묵히 내 곁을 지키고 있는 아들 생각에 기운을 냈다. 만약 혼자였다면, 입도 대지 못한 채 그대로 하루를 버티다 무너졌을지도 모른다. 누군가가 곁에서 챙겨 주는 정성과 손길은 그렇게 내 삶을 지켜주고 있었다.

 밤이 가장 견디기 힘들었다. 진통제가 듣지 않을 때, 숨조차 무겁게 느껴졌다. 속이 편하지 않다 보니 배가 무거웠다. 멍한 표정으로 초점을 잃었다. 그럴 때쯤이면 딸에게서 전화가 온다. 카톡 주고받는 것도 힘이 달려서 스피커폰을 켠 상태에서 이야기를 나누었다. 집에서 멀리 있는 학교에 다니고 있어 자주 얼굴을 볼 순 없었다. 하루에도 몇 번씩 카톡 메시지가 도착했다. 엄마 오늘은 하늘이 예뻐, 바람이 살랑살랑 불어 기분이 좋아, 친구들과 아이스크림 사 먹었어…. 때로는 짧고, 때로는 긴 메시지들이었다. 나보다 내 상태를 더 꼼꼼히 살피는 듯한 말투였다. 어느 날은 암에 좋다는 음식 영양 정보를 캡처해서 보내주고, 또 어떤 날은 '청국장 맛집 알아뒀으니 함께 가자, 엄마 좋아하는 나물 반찬도 많은 곳이야'라며 평소 엄마를 향한 마음이 얼마나 깊은지 느낄 수 있었다. 그 말들이 약이 되었다.
 비록 곁에 있진 않았지만, 마음은 항상 곁에 있었다. 몸보다 마음이 먼저 지쳐갈 때, 딸의 메시지는 밤을 견디게 해주는 작은 불빛이었다. 예전엔 그 아이의 체온을 재고 열이 날지 걱정했었다. 지금은 그 아이가 내 마음의 체온을 먼저 알아챘다. 아픈 내가 아니라, 여전히 소중한 사람으로서 기억해 주는 딸의 존재는 나를 살리는 힘이었다. 진통제보다 더 깊이 스며든 위로였다. 메시지 한 줄, 말 한마디에 담긴 힘이었다. 엄마 많이 힘들구나! 내가 아프면 좋을 텐데…. 물리적 거리는 멀었지만, 마음의 거리는 단 한 번도 떨어진 적이 없었다. 딸의 말은 내 하루를 붙잡아주는 끈이 되었다. 때로는 내가 다시 살아야 할 이유가 되어주었다. 그 메시지로 버틸 수 있었다. 사랑은 꼭 가까이 있어야만 전해지는 것이 아니라는 걸, 그 아이를 통해 알게 되었다.

2차 항암치료 중이라 힘든 시간을 보내고 있었다. 1차 치료보다 백배는 더 힘든 상태였다. 눈조차 뜨기 힘들었다. 먹는 것은 생각조차 할 수 없었다. 어지러워서 걷디기 힘들었다. 화장실도 기어서 갈 정도였다. 속이 메슥거려서 잠시 누워 있는 것도 쉽지 않았다. 항암치료를 포기하고 싶은 생각도 간절했다. 살아서 뭐하나 싶은 마음까지 들었다.

갑자기 초인종 소리가 들렸다. 아들이 문을 열어 주었다. 큰형님이 온 듯했다. 같은 대전에 살고 있다. 30분 정도 떨어진 곳이다. 형님은 교장 선생님이라 늘 바쁘다. 그런데도 굳이 시간을 내이 온 것이다. 아들에게 엄마 상태를 물어보았다. 아들은 상태가 좋지 않다고 전했다. 방문이 살짝 열렸다. 그러고는 이내 문이 닫혔다. 인사할 힘조차 남아 있지 않았다. 형님은 준비해온 반찬을 아들에게 전하는 듯했다. 내가 평소 좋아하던 두부조림과 나물 반찬을 해왔다고 말했다.

큰형님은 바로 가지 않고 아들과 이야기를 나누었다. 아들 진로에 대해 상담해 주고 있었다. 학교 선생님답게 조카들에게 진로에 대한 조언을 아끼지 않았다. 내가 신경 써주지 못하는 상태라 그 마음이 더 고마웠다. 일부러 시간을 내어준 것을 알기에 더 그랬다. 그 후로도 형님은 종종 집으로 찾아왔다. 내가 부담 갖지 않도록 조용히 반찬만 두고 가고는 했다. 문자로 항상 안부를 전해주던 형님이었다. 힘들 때 도와줘서 그 기억이 더 오래 남는다.

살면서 몇 번은, 정말로 혼자가 되었다고 느껴지는 순간이 찾아온다. 아무도 내 마음을 모를 것 같고. 아무도 대신 아파줄 수 없을 것만 같은 고요하고 외로운 시간. 그 순간이 나에게는 병명을 들은 날이었다. 암이라는 말은 몸보다 먼저 마음을 공격했다. 머릿속은 하얘졌고, 세상이 내 앞에서 천천히 무너져 내렸다. 다행히도 나는 혼자가 아니었다. 내 옆에는 가족이 있었다. 진료실에서 아무 말 없이 내 손을 꼭 잡아주던 남편. 방에서 뛰어나와 화장실 앞을 서성이며 엄마가 괜찮은지 조용히 묻던 아들. 멀리 떨어져 있음에도 하루에도 몇 번씩 안부를 묻고 내 마음의 체온을 살피던 딸. 바쁜 일정에도 내가 좋아하는 반찬으로 마음을 전한 큰형님.

회복은 약으로만 되는 것이 아니었다. 진심 어린 손길과 마음이 있었기에 나는 다시 일어설 수 있었다. 그래서 나는 안다. 가족이 있다는 사실 하나만으로도 우리는 다시 살아갈 수 있다는 것을. 그리고 앞으로도 어떤 고비든 함께 견디고 걸어갈 수 있으리라는 것을. 그 이름이 나를 살렸다. 또 앞으로의 날들도 충분히 이겨내게 할 것이다. 가족이라는 이름으로.

3-6
그렇게 나는 엄마가 되어 간다

나윤희

포근한 5월이다. 고등학교 졸업을 앞두고 열아홉 나이에 세 번의 면접을 거치고 삼성그룹에 입사했다. 처음으로 집을 떠나 기숙사에서 생활하게 되었다. 집을 나와 기숙사로 이동하던 날, 설레는 마음이 가득했다. 처음 사용하는 정장과 핸드백, 그리고 화장품. 어른이 된 기분이었다. 엄마는 기숙사에서 필요한 물품들을 정성스럽게 싸 주면서 눈물을 훔치고는 했다. 기숙사에서 해 먹을 수 있는 쌀과 각종 반찬까지 꼼꼼하게 챙겨 주었다. 첫 출근과 기숙사 생활은 낯선 환경인데도 가슴이 설레었다. 지겹고 힘들었던 농사일과 집안일을 하지 않아도 된다는 자유가 찾아온 것이다. "대한독립 만세"였다. 새로 시작한다는 설렘과 기쁨 속에 행복을 느끼고 있었다. 기숙사 생활은 무척이나 흥미로웠다. 또래 친구들과 같은 방을 사용하면서 밥을 해 먹었다. 서로 많은 이야기를 나눌 수 있었다. 그 시간을 통해 회사에서 쌓인 스트레스를 풀 수 있었다. 기숙사 주변에 주점이 많아 그곳에서 밤 문화를 함께 즐기기도 했다. 그 모든 것이 신세계였다. 첫 월급을 타서 친구들과 백화점에 쇼핑도 다니고 수원에서 전철을 타고 남대문 구경도 다니면서 친구들과 새로운 즐거움을 알아갔다. 무엇보다 더 좋았던 것은 월급이 통장에 차곡차곡 쌓이는 일이었다. 그렇게 사회에 적응해 가고 있었다. 기숙사 생활은 마치 자유를 찾아 날갯짓하는 한 마리 새처럼 가벼운 삶이었다. 그런데 엄마는 나를 보내놓고 작은이모에게 매일 같이 전화해서 눈물을 흘렸다고 전해 들었다.

어느새 아들이 대학에 입학하고 군대에 다녀와 올해 대학 3학년이다. 아들이 미국에 간다. 다니던 대학교에서 어학연수를 신청했는데 선정되었다. 미국 시카고에 있는 학교로 6개월간 어학연수를 떠나게 되었다. 뭐든 해주고 싶은 부모의 마음은 같을 것이다. 30대 이전까지는 뭐든 도전해 보고 싶은 것은 다 해 보라고 지지하는 편이다. 나는 하고 싶은 것들을 못 했기 때문에 두 아들에게는 뭐든 다 해주고 싶다.

아들은 미국에 가기 위해서 3개월 전부터 준비하기 시작했다. 미국대사관에 가서 비자를 받고 각종 병원에 방문하여 필요한 서류와 예방접종도 했다. 신경 쓸 게 많은데 뭐가 그리 좋은지 매일 싱글벙글하다. 새 학기가 1월부터 시작이라 거기에 맞춰 가다 보니 가장 추운 계절에 한국을 떠나게 되었다. 그래서 전기장판부터 겨울옷까지 기본적으로 챙겨야 할 짐만 해도 가득하다. 혹시나, 빠진 것이 있을까 걱정스러운 마음은 엄마의 몫이다. 집을 떠나 객지에서 그것도 한국이 아닌 미국 땅에서 잘 적응할 수 있을지 걱정이다. 총기 사고에 마약까지 안전하지 않은 미국 땅에 혼자 보내려니 부모 마음은 무겁기만 하다. 그래도 씩씩하게 잘 다녀오길 바라는 마음으로 불안한 마음을 아들에게 들키지 않으려고 노력했다. 드디어 미국으로 출국하는 날 작은아들과 함께 공항에 배웅하러 갔다. 공항에 도착해서 마지막 아침을 셋이서 가볍게 먹었다. 잘 다녀오겠다던 아들 뒷모습이 점점 멀어져 갔다.

까치발을 하고 문 사이로 사라지는 아들 뒷모습을 보고 있었다. 그 순간 뜨거운 눈물이 쏟아져 내렸다. 군대 이후 처음으로 맞는 아들과 이별이다.

큰아들을 미국으로 보내놓고 한 달 후, 작은아들도 짐을 싸기 시작했다. 작은아들은 이번에 대학에 입학하고 기숙사로 들어간다. 기숙사에 들어가는 짐만 해도 만만치 않다. 그 짐들이 거리를 말해 주듯 챙겨야 할 책과 옷 그리고 생활품들이 많다. 짐을 챙기는 작은아들은 마치 여행용 가방을 챙기듯 신이나 보인다. 큰아들을 미국으로 보내놓고 작은아들이 곁에 있어서 많이 의지가 되었다. 그런데 작은아들까지 기숙사로 들어가게 되었다. 작은아들을 보내는 마음이 편치 않다. 큰아들이 군대 갔을 때도 작은아들이 곁에 있어서 그나마 위로가 되었다. 가까운 곳에 공군으로 가서 휴가 때마다 자주 볼 수 있었다. 이번에는 상황이 조금 다르다. 아들 두 녀석 모두 처음으로 내 품을 떠나게 된 것이다. 남편은 아무렇지도 않은 듯 받아들인다. 작은아들 역시 집을 떠난다는 생각에 신이 났다. 새로운 삶에 대한 걱정보다는 출발에 대한 기대감이 가득 차 보인다. 하루 전날까지도 무덤덤했던 내가 기숙사로 들어가는 작은아들 뒷모습에 왈칵 눈물이 쏟아졌다. 허탈감과 공허함 같은 복잡한 감정들이 엉켜 있다.

처음이다. 결혼해서 아이들을 내 품에서만 키웠다. 어릴 적 나는 엄마가 필요할 때 없었다. 그래서 나는 누구보다 아이들 곁에 있고 싶었다. 한 번도 아이들과 떨어지지 않았다. 어느새 다 커서 각자의 길로 가는 아이들을 보니 대견하기도 하면서 한편으로는 마음이 허전하다. 작은아들을 보내놓고 매일 눈물이 났다. 설거지하다가 보고 싶어 눈물이 났고, 청소기를 밀다가도 비어있는 방을 보며 눈물이 났다. 저녁이면 소파에 앉아 두 아들을 생각하며 눈물을 흘리기도 했다.

그동안 좁아 보였던 집이 궁궐처럼 넓어 보였다. 저녁때가 되면 아이들을 위해 준비했던 식사 시간이 늘 바쁘고 정신없었는데 지금은 편하기보다는 오히려 재미가 없다. 그저 남편과 둘이 있다 보니 가볍게 한 끼 사 먹게 된다. 집을 어지럽히는 아이들이 없으니 청소할 일도 줄어들었다. 3일에 한 번씩 돌리던 빨래도 일주일에 한 번 돌린다. 이틀에 한 번씩 장을 보던 마트도 갈 일이 없다. 먹을 사람이 없으니 살 것도 없다. 해야 할 일들이 줄어든 만큼 몸과 마음이 편해야 하는데 오히려 허전한 가슴에 점점 구멍이 더 커져만 갔다.

가끔 전화하면 두 아들은 아주 잘 지내고 있었다. 부모와 자식의 마음은 이렇게 서로가 다르다는 것을 알아가는 시간이다.

내가 부모 곁을 떠나오던 그때도 두려움보다는 설렘이 가득했다. 새로운 삶에 대한 기대감과 자유, 그 자체가 기쁨이었다. 그 옛날 내가 고향을 떠나올 때 우리 엄마도 이런 마음이었겠구나! 그 깊은 마음을 헤아리지 못했던 시간이 유리알처럼 투명하게 스친다. 이제 나도 엄마가 되어 가는구나!

가족이라는 이름은 옆에 있으면 그 소중함을 느끼지 못할 때가 있다. 아니 어쩜 우리는 익숙한 것에 속아서 당연하게 누리고 사는 것인지도 모른다. 처음으로 두 아들을 떠나보내니 그립고 애틋한 존재였음을 알게 되었다. 부모는 늘 자식이 걱정이다. 눈에 보이지 않으면 더 걱정스럽고 염려스러운 게 부모 마음이다. 언제가 성인이 되면 품에서 떠나보내야 하는 게 자식인데 말처럼 쉽지 않다.

오죽하면 '빈둥지 증후군'이라는 말이 있을까? 자녀들이 성장하여 독립하거나 결혼 등으로 집을 떠난 뒤, 부모가 느끼는 허탈감, 외로움, 상실감 등이 찾아오는 것을 말한다.

어릴 적 엄마에 대한 그리움이 아이들에게 집착이 되지는 않았는지 나를 들여다본다. 그런 나를 다독이며 이제는 자식의 삶을 응원하는 만큼 당당하게 내 삶을 응원해 가려고 한다. 이제는 나의 삶을 꽃피울 시간이다.

3-7
아주 보통의 하루가 축복이었다

류남숙

    2년에 한 번씩 받는 건강검진은 왠지 번거로웠다. 예약해 두고도 강의 일정에 맞추다 보면 변경을 거듭하기 일쑤였다. 약속된 날짜를 변경하자는 전화를 몇 번이나 하자니, 병원에 미안하기도 하고 귀찮기도 했다. 전화하는 일 자체를 잊어버리기도 했다. 문자가 오면 겨우 확인만 하고, 차일피일 미루었다.

    건강검진을 피하는 이유는 또 있다. 주삿바늘을 과하게 무서워한다. 두려움에 몸이 떨려서 호흡도 흐트러진다. 채혈을 하려면 몇 명이 달라붙어 팔뚝을 잡아야 했다. 수면마취도 잘 깨지 않는다. 깨어나도 어지러움 때문에 회복하는 시간이 남보다 길었다. 건강검진을 받아야 하는 병원은 공포의 공간이었다. 2년에 단 하루인데 미루고 미루는 자신이 한심했다. 짬을 내어 달려갔다.

    건강검진에서 반복되어 나타나는 증상을 알고 있다. 숫자로 나타나는 신체 건강은 정상 범주 안이다. 생활습관은 양호했다. 술, 담배를 하지 않는 좋은 습관은 칭찬받고, 운동 부족은 주의를 듣는다. 스트레스성 위염은 마음을 편히 하고 식습관을 조절하란다. 심해지지 않으니 안심되고, 반복되는 설명은 특별한 처방도 아니구나 싶다. 관찰이 필요한 몇몇 분야는 1년에 한 번씩 체크하고 있다.

건강검진의 마지막은 부인과 진료다. 진료 의자에 누웠다. 조명이 환하게 비추었다. 눈이 질끈 감겼다. 진료가 끝난 후, 의자에서 내려와 의사와 마주 앉았다. "소견서 써 줄 테니, 연계된 대학병원으로 진료 날짜 퍼뜩 잡으소." 얼떨결에 고개를 끄덕이자 이후의 일은 일사천리로 진행되었다.

대학병원의 진료 날짜를 기다리는 동안 몸의 신호를 살폈다. 대수롭지 않게 여겼던 변화에도 주의를 기울였다. 남편 손을 잡고 대학병원으로 가서 진료를 받았다. 의사는 미간을 찌푸리며 말을 아꼈다. 답답하고 초조했다. 내 의지와 상관없이 갖가지 검사가 시작되었다. 주삿바늘과의 실랑이도 또 시작되었다. 폐소공포로 괴로워하며 겨우 검사를 마쳤다. 자궁과 난소에서 문제가 발견되었고, 이미 다른 장기에도 영향을 끼치고 있다는 결과가 나왔다.

진료 첫날, "왜 왔어요?"라며 퉁명스럽게 질문했던 의사는 "신장이 급하네요?"라고 짧게 말했다. 오른쪽 옆구리 뒤쪽이 뭉근히 아팠는데, 자세가 비뚠 탓이 아니라 신장의 문제였단다. 자궁에 생긴 혹이 요관을 눌러 신장이 2배 정도 커진 상황이었다.

입원이 급하다는 말에 아이들이 먼저 생각났다. 자기 일은 알아서 곧잘 하는 아이들이지만, 질풍노도와 반인반수의 경계를 넘나드는 사춘기였다. 문득 생각해 보니 중, 고등학교는 2주만 기다리면 겨울 방학에 들어가는 시기였다. 대기 환자가 많은 의사의 눈치를 보아가며 짧고 깊은 고민 끝에 의견을 내었다. 곧 방학이니, 아이들이 방학하면 치료를 시작하겠다고 했다. 의사의 표정이 단번에 일그러졌다. 단호한 말투로 하루가 급하다는 말을 반복했다. 하루라도 늦추면 신장 하나는 포기해야 한다고 했다. 방법이 없었다. 다음 날 바로 입원했다.

변형이 일어난 요관을 살려야 했다. 삽관을 위해 등에 가까운 오른쪽 옆구리에 마취약을 발랐다. 수술대 위에 엎드리니 소독약을 바르는 오른쪽 등허리가 서늘하다. 옆구리를 뚫어 삽관했다. 생살이 뚫리는 느낌은 마취크림으로 감출 수 있는 것이 아니었다. 이를 악물고 고통을 참았다. 이튿날 추가 시술을 했다. 대학병원은 치료와 실습이 공존하는 곳이라, 2차 삽관에는 초보 시술자가 들어왔다. 선배들의 격려를 받으며 시작했지만, 능숙하지 못해 이리저리 찔러댔다. 손마디가 하얗게 질릴 정도로 주먹을 쥐었다. 생살이 뚫리고 찔리고 휘둘리니 비명이 절로 나왔다. 온몸을 부들부들 떨다 기절하듯 잠들었다. 다음날 일어나 보니 팔뚝이 온통 보라색이었다. 실핏줄이 터졌단다. 통증을 참느라 생긴 멍은 곧 빠질 테다. 시술은 잘 되었다. 신장은 6개월 후에 다시 확인하기로 했다.

석 달간 약을 먹었다. 자궁을 강제로 퇴화시켜 크기를 줄였다. 자궁의 혹이 다른 장기를 파고들지 않았는지 실시간으로 화면을 관찰하며 대장내시경을 했다. 수술 한 번 받기가 참 험난하다는 생각이 들었다. 의사는 복강경 수술은 개복수술보다 회복이 빨라 2박 3일이면 퇴원한다고 했다. 마음이 가벼워졌다.

  수술 후 마취에서 깨어났다. 통증이 심했지만, 시간이 지나면 해결될 일이다. 곧 퇴원할 생각에 마음이 들떴다. 하루, 이틀, 사흘… 나보다 늦게 입원하고 수술한 옆 침상 환자들이 자꾸 바뀌었다. 먼저 퇴원을 했다. 뭔가 문제가 생긴 것은 아닌지 겁이 났다. 5일 동안은 철저한 금식이었다. 퇴원하고 싶은데, 조금만 더 지켜보자는 말과 함께 주말이 또 지나갔다. 물 한 모금 마시지 못하고 마냥 기다렸다.

  그 사이 남편은 매일 웃으며 병원으로 퇴근을 했다. 귀신이 나올까 봐 무서워서 밤잠을 설치는 마누라를 위해 초저녁잠을 재워주었다. 짧게 푹 자고 일어나면, 재미있는 이야기가 이어졌다. 아침에는 어떤 요리를 했는지, 아이들이 얼마나 잘 먹었는지, 내일 아침으로는 뭘 할 건지, 어떤 스타일로 만들 건지 일일이 말해주었다. 그 맛있는 걸 못 먹어서 아쉽겠다며 금식 중인 환자를 놀리기도 했다. 이이들 교복 셔츠는 매일 손빨래하고, 나머지는 흰옷과 검은 옷을 나누어 하루씩 교대로 세탁기를 돌린다고 했다. 청소기도 맨날 돌려서 방바닥에는 머리카락이 하나도 없단다. 아이들의 일정도 챙기고, 늦은 밤까지 이야기를 나누다가 잠자리에 든다고 했다. 출장도 최대한 조절해서 집을 비우는 시간을 줄이고 있었다. 이른 아침에 병실에 오기도 하고, 근무 중에 불쑥 들르기도 했다.

  병원 가까이에 있는 중학교에 다니는 별이는 이틀에 한 번쯤 병실로 왔다. 침대에 올라앉아 게임도 하고, 링거 없는 쪽 옆구리에 붙어서 낮잠도 잤다. 굳이 병원에 와서 용돈을 달라 하고, 그 돈으로 서문시장에 가서 어묵을 사 먹고 왔다. 아빠랑 둘이서 호떡이나 꽈배기 도넛 같은 먹을거리도 봉두에 남아왔다. 고소하고 달콤한 냄새를 잔뜩 풍기며 병실에서 먹었다. "아유, 우리 엄마 먹고 싶어서 어쩌노. 빨리 나아야겠네…." 생글생글 웃으며 약을 올렸다. 통통 튀는 모양새가 종달새처럼 귀여웠다.

첫째 아이는 한 번도 오지 않았다. 나와 유난히 사이가 좋아서, '엄마, 엄마, 엄마…' 하루에 수십 번 부르던 아이다. 오죽하면 '솔아, 엄마 이제 퇴근이야. 오늘은 엄마 그만 불러….'라고 할 정도로 곁을 맴도는 아이였다. 그런데 입원 기간 동안 전화도 거의 없었다. 가끔 오는 짧은 문자에는 별다른 내용도 없었다. 처음으로 엄마에게 무심한 아이에게 오히려 든든한 마음이 들었다. 최선을 다해 보통의 하루를 이어가고 있을 거라는 믿음이 있었다. 새 학교, 새 학년이 된 아들딸은 씩씩했다.

드디어 퇴원했다. 고맙게도 시간은 잘 흘렀다. 화장실도 겨우 다녀왔었는데, 실내에서는 어느새 10분 정도는 너끈히 걸을 수 있게 회복이 되었다. 오랜만에 햇볕 아래에서 걷는 6분이 감동적이었다.

우리는 다시 두 시간짜리 저녁밥을 먹기 시작했다. 할 말이 많아 웃을 일이 많았다. 뭉클한 마음에 울 일도 많았다. 넷이 함께하는 저녁은 찬란했다. 매일 병실에서 아내를 웃게 하던 남편은 하루하루가 두려웠다고 했다. 엄마 앞에서 발랄하던 별이는 눈물이 날 때마다 간식을 핑계로 나가서 울다가 들어왔단다. 병원에 오지 않던 솔이는 꿋꿋이 할 일을 하고 있어야 엄마가 행복할 것 같았다고 했다. 각자의 노력과 배려가 뭉클하고 감격스러웠다.

 평범한 일상이 얼마나 소중한지 잘 모를 때가 많다. 감당하기 어려운 일이 생기면 그제야 아쉽고 두려워진다. 가족도 마찬가지다. 늘 곁에 있으니, 그것만으로 이미 충분하다는 것을 깨닫지 못했다. 아이들의 투정이나 배우자의 잔소리도 삶을 채우는 행복의 하나였다. 기약 없는 퇴원에 막막해졌을 때, 가족의 웃음이 힘이 되었다. 겨우 추스르고 돌아왔을 때, 그 자리에서 버텨준 모습이 희망이었다. 헤아림으로 사랑을 채우는 사람들이 바로 가족이다. 가족이 함께하는, 특별할 것 없는 아주 보통의 하루가 최고의 축복이다.

3-8
가정이라는 사랑의 숲을 가꾸다
박은주

　5월, 팔공산을 뒤덮은 푸른 잎이 시원해 보인다. 가을이면 단풍으로 물들고, 겨울엔 귀한 눈을 볼 수 있는 곳이다. 이 근처에 있는 S 요양원에 엄마를 모신 지도 어느덧 3년이 되었다.

　처음 요양원에 모시기로 한 날, 누구보다 마음이 복잡했을 사람은 엄마였을 것이다. 6남매나 되는 자식이 있는데, 자신이 요양원에 가게 될 거라곤 한 번도 생각해 보지 않았을 테니까.

　30년 넘게 홀로 자식을 위해 헌신하며 살아온 엄마이다. 시골에서 혼자 지내다가 거동이 불편해지면서 큰오빠 집에서 생활하게 되었다. 큰오빠는 "어머니는 내가 모신다"라고 말해왔다. 그러나, 얼마 지나지 않아 다른 지역에서 사업을 시작했다. 직장 생활을 하던 올케에게는 점점 감당하기 힘든 상황이 되어 갔다. 오전과 오후, 요양보호사 2명의 도움을 받았지만, 엄마의 상태는 나아지지 않았다. 결국, 대소변을 가리기 힘든 상태까지 되었다. 올케는 직장을 그만둘 수 없었고, 다른 형제들도 사정이 다르지 않았다. 나 역시 마찬가지였다. 결혼 후에도 거의 엄마를 모시다시피 했지만, 고등학교에 다니는 두 아이를 양육하며 강의 일을 병행했다. 그 상황에서 거동이 불편한 엄마를 모실 자신이 없었다. 죄송함과 자책이 마음속에 쌓였지만, 그렇다고 다른 형제를 탓할 수도 없었다. 큰오빠는 엄마를 모신 지 1년도 되지 않아 감당하기 어렵다고 털어놓았다. 요양원을 알아본다는 것 자체가 자식들에게 죄책감으로 남았다. 하지만 누구도 뚜렷한 대안을 내놓지 못했다. 여러 차례 상의 끝에, 엄마를 요양원으로 모시기로 했다. 엄마 나이, 86세였다. 그 결정이 현실적인 선택임을 알면서도, '조금만 더 모셨더라면' 하는 아쉬움이 남는다. 다행히 큰오빠 집에서 차로 15분 거리에 있는 곳이었다. 공기 좋고 종사자들의 태도가 따뜻하게 느껴지는 시설이라 그나마 마음을 놓을 수 있었다.

엄마를 요양원에 모신 이후, 오히려 형제들이 더 자주 만나게 되었다. 전국 각지에 흩어져 살던 6남매가 면회를 위해 대구로 모였다. 면회를 마친 뒤에는 굳이 우리 집으로 오지 않고, 요양원 근처에 방을 잡아 하루를 묵었다. 함께 이야기 나누다 보면, 어린 시절의 장면들이 선명하게 되살아났다. 겨울이면 따뜻한 아랫목에 이불을 덮고 모여앉아, 화롯불에 밤을 구워 먹었다. 그때의 웃음소리와 장난기, 군불 타는 냄새가 방 안 가득 번졌다.

그 시간에는 부모님 이야기가 자연스럽게 이어졌다. 언니와 오빠들이 기억하는 아버지는 무척 엄격한 분이었지만, 내가 기억하는 아버지는 달랐다. 무뚝뚝한 표정 속에서도 막내인 나에게만큼은 유난히 따뜻하고 다정했다. 가끔은 장난을 걸어 웃음을 주기도 했다. 언니 오빠들에게서 내가 태어나던 날의 이야기와 그 무렵 가족의 일상을 듣는 일은 흥미롭고도 새로웠다.

엄마를 요양원에 모시는 과정에서 서운한 마음과 갈등이 없었던 것은 아니다. 하지만 서로의 처지를 이해하고 마음을 풀었기에 오래가진 않았다. 지금은 큰올케가 지방으로 내려가 큰오빠와 함께 생활하고 있다. 주말이면 형제 가운데 누구라도 엄마를 보러 간다. 면회에서 찍은 사진과 소식을 전하며, 멀리 있는 형제들과도 엄마의 하루를 나눈다.

요양원 근처에 강의가 있어 오후 3시에 면회를 갔다. 현관에서 면회 신청서를 작성하고 들어서니, 휠체어를 탄 엄마가 면회실 쪽으로 천천히 오고 있었다. 엄마를 반갑게 불렀지만, 두 눈만 껌뻑인다. 요양보호사가 누구냐고 묻자 "딸"이라고 했다. 엄마에게 다가가 막내딸 이름이 뭐냐고 물으니, 은주라고 한다. 그 한마디에 안심이 되면서도, 매번 확인하게 되는 마음이 속상하고 아프다. 혈관성 치매가 있는 엄마가 내 이름을 잊을까 봐 두려워서, 확인하고 또 확인하게 된다.

엄마가 밥을 잘 먹지 않는다고 들었다. 전보다 살이 빠지고 기력도 떨어진 것 같다. 휠체어를 밀고 면회실로 들어와 이런저런 안부를 물었지만, 엄마는 짧게 "응, 그래"만 반복한다.

예전엔 키가 비슷하다고 엄마와 장난스레 키를 재어보고는 했다.

이제는 휠체어에 힘없이 앉아 있는 엄마가 자꾸만 작아 보인다. 팔과 다리를 조심스럽게 주무르자, 앙상한 뼈마디가 손끝에 닿았다. 그 순간 마음이 아렸다. 그래도 엄마를 안을 수 있고, 따뜻한 체온을 느낄 수 있어서 감사하다.

결혼 후, 대학원에서 사회복지를 전공했다. 어느 날, 사회복지실천론 수업에서 가계도를 그려오라는 과제가 있었다. 친정과 시댁을 포함해 3대에 걸친 가족의 구조와 관계를 정리하는 작업이었다. 처음에는 이름, 나이, 직업, 건강 상태 등을 적는 단순한 과제라고 생각했다.

하지만 한 사람, 한 사람의 이름을 써 내려가다 보니, 그것은 단순한 정보가 아니었다. 각 이름 뒤에는 저마다의 이야기가 있었고, 관계를 잇는 선마다 세월이 담겨 있었다. 돌아가신 조부모님, 갑작스레 세상을 떠난 아버지, 그리고 지금도 조용히 자리를 지키고 있는 엄마까지. 이름을 적는 일은 곧 기억을 더듬는 일이었고, 그들의 생애를 되짚는 일이었다.

대학 1학년 때 처음으로 가족의 죽음을 경험했다. 할머니가 돌아가셨을 때 마음 한편이 텅 비는 기분이었다. 하지만 진짜 슬픔은 그 이듬해에 찾아왔다. 아버지가 우리 곁을 갑작스럽게 떠난 것이다. 맹장염으로 입원했고, 수술도 잘 끝났다. 회복도 순조로웠다. 퇴원을 하루 앞두고, 아버지는 혼자 병실을 나갔다가 바닥에 쓰러졌다.

연락을 받고 큰오빠와 함께 병원으로 달려갔다. 병실 문을 열자, 엄마가 아버지를 안고 흐느끼며 울고 있었다. 아버지의 몸은 따뜻했다. 그 온기 때문에 죽음을 받아들이기 힘들었다. 그 순간은 30년이 지난 지금도 또렷하다. 흐느끼던 엄마의 떨림, 멍하니 서 있던 오빠, 아무 말도 할 수 없었던 나. 아버지는 그렇게, 60이 되던 해에 우리 곁을 떠났다.

엄마 이름을 적을 때는 잠시 손이 멈췄다. 평생 부엌과 밭에서 가족을 위해 살아온 분이다. 그런 엄마의 삶을 단 몇 글자로 요약하는 것이 불가능하게 느껴졌다. 엄마는 가족을 지탱해온 중심이자, 늘 그 자리에 있는 존재였다.

그리고 큰오빠. 아버지가 세상을 떠났을 때, 오빠는 겨우 20대 후반에 막 결혼한 젊은 가장이었다. 다행히 아버지가 성실하게 일궈 놓은 경제적 기반 덕분에 생계는 막막하지 않았다. 그렇지만, 그 이후의 모든 결정과 책임은 자연스럽게 장남인 오빠의 몫이 되었다.

그때는 왜 그렇게 힘들어하는지 제대로 이해하지 못했다. 지금에 와서야 책임감에서 비롯된 것임을 알게 되었다. 가계도 위에 오빠의 삶을 다시 그려보는 순간, 삶의 무게와 외로움이 서서히 드러났다. 나보다 어렸던 그 시절의 오빠를 마음속으로 조용히 안아주었다.

가계도를 그리는 일은 단순한 과제가 아니었다. 잊고 지냈던 가족의 삶을 다시 들여다보고, 꺼내기 어려웠던 감정을 정리하는 시간이었다. 그것은 가족을 관계가 아닌, 존재로 바라보는 깊고 따뜻한 시간이 되었다.

며칠 전, 편백 치유의 숲을 다녀왔다. 곧고 반듯하게 하늘을 향한

편백 나무들 사이로, 소나무는 주변을 살피듯 유연하게 몸을 틀며 자라고 있었다. 단단함 속에 깃든 부드러움, 자신의 자리를 지키면서도 환경에 조화롭게 어우러지는 모습이 오래도록 마음에 남는다. 편백 나무 아래에는 키 작은 녹차 나무도 있었다. 크기도, 모양도 다르지만 서로를 해치지 않고 어우러져 하나의 숲이 되었다. 자연이 그러하듯, 가족도 배려할 때 비로소 따뜻한 공동체가 된다. 나도 내 자리에서 한 그루의 나무처럼 조용히, 그러나 정성껏 가정이라는 사랑의 숲을 가꾸어가고 싶다.

3-9
내 마음의 안식처, 둥지를 찾아!
박준식

'술맛을 모르는 사람과 인생을 논하지 말라'라는 말이 있지만, 나는 술을 좋아하지 않는다. 술에 취해 몸과 마음의 통제권을 잃는 것이 싫다. 쓰기만 하고 맛도 없는 술을 왜 마시는지 이해가 되지 않았다. 맛나게 먹을 것이 넘쳐나는데, 굳이 돈을 내면서까지 먹고 싶지 않은 것이 술이었다.

학사장교로 선발이 되었다. 졸업하고 식목일 날 영천에 있는 육군 3사관학교에 후보생으로 입대했다. 후보생 과정을 마치면 5만 촉광의 빛나는 다이아몬드를 달고 임관한다. 사회생활의 첫발이었다. 주어진 역할만 잘 해내면 된다는 생각이 많았다. 자대로 배치를 받은 후 전입 환영 회식에서부터 술이었다. 갖가지 이유로 모임과 술은 계속 이어졌다. 특히 군대에서는 술을 잘 먹으면 정신력이 높다고 한다. 정신력 테스트의 수단이 술이었다. 대위라는 계급으로 진급했다. 포대장이라는 지휘관을 맡았다. 처음에 함께했던 대대장은 그나마 술을 많이 권하지는 않았다. 다음으로 부임한 대대장은 술을 좋아했다. 술이 이 세상을 살아가는 이유처럼 보일 정도였다. 운동하고 개운한 기분에 술 마시고, 숙취를 해소하기 위해 운동하고, 운동했기에 또 술 마시고. 다람쥐 쳇바퀴 돌듯이 거의 매일 술을 먹어야 했다. 술이 싫은 나에게는 정말 곤욕이었다. 18개월이라는 포대장 지휘관 근무기간 동안 술은 많은 고민을 하게 만들었다. 무난한 군 생활을 위해 술은 필수적인가? 술과 직업군인, 양자택일할 수밖에 없는가? 그런 고민이 늘 있었다. 그렇다고 술 때문에 직업군인의 생활을 그만두기도 싫었다. 그런 고민을 해결해 준 것은 다름 아닌 아버지였다. 휴가를 가서 아버지와 이야기할 기회가 있었다. 우리 집이 넉넉하지는 못했지만, 아버지는 "정 힘들면 나와서, 다른 일 해보자!"라고 하면서 지지와 응원해 주었다. 그 말이 나에게는 무한한 힘이 되었다. 참고로 아버지도 소주 한 잔이 수면제와 같다. 그래서 나를 더 이해해 준 건지도 모르겠다.

만난 지 63일 만에 결혼했다. 그만큼 아이도 빨리 찾아온 것 같다. 첫아이와의 만남은 우리 가족에게 삶의 원동력이 되었다. 특별할 것 없는 일상에서 '임신을 한 것 같다'라는 말을 전화로 들었다. 인생에 다시없을 축복받은 날이었다. 마음과는 다르게 나의 반응은 무덤덤했다. 무심했던 태도가 배우자의 마음에 상처와 상실감을 주었다는 것을 오랜 시간이 흐른 뒤에야 알게 되었다. 지금도 TV나 영화에서 임신 소식을 듣고 기뻐하는 모습을 보면 배우자는 그날의 기억으로 나를 흘겨보기도 한다. 지금 생각해 보면 정말 미안한 일이다.

　아이를 만날 생각은 색다른 즐거움으로 다가왔다. 퇴근하면 어설픈 태교를 했다. 음치이지만 노래도 불러주고, 구구단도 외워줬다. 주말이면 병원에 들리시 초음파 보는 등 삶에 많은 변화를 가져왔다. 아버지도 바뀌었다. 아이 소식에 50여 년간 피운 담배를 끊었다. 책임감은 크게 느껴지지 않았다. 아이의 존재 자체로 든든한 응원군이 생긴 것 같아 힘이 되었다.

　직업군인의 길은 외롭고 험했다. 모든 직장 생활이 마찬가지일 것이다. 더욱이 장교는 계급별로 일정한 나이가 되고도 진급하지 못하면 전역해야 한다. 적어도 소령 계급은 되어야 최소 20년 이상 근무할 수 있다. 그렇기 때문에 영관장교로의 진급은 꼭 필요했다. 진급하기 위해 '새벽 별 보기 운동'을 한다. 샛별을 보고 퇴근을 하고, 또 샛별을 보면서 출근했다. 일은 해도 해도 끝나지 않는다. 그렇게 하고도 진급에서 선발되지 못했다. 내년에 진급하면 된다고 생각하겠지만, 생각보다 진급의 문은 좁고, 기회도 한정적이다. 단, 두 번의 기회가 주어진다. 세 번째의 기회는 패자부활전의 느낌으로 한두 명에게만 주어지는 기회이다. 진급을 쉽게 생각했었다. 첫 번째 진급은 되지 않았다. 다음번이 끝이라는 생각에 조급함이 많이 생겼다. 가족과 함께 껴안고 많이 울었던 기억이 있다. 더 열심히 해야겠다는 생각했다. 만에 하나, 안 되면 어떻게 할 것인가라는 생각도 했다. 그러던 나에게 가장 힘이 되어준 사람은 배우자였다. 이제 초등학교를 다니던 아이들과 여러 가지로 고민이 많았던 시기이다.

그럼에도 불구하고, "진급이 안 되면 다른 것 하자"라고 지지하고 응원해 주던 담담한 한마디가 나에게는 힘이 되었다. 가족들의 지지가 있어서 진급할 수 있었다.

사고 이후에 하지 지체 장애가 생겼다. 진급에 필요한 스펙을 하나하나 쌓았지만, 중령 진급은 되지 않았다. 소령 계급은 만 45세가 되면 전역해야 한다. 22년 3개월 직업군인 생활에 아쉬움이 많았다. 어떤 일 하고 살아야 할지 준비가 되어 있지 않았다. 막연함과 자신감이 많이 떨어졌었다. 아쉬움을 떨쳐준 것은 다름 아닌 첫째 아이였다. "아빠는 대령까지는 무난히 되었을 것"이라고 응원해 준 말이 힘이 되었다.

활동에 장애가 있어서 직업 선택에도 제한이 많았다. 몸 쓰는 일보다는 머리로 하는 일로 하고 싶었다. 국방부 전직교육원에서 폭력예방통합교육 전문강사 과정이 개설되었다. 모르는 분야이지만, 강사라는 직업이 눈에 들어왔다. 확신은 없었지만, 노동 강도가 높지 않을 것 같아서 지원했다. 운이 좋아서 선발되고, 3개월긴 공부했다. '한국양성평등교육진흥원'에서 폭력예방통합교육 전문강사로 위촉을 받았다. 전문강사 과정에서 새로운 것을 많이 배웠다. 우리 사회가 남성 중심으로 이루어져 있고, 그 속에서 여성들이 차별받는 것부터, 가해자들이 얼마나 자신의 행위를 합리화하는지 알 수 있었다. 강사로 활동하는 것은 단순히 아는 내용 전달하는 것이 아니다. 청자들이 움직일 수 있도록 해줘야 한다. 말처럼 쉽지 않다. 다양한 교수법과 스팟 등을 연구하면서 진심으로 전달하려고 노력한다. 두 번째 직업으로 강사를 선택하고 활동할 때 배우자의 지지와 응원이 가장 힘이 되었다. 배우자가 다른 사람들 앞에서 "저희 남편 강의하고 다녀요"라고 하면서 자랑스럽게 이야기할 때마다, 힘을 얻으면서도 더 잘해야겠다는 생각한다.

가족은 세상 끝에서 돌아와도 언제나 반겨주는 변함없는 안식처다. 매 순간 가족들의 지지는 나에게 힘이 되었다. 서로에게 '둥지'가 되어주는 것이라는 생각을 많이 한다. 아버지와 어머니의 둥지, 배우자와 함께하는 둥지, 내 마음이 지칠 때 쉼을 가질 수 있는 안식처이다. 아이들에게는 언제든 편안하게 지낼 수 있는 둥지가 되어주고 싶다.

3-10
엄마의 손맛 그대로인 언니의 반찬들

유연옥

2013년 8월 건강하던 엄마가 쓰러졌다. 마른하늘에 날벼락이라는 말은 이럴 때 쓰는 말 같다. 이후 왼쪽 편마비로 8년 동안 침대에서 내려오지 못했다. 코로나가 오기 직전 아빠 곁으로 갔다. 엄마가 돌아가신 후, 우리 가족은 많은 것이 달라졌다. 집안에 큰 기둥이 무너진 듯 휘청였다. 마음 한구석에 구멍 하나씩을 안고 살았다. 그 빈자리를 묵묵히 채워준 사람은 큰언니였다. 부모님 제사를 책임지고, 명절 음식은 물론 우리 마음까지 보듬어주는 존재. 언니는 엄마가 떠난 자리에 조용히 앉아 엄마가 하던 일을 해내고 있었다. 그리고 나는 어느 순간부터 언니의 음식에서 엄마의 손맛을 느끼기 시작했다.

언니는 배추김치를 담글 때면 꼭 엄마가 쓰던 큰 고무 대야를 꺼낸다. 배춧잎 사이사이에 양념을 정성껏 바르는 손길이 어찌나 익숙한지, 그 모습을 보고 있노라면 어린 시절 엄마 곁에서 고춧가루 뿌리는 걸 도와주던 장면이 떠오른다. 김장 김치로 찌개로 끓일 때면 그 특유의 깊은 맛이 난다. 언니는 딱히 특별한 재료를 넣는 것도 아닌데, 언니네 밥상에 올라오는 김치찌개는 엄마 밥상에서 맛보던 그 맛 그대로다. 김이 모락모락 나는 하얀 쌀밥 위에 푹 끓인 김치찌개 한 숟갈 떠 얹으면, 어느새 눈시울이 뜨거워진다. 언니가 내어주는 밥상 앞에 앉을 때마다 마치 엄마 앞에 앉은 듯한 착각에 빠진다.

언니는 두부콩 농사를 짓는다. 가을이면 두부도 직접 만든다. 콩을 불려 엄마의 옛 방식대로 갈고, 장작불을 집혀 끓인다. 베 보자기로 짜고, 간수를 부어 굳힌다. 그 모든 과정을 거쳐 만든 하얗고 고소한 두부. 따뜻할 때 간장 양념을 곁들이면, 이 세상 어느 고급 음식보다 마음이 먼저 포근해진다. 엄마도 그렇게 두부를 자주 만들어 우리에게 내어주었다. 두부가 다 되면, 꼭 언니처럼 "뜨끈할 때 먹어야 맛있지"라고 말했다. 그래서일까. 언니네 집에 가서 두부를 먹을 때면, 나는 엄마 품에 안겨 있는 듯한 안정감을 느낀다.

도토리묵도 빠질 수 없다. 엄마는 도토리묵을 잘 만들었다. 어린 시절 도토리묵 위에 얹은 달래 간장 양념의 향긋함을 지금도 잊지 못한다. 언니 역시 그 맛을 그대로 이어왔다. 언니가 만든 묵은 탱글탱글하고 고소해서, 한 점 먹는 순간 바로 엄마 얼굴이 떠오른다. 그뿐만이 아니다. 동생들이 모이면 그 자리엔 꼭 언니 표 반찬이 함께한다. 텃밭에는 상추, 깻잎, 고추, 달래는 물론 고향 집 돌담 사이에서 자라던 돌나물까지 풍성하다. 언니네 집에 갈 때는 삼겹살만 가져가면 한상차림이 완성된다. 그 모든 손길에 엄마가 살아계신 것 같은 착각이 들 정도다.

 엄마가 돌아가신 후 우리는 세 번의 가족여행을 다녀왔다. 첫 번째는 울릉도와 독도 여행이었다. 3년 전 형부가 항암 치료를 마치고 회복되던 시기에 맞춰 출발했다. 포항으로 가는 KTX에서의 에피소드를 잊을 수 없다. 큰언니가 계란을 20개나 삶아왔다. 콩이 듬뿍 든 찰밥에 무장아찌까지. 언니의 가방에서는 먹을 게 끊임없이 나왔다. 그날의 하이라이트는 갓 따온 두릅이었다. 살짝 데친 두릅은 입안 가득 봄을 선물해 줬다. 돌나물에 초고추장까지 울릉도로 가는 배에서 먹었던 두릅과 돌나물은 언니의 사랑이었다. 독도 여행은 우리 자매들을 끈끈하게 연결해 주는 특별한 여행이었다. 둘째 동생은 언니와 형부에게 발 편한 운동화를 선물했다. 막냇동생은 단체 티셔츠를 준비해 왔다. 그 덕분에 우리는 마치 어릴 적 소풍 가는 듯한 설렘으로 여행을 시작할 수 있었다. 특히 울릉도 여행 중 형부가 태극기를 들고 독도에 첫발을 내딛던 순간, 언니는 감격의 눈물을 흘렸다. "엄마, 우리 독도에 왔어요." 언니의 그 말 한마디에 나도 울컥하고 말았다.

 두 번째는 통영과 거제도 여행이다. 형부는 식품회사 공무과 직원으로 1년 363일 출근을 했다. 설날, 추석날 외에는 쉬지 못했다. 퇴직할 때까지 여행을 한 번도 가지 못했다고 한다. 형부에게는 집과 회사, 언니가 운영하는 꽃집이 다였다. 출근 전 시장에서 꽃을 사다 주었다. 자신의 건강을 돌보지 않아 위암이 발생한 것 같아 속상했다. 통영 여행은 조카 덕분에 경제적으로 다녀왔다. 해변에 위치한 KH 콘도를 직원가에 이용했다. 베란다에서 볼 수 있는 최고의 뷰가 펼쳐졌다. 미륵산 케이블카에서 막내를 놀리는 일이 재미있었다. 막내는 고소 공포증으로 비행기를 못 탄다. 케이블카에서 형부의 손을 꼭 잡고 있는 모습은 어린아이 같았다. 미륵산 정상에서 바라본 바다는 마치 엄마와 아빠가 두 팔을 벌려 우리를 환영해 주는 것 같았다.

세 번째 여행지는 언니가 가고 싶어 하던 홍도와 흑산도였다. 여행 내내 언니는 이렇게 좋은 곳을 이제 와 본다고 말했다. 큰언니는 화원을 30년 운영하고 퇴행성 관절염으로 고생하고 있다. 지금은 전원생활을 하고 있지만 통증으로 매일 고통을 호소한다. 하지만 여전히 우리 모두의 엄마 역할을 한다. 홍도 여행은 유람선 투어를 빼놓을 수 없다. 바다에 그렇게 괴이한 절벽과 바위가 있다는 게 신비롭기만 하다. 투어 중 언니는 연신 잘 왔다며 건강해야 내년에 또 온다는 말을 반복했다.

　여행을 마치고 돌아오는 길 언니는 말한다. "우리 또 가자, 엄마가 준 선물들 서로 의지하며 살자." 언니의 그 말은 내 삶의 위로가 되고 버팀목이 된다. 언젠가 딸아이가 말한 것이 떠오른다. 엄마는 이모랑 통화할 때 보면 표정이 달라져. 엄청 행복해 보여. 그 말을 흘려들었는데 시간이 지나며 점점 마음에 남는다. 언니는 나에게 그런 존재다. 엄마가 그리울 때 전화하면 수다로 풀어주는 사람, 밥 한 끼로 마음을 다독여주는 사람, 나이 들어도 어린 동생이 되게 만드는 사람. 그런 언니가 있어 든든하다.

　가족은 인생에서 가장 작고도 가장 큰 기적이라고 했다. 이름 없는 날들 속에 묵묵히 함께해 주는 가족 덕분에 행복하다. "가족은 삶의 나침반이다. 우리가 가는 방향은 가족이 주는 사랑에 따라 달라진다." 미국의 정치인인 브래드 헨리의 말처럼 가족은 삶의 방향을 제시해주는 존재들이다. 가족의 든든한 지원과 사랑 덕분에 지금의 내가 있다. 그 나침반 덕분에 오늘도 길을 잃지 않고 살아가고 있다.

3-11

아이 키만큼, 부모 발자국도 자란다

이서윤

"첫째 아이는 실험, 둘째는 숙련, 셋째는 방치라던데요." 부모 교육 현장에서 한 학부모가 웃으며 던진 말이다. 강의장은 이내 유쾌한 웃음으로 가득 찼다. 하지만 돌아오는 길에 마음이 무거웠다. 첫째를 키울 때 나는 '정답 육아'를 좇았다. 육아 발달 이론서와 조기교육 정보들로 가득 찬 책장 앞에서 매일 불안한 눈으로 페이지를 넘겼다. 육아 정보 하나라도 놓칠까, 긴장을 늦출 수 없었다. 어느 면에서 조금이라도 두각을 나타내면 얘가 혹시 영재가 아닐까, 라며 마음이 요동치기도 했다.

시간이 흘러 고등학생이 된 첫째는 영재가 아닌, 언어적 지능이 아주 높은 아이였다. 평범한 아이였다. 평범이야말로 더 단단하고 사랑스럽다는 것을 받아들이지 못했다. 기준은 없었지만 기대는 너무 컸다. 그게 아이 어깨를 누르는 부담이라는 걸 나중에야 알았다.

이후에도 수많은 시행착오를 겪었다. 딸이 중학교 3학년 때였다. 부산에서 학교별 큰 행사가 있어서 참여해야 한다고 했다. 아이는 가정통신문까지 보여주었다. 학교에서 하는 행사라 당연히 보낸다고 허락했다. 며칠 후 놀러 온 딸 친구들과 이야기하면서 부산행이 거짓말인 걸 알게 되었다. 학교에서 가는 것은 맞는데, 딸은 참여 대상이 아니었다. 그런데도 부산에 가려고 어린 여자아이 몇 명이 차표까지 예매했다. 그 사실을 알았을 때 가슴이 방망이질을 해댔다. 엄마를 속이는 걸 떠나 낯선 곳에 왜 가려고 하는지 이해가 되지 않았다. 그것도 가정통신문을 보여주면서 어떻게 거짓말을 할 수 있느냐고 야단을 쳤다. 아이는 엄마가 너무 단속을 심하게 한다며 대들었다. 어이가 없었다. 방으로 들어간 아이는 훌쩍거리며 이불을 뒤집어썼다. 그 일은 며칠 마음에 남았다. 아이 말대로 여유를 주지 않고 너무 엄하게 키운 건 아니었을까.

그런 경험을 준 첫아이는 스승이었다. 그 배움은 둘째를 키우는 방식에 고스란히 반영됐다. 둘째는 한 달 일찍 태어났다. 엄마 배 속이 좁은지 세상을 빨리 보겠다는 의지가 강했다. 임신 6개월부터 조산기로 병원을 드나들었다. 나 나가요, 라고 신호를 보내놓고는 병원에서 3일을 버티다가 정신이 혼미해질 즈음에야 서로 만날 수 있었다.

아이는 또래보다 느렸다. 어린이집을 가도 또래보다 6개월이 늦다고 했다. 문화센터를 데려가도 낯가림이 심하고 어디를 보내도 좀 늦은 편이었다. 하지만 둘째였기에 조금 느려도 괜찮다고 생각했다. 또래보다 빠르지 않아도 아이 속도를 존중해 주려 애썼다. 책에서 배운 육아 지식보다, 그 지식을 어떻게 현실에 맞게 적용할 것인가에 더 집중했다.

둘째가 여섯 살이던 해, 감기 기운이 있어 병원에 가야 했다. 유치원 다녀온 후 누나와 함께 병원 가라며 메모를 남기고 출근했다. 퇴근 무렵 집에 전화하니 혼자 병원에 가고 약도 받아놓았다고 했다. 혼자 병원에 간 적이 없던 아이라 대견했다. 그동안 아이 자율성을 과소평가했다는 생각이 들었다. 그날 이후 '방임'과 '자율' 사이의 균형을 고민했다. 아이에게 필요한 것은 많은 걸 대신해 주는 부모가 아닌, 할 수 있도록 믿고 기다려 주는 부모였다.

터울이 큰 두 아이로 인해 양육 기간이 많이 길었다. 그 기간만큼 직업이나 자기 일을 멋들어지게 하는 이들이 부러웠다. 아이들과 함께 나도 성장하기로 했다. 큰아이가 고등학교에 입학했을 무렵, 나 역시 문학 공부를 시작했다. 시집을 읽고, 책을 필사했다. 손가락이 아프면 노트북 자판으로 바꿔가며 멈추지 않았다. 주변 아는 이들과 독서 모임을 만들어 매주 토론했고 독서 재미에 빠졌다.

둘째가 고등학생이 되었을 때, 본격적인 문학 공부를 위해 대학원 문예창작콘텐츠학과에 진학했다. 모 시인이 대학원을 가고 싶은데, 등록금이 부담된다며 이야기했었다. 그 시인의 말이 생각이 나서 접수 마감일에 갑작스레 원서를 넣었다. 1차 서류 합격 후에 얼떨결에 면접을 보러 갔다. 각 학과 면접 대기실 앞에는 나처럼 수험표를 들고 긴장하며 앉아 있는 사람들을 볼 수 있었다. 온화한 표정의 두 분 교수 질문에 나름대로는 답변했지만, 제출한 연구에 대해서는 답변을 깔끔하게 못 한 듯했다. 면접관 한 분은 냉소적이었다. 다른 면접관은 편하게 답변할 수 있도록 배려했다. 집으로 돌아오는 전철 속에서 여러 후회가 밀려들었다. 이때는 이렇게 대답했었어야지, 라며 책망했다. 그 기분은 며칠 동안 날 우울하게 했다. 인정을 받지 못하면 자존감이 떨어지는 기분이다. 합격자 발표날, 별 기대 없이 봤는데 컴퓨터 화면에 '합격'이라는 글자가 보였다.

당당히 합격했고 드디어 대학원생이 됐다. 2년 반 동안의 공부는 정말 어려웠다. 매주 책을 읽고 과제로 주말마다 책 속에 파묻혔었다. 1학기, 2학기, 학차가 쌓일수록 몸은 힘들지만, 정신적으로 즐거웠다. 아이들은 엄마처럼 공부를 좋아하는 사람은 못 봤다고, 우스갯소리를 했다. 정말 즐거웠을까? 아니다. 대상포진이 오고, 어깨가 굳고 두통이 수시로 찾아왔다. 아이들이 힘든 공부를 하며 왜 해야 하는지를 모르고 방황할까 봐, 나 먼저 책상에 앉는 어른이 되려고 했다. 노력하는 모습을 보여주고 싶었는데 쉽지 않았다. 돌이켜보면 첫째가 엄마에게 거짓말하고 뭔가 해보려고 한 것도 인정욕구가 있어서이지 않을까. 둘째가 누나를 기다리지 않고 혼자 병원에 다녀온 것도 그런 의미 아니었을까. 어쩌면 나는 아이들의 욕구를 제대로 알지 못하고, 인정하지 못했다. 결국 아이들로 인해 엄마가 단단하게 되었다.

중고등학생 대상으로 소셜벤처 교육 27차시 수업을 한 적이 있다. 모 중학교 동아리 수업에서 있었던 일이다. 경제동아리에 들어온 아이들은 '경제'라는 개념을 모르고 신청한 학생들이 대부분이었다.

인기 있는 동아리는 다 떨어지고 미달한 동아리에 들어온 거다. 이 아이들과 어떻게 수업을 끌어가야 할지 고민이 됐다. 이왕이면 재미있게 풀어가야겠구나 싶었다.

수업은 팀별로 게임을 먼저 진행한다. 그때 내가 다른 팀원보다 잘하는 분야나 부족한 분야를 알아보게 된다. 그 과정에서 내가 생각하는 일과 직업의 차이점도 이해하게 된다. 무엇보다 다른 사람의 말을 잘 듣고 소통하는 능력을 배우게 된다. 관계나 나눔의 개념까지도 함께 익힌다.

수업 초기에는 진로 교사가 있어도 서로 싸우던 아이들이 많았다. 교육 중반이 되어서야 '문제아'라 불리던 아이들이 '상처 있는 아이'임을 알게 됐다. 자해 경험이 있는 아이들, 그들의 혼란은 바쁜 부모의 무관심 때문은 아니었을까. 시간이 지날수록 거친 아이들이 순해졌다. 투자대회 발표 날, 아이들 눈빛은 반짝였다. 대회에 집중하는 아이들이 얼마나 적극적이던지.

아이들은 부모 말투를 닮고, 상처받는 방식까지 닮는다. 나의 교육은 학생들을 바꾸는 일이 아니라, 시선을 바꾸는 일이었다.

부모가 된다는 건, 또 다른 자신을 직면하는 일이다. 내 안의 결핍과 불안을 인정하는 것이다. 아이가 아프면 덩달아 아프고 아이가 웃으면 함께 웃는다. 아이가 완전히 다른 존재가 되기를 바라는 건 어쩌면 부모인 자신을 부정하는 것일지도 모른다. 좋은 부모가 되는 건 거창한 일이 아니라는 것을 두 아이를 통해, 학교에서 만난 많은 아이를 통해 알게 되었다.

내 아이들은 이제 성년이다. 예전처럼 항상 손을 잡아줄 일도, 밤 늦게까지 숙제 봐줄 일도 없다. 나는 더 이상 앞서 걷지 않는다. 등이 넓은 아이들을 풍경으로 바라본다. 내 발자국은 더 이상 자라지 않지만, 그 발자국을 딛고 아이들은 더 멀리 걸어간다. 부모라는 여정은 아이에게서 시작되어 결국 나를 성장하게 했다.

3-12
가화만복(家和萬福)
이은주

 엄마를 볼 때 불현듯이 떠오르는 기억이 있다. 특히 엄마가 참기름을 짜거나 멸치볶음을 하고, 김치를 담그는 모습을 보면 먹먹해질 때가 많다. 사실 이 일이 있기 전까지는 대수롭지 않게 여겼고, 별다른 감정도 갖지 않았다.

 2022년 8월 14일 일요일, 광복절을 하루 앞둔 황금연휴 기간 중이었다. 그날 새벽 휴대폰 소리에 잠에서 깼다. 휴대폰 화면에는 '엄마'라는 이름이 떠 있었다. 수화기 너머로 들려오는 목소리는 너무도 느리고 어눌했다. 어딘가 이상했다. 엄마의 말투에는 고통과 공포가 배어 있었다. 나는 직감했다. 무언가 큰일이 일어났다는 것을….

 나중에 엄마에게 들은 이야기다. 엄마는 새벽에 꿈을 꾸다가 침대에서 떨어졌다고 했다. 바닥에서 꼼짝도 할 수 없었다. 발가락 하나도 제대로 움직이지 못하는 상태였다. 당시에 엄마는 혼자 있었다.

119에 연락하려고 해도 휴대폰은 침대 위에 있었다.

엄마는 온몸을 끌어당기며 침대 패드를 손에 잡고 30분 넘게 끌어당겼다. 온몸에 식은땀이 흐르고 기운은 하나도 없었다. 간신히 휴대폰을 손에 쥐고, 나에게 전화를 건 것이다. 곤히 자는 남편을 깨워 서둘러 엄마 집으로 갔다. 차로 약 20분 거리인데, 천 리 길처럼 멀게 느껴졌다. 엄마 집으로 가면서 119에 전화를 했고, 구급차와 거의 동시에 친정에 도착했다.

엄마는 통증이 너무 심해 제대로 신음조차 하지 못하는 반기절 상태였다. 응급구조사가 열을 재니 39도 가까이 되었다. 당시 코로나가 유행이던 시기라 고열이 있으면 음압병실이 있는 병원으로 가야만 했다. 평소 지병이 있지도 않았고, 바로 전날까지도 아무 이상이 없는 분이라고 설명했지만 소용이 없었다. 결국 엄마의 주소지를 떠나 고양시의 한 대학병원 응급실로 갔다. 골절이 분명한데, 체온이 높아 코로나 검사를 먼저 하고 결과를 기다려야 했다. 속이 타들어 가는 것만 같았다. 몇 시간 후 코로나 음성결과를 확인하고 나서야 엑스레이 촬영을 시작했다. 고관절 골절이었다. 당장 수술이 필요한 상황이라고 했다. 하지만 연휴 기간이라 수술을 할 의료진이 없어 며칠을 기다려야 한단다.

남편이 친한 의사 친구에게 연락을 취하고 병원을 옮기기로 했다. 다시 구급차를 타고 이동했다. 엄마는 구급차 안에서 나에게 차라리 죽고 싶다는 표현까지 했다. 그 말을 들으며 아무것도 할 수 없는 내 상황이 너무 비참하게 느껴졌다.

코로나 19의 여파로 병원 시스템도 예전 같지 않았다. 병원 출입 자체가 어려웠다. 면회도 쉽지 않았고, 간병인을 구하는 일도 난관이었다. 열 군데가 넘는 업체에 연락을 취했지만 결국 간병인을 구하지 못했다. 휴일 동안 내가 엄마를 돌보기로 했다. 나도 코로나 검사를 해야만 했다. 몇 시간을 기다리다가 음성 결과를 받고서야 엄마가 있는 병실로 들어갈 수 있었다.

옮긴 병원 역시 수술은 빨라야 이틀 뒤란다. 엄마는 침대에 누운 채 진통제를 맞아가며 고통을 버텨야 했다. 몇 시간 전까지만 해도 멀쩡하던 사람이 기저귀를 차고 누워 있어야만 하는 현실을 엄마는 받아들이지 못했다. 엄마는 무력한 자신의 모습을 비관했고, 나는 엄마의 고통을 지켜보며 소리도 내지 못하고 울었다.

엄마의 수술 당일, 나는 간병인에게 엄마를 맡긴 채 강의를 하러 나섰다. 강의는 수강자들과의 약속이었다. 강단에 서서도 머릿속은 온통 병원에 있는 엄마 생각뿐이었다. 다행히 인공관절 수술은 잘 끝났다. 하지만 수술을 했다고 당장 걸을 수 있는 건 아니었다. 엄마는 장기간 입원을 해야 하는 상황인데 나는 강의를 계속해야만 했다. 동생 역시 영어유치원을 운영하고 있던지라 엄마를 돌볼 수 없는 상황이었다. 아빠는 경기도 양평에서 은퇴 후 전원생활을 즐기던 중이었다. 엄마 소식을 듣고 당장 병원으로 온다고 했다. 팔십을 앞둔 노인이 몇 주 동안 간병하는 건 무리였다. 결국 간병인에게 엄마를 맡기기로 했다.

몸은 교육장에 있었지만 마음은 온통 병원에 있었다. 그 시간이 어쩌면, 내 인생에서 가장 힘들었던 나날이었는지도 모른다.

　강의 중에 간병인 여사님이 보내온 짧은 동영상 하나. 혼자 힘으로 병원 복도를 천천히 걷는 엄마의 모습이 화면에 담겨 있었다. 그 순간 참았던 눈물이 왈칵 쏟아졌다. '다시는 못 걸을 수도 있다'라는 걱정은 기우였다. 엄마는 기적처럼 일어났다. 의사 선생님도, 간병인도, 주변 환자들도 놀랄 만큼 엄마가 지독하게 재활에 매달린 결과였다.

　우리 가족은 돌아가며 병원으로 음식을 날랐다. 나는 한여름에 집에서 도가니탕을 한 솥 가득 끓였다. 남편은 과일을 좋아하는 장모님을 위해 포도, 복숭아, 수박 등 온갖 과일을 매일 사 왔다. 동생도 제부도 마찬가지였다. 우리는 그렇게 음식을 통해 엄마에게 사랑을 전했다. 아빠는 하루에도 수차례 엄마와 통화를 하고 메시지를 보냈다. 딸들과 조카 역시 매일 할머니 안부를 묻고 걱정을 했다.

　엄마는 두 곳의 대학병원에서 약 6주간 입원했다. 그리고 퇴원했다. 비록 예전처럼 완전히 회복된 것은 아니었지만, 더없이 소중한 변화였다. 침대에 누운 채 기저귀를 차야 했던 엄마가 두 다리로 복도를 걸어 나오는 그 순간은 잊을 수 없다. 그 영상은 우리 가족 모두의 휴대폰 갤러리에 저장되어 있다. 엄마가 기적을 이룬 것은 단지 의료 기술만이 아니다. 그건 우리 가족 모두의 간절한 마음이었다.

　그 사건 이후 문득문득 생각한다. 왜 엄마는 늘 곁에 있을 거라고 믿었을까? 왜 엄마의 부재를 먼일이라고만 여겼을까?

엄마의 고통 앞에서 나는 보호자였고, 딸이었고, 가족이었다. 엄마가 기저귀를 차고 아무것도 할 수 없을 때 나는 그녀의 엄마이고 싶었다. 엄마가 고통을 버텼기에 우리는 다시 웃을 수 있었고, 우리가 엄마를 지켰기에 가족은 하나가 되었다.

가화만복. 집안이 화목하면 모든 복이 뒤따른다는 말이다. 이 말의 의미를 이제는 절실하게 안다. 바로 지금, 내 곁에 건강한 가족이 있음에 감사한다. 더할 나위 없이 행복한 요즘이다. 엄마의 병상 위 아픔이 온 가족의 고통이 되었고, 그 아픔을 이겨낸 회복은 가족 모두의 기쁨이 되었다. 사랑은 그렇게 돌봄을 통해 깊어졌고 배움은 그렇게 부모를 통해 완성되었다.

3-13

가족, 끝없이 이어지는 나무

조은연

"결혼 준비는 잘 되어 가고 있니? 요즘은 옛날처럼 거창하게 안 해도 된다지만, 그래도 어찌 되었는지?" 여든이 넘은 84세 엄마의 전화. 벌써 중년이 훌쩍 넘은 자식인데도 늘 걱정인가 보다. 그 목소리에 코끝이 찡해졌다.

23살에 나의 보금자리를 꾸며보겠다고 집을 나온 지 벌써 33년. 그 세월을 뒤로하고 31년을 함께 산 내 자식이 이제 나를 떠난다고 한다. 1년 전 날짜를 잡았다고 할 때 '과연 오늘이 다가올까' 싶었는데, 이제 4일 후다.

우주에서 한 개의 씨앗이 엄마 배 속으로 들어가 생명이 되고, 열 달을 기다려 태어나보니 나의 엄마였고 나의 아버지였다. 그렇게 만난 인연으로 가족이 이루어졌고, 나 역시 부모님과 1남 4녀 형제들과 한방에서 자고 뒹굴고 먹고 자라면서 나를 찾아 떠났다.

큰 굴곡 없이 평범하게 살던 시간도 잠시, 사업은 서서히 기울기 시작해 10원짜리 하나 없이 빚만 잔뜩 지게 되었다. 웨딩 뷔페를 정리하고 배달 식당을 시작했지만, 김치 하나 담글 줄 모르던 내가 요식업에 뛰어들 줄은 상상도 못 할 일이었다. 새벽마다 고령 도축장으로 달려가 소머리를 사와 손질하고, 연탄불에 종일 끓여냈다. 직원을 채용할 형편이 못 되어, 학교에서 돌아온 초등학생 큰아이와 작은아이가 고사리 같은 손으로 서빙과 설거지까지 묵묵히 도와주었다. 힘든 내색 한 번 없이, 싫다는 소리 한 번 없이 그 모든 일을 다 해주던 아이들이었다.

그러던 중 친정아버지의 췌장암 소식이 들려왔다. 수술도 안 되는 상황이었지만, 69세에 진단받은 아버지는 "나는 살 만큼 살았다. 괜찮다"라며 태연했다. 1년 투병 끝에 돌아가셨을 때가 우리에게 가장 힘들고 형편이 안 좋을 때였다. 식당 일을 마치고 병원에 찾아가면, 아버지는 늘 "오늘 장사는 어떠했냐, 손님은 좀 있었냐, 배달은 얼마나 했냐"라며 오직 우리 걱정뿐이었다. 만약 지금 살아있었다면 88세다. 이제는 마음 가는 대로 해드릴 수 있는 여유가 생겼는데 곁에 있지 않는다는 사실이 늘 아쉽고 먹먹하다.

결혼을 앞두고 딸이 새 보금자리로 떠난 후 텅 빈 방을 볼 때마다 허전하다. 멋진 사위가 새 식구로 자리를 잡으려 하고, 밥상에 수저가 하나 더 늘었다. 딸이 멋진 배우자를 만나 행복할 것을 머리로는 알면서도, 수십 년 동안 한 공간을 채웠던 그 숨소리, 재잘거리던 목소리, 밤늦도록 켜져 있던 스탠드 불빛이 사라진 빈자리는 너무나 크게 다가온다. 아침이면 "엄마, 밥 언제 먹어요?" 하며 부엌으로 비틀거리며 오던 모습도, 밤늦게 "엄마, 나 배고파!"라며 냉장고 문을 열던 모습도 이제는 아련한 추억이 되었다. 사업이 힘들 때 묵묵히 자식 노릇을 다 해준 기특한 딸이었기에, 떠나보내는 나의 욕심이 허전함과 뒤섞여 가슴 한구석이 더욱 먹먹해지는 것을 느낀다.

내가 부모님 곁을 떠나올 때도 이런 마음이었겠지 싶어서 더 짠하다. 평생 아기 같던 아이가 가족을 만들겠다고 떠나는 뒷모습에서 비로소 아이의 '어른 됨'을 실감하게 된다. 하나 떠나보내는 마음이 이토록 표현하기 어려운데, 5남매를 다 떠나보낸 부모님은 어땠을까. 이제야 조금 그 마음이 헤아려진다. 뒤돌아 앉아 눈물을 훔치던 아버지도 생각이 나고 보고 싶어진다. 혼자 있는 엄마에게 좀 더 마음을 쓰겠다고 뒤늦은 결심도 해보고, 무심했던 나를 질책도 해본다.

"둘만 남았네." 남편의 툭 던지는 한마디 속에는 많은 감정이 담겨있는 듯했다. 내게 자식으로 와 귀한 인연이 되었지만 영원히 품 안에 둘 수 없다는 것, 이것 또한 삶의 이치이자 새로운 시작임을 안다. 북적이던 재잘거림 대신 조용한 저녁을 맞이하고 있지만, 33년이란 세월을 함께한 남편이 변함없이 옆에 있어 줘서 감사하다.

결혼식 날 남편은 어떤 마음으로 딸의 손을 잡고 입장하게 될까. 아마 아버지가 내 손을 잡고 걸었던 것처럼 태연한 척하며 뒤돌아 울지는 않을까. 내 딸의 새로운 동반자에게 손을 건네주면서 어떤 기도를 할까. "이 아이를 잘 부탁한다"라는 말 속에는 31년간 쌓인 사랑과 걱정이 모두 담겨 있을 것이다. 새로운 가족을 받아들이는 나는 어떤 마음으로 그날을 맞이할지 아직도 모르겠다.

큰일을 앞두고 있어서 그런지 문득 지난날이 떠오른다. 뷔페사업에 실패하고 빚더미에 앉아 아무런 희망 없이 하루하루를 지낼 때 그냥 살면 되지, 라는 마음을 가지고 살았다. 하지만 쌓여가는 빚은 감당할 수 없는 수준이 되었다. 무슨 일이라도 해야 했기에 배달 식당을 열게 되었다. 하지만 걸려오는 전화는 대부분이 빚 독촉 전화였다. 전화 받는 일이 두려웠다. 매일 밤 잠들지 못했다. 부부싸움도 점점 많이 하게 되었다. 어떻게 하면 좋을지 내내 고민했다.

결국, 우리는 위장 이혼이라는 선택해서는 안 되는 선택을 하려고 했었다. 서류를 작성하고 설명할 수 없는 마음으로 마지막 접수만 남았을 때 서로 눈을 쳐다보았다. "현아! 이건 아닌 것 같다. 서류로만 하는 이혼이지만 법적으로 남남이 되는 거잖아. 그러다가 다툼이라도 일어나면 미련 없이 헤어져도 아무런 상관이 없는 사이가 되는 거고" 하며 쳐다보는 신랑의 말에 눈물이 왈칵 쏟아졌다. 이 가혹한 현실에서 가장 중요한 건 빚이 아니라 이 손을 놓지 않는 용기라는 것을. 서로의 손을 굳게 잡는 그 순간 그 무엇과도 바꿀 수 없는 진짜 가족의 가치를 확인하는 시간이었다. 한순간의 잘못된 선택을 그때 했더라면 지금의 가족이란 울타리를 단단히 지키지 못했을 것이다.

가족이란 이렇게 멈추지 않고 계속해서 가지를 뻗어 나가는 나무와 같다는 생각이 든다. 부모님이라는 든든한 뿌리에서 시작해 남편이라는 줄기를 만나 '우리'라는 몸통을 만들고, 그 몸통에서 자식이라는 가지가 뻗어 나왔다. 이제 그 가지에서 새로운 잎이 돋아나 또 다른 가지를 만들고, 그 가지들이 모여 더 풍성한 나무가 되어가고 있다. 지금까지 내가 몸통이었다면 이제는 든든한 뿌리로 내려가리라. 어떤 모진 바람에도 흔들리지 않고 단단한 나무로 풍성해지도록.

3-14
가족, 그 이름을 사진에 담다

최애숙

마을 사람들은 아버지가 법 없이도 사는 사람이었다고 말한다. 그러나 6살에 돌아가신 내 기억 속 아버지는 사진 속 한 컷처럼 수채화 같은 이미지로 남아 있다. 산골 마을 노을을 바라보던 모습, 사랑스럽게 안아주었던 장면, 허허거리며 업어주셨던 기억. 그 모든 것들이 따뜻했다.

그럼 엄마에게 아버지는 어떤 사람이었을까? 어린 시절 아버지의 부재는 우리 가족에게 가장 먼저 경제적 어려움을 느끼게 해주었다. 초등학교에 입학하는 날 친구들과 놀고 싶어서 새로 산 신발 주머니를 교문에 걸어놓고 놀다가 잃어버렸다. 엄마에게 혼나고 한동안 실내화 없이 맨발로 차가운 시멘트 교실에서 지내야 했다. 머리가 커지면서 그런 가정 상황이 늘 못마땅했다. 이렇게 만든 부모에 대한 불만이 가득했다.

엄마가 얼마나 힘들었을지 생각하지 못했던 나는 어느새 결혼해 가족이 생겼다. 서로 다른 남녀가 이해하려 애쓰며 가족이 되었고, 그 안에서 부모라는 이름을 갖게 되었다.

남편과 나는 아이들에게 정성을 다했다. 우리도 부모가 처음이라 실수도 많았지만, 아이들을 성장시키기 위해 많은 시간과 열정을 쏟아부으며 열심히 살아왔다.

우리 가족은 늘 함께할 수 있을 거라고 생각했다. 그 사건이 있기 전까지는 말이다. 큰아이가 초등학교를 졸업하고 중학교에 입학하기 일주일 전이었다. 남편은 출근하고 아이들은 집에서 TV를 보고, 나는 텃밭에서 이것저것 일을 하고 있었다. 방에서 TV를 보고 있던 둘째가 갑자기 헐레벌떡 뛰어왔다. TV를 보던 오빠가 갑자기 옆으로 쓰러졌다고 빨리 오라며 재촉한다. 그때만 해도 둘째 아이의 장난으로 생각하며 서두르지 않고 천천히 집으로 갔다. 문을 열고 들어가니 거실에 큰아이가 누워 있었다. 축 늘어진 모습에 불길한 마음이 들었다. 아들의 이름을 부르며 흔들어도 보고 주물러도 봐도 아이는 반응이 없었다. 119를 부르는 시간보다 내가 차에 태워 가는 것이 빠를 것 같아 아이를 차에 태워 읍내 병원으로 달려갔다.

의사는 아들에게 뇌졸중이라고 했다. 의사의 청천벽력 같은 말에 이번에는 내가 쓰러질 것 같았다. 내 차가 아닌 129를 타고 천안에 있는 순천향병원으로 달려갔다. 가는 동안에도 이런 상황이 믿기지가 않았다. 평화로웠던 오전의 일상이 꿈이었나? 폐가 끊어진다는 표현을 이해할 수 있었다.

병원에 가서 혈액 채취부터 골수 검사까지 했다. 그때까지 아이는 깨어나지 않았다. 늦은 밤 마지막 검사인 CT 촬영을 하기 위해 기계 안으로 들어가는 순간 아이는 몸부림을 치며 깨어났다. 다행히 아이는 뇌졸중이 아니었다. 일주일 동안의 입원과 검사를 통해 원인 불명 쇼크라는 결과가 나왔다. 그마저도 믿지를 못해 소견서를 들고 아산병원을 찾았다. 그곳에서 아무 이상 없다는 결과를 듣고 나서야 가슴을 쓸어내릴 수 있었다. 이것이 우리 가족이 늘 함께할 수 있을 거라는 믿음이 흔들리는 첫 번째 사건이었다.

어느 날 저녁 모임을 하고 집에 가는 도중 남편은 가슴이 아프다고 고통을 호소했다. 운전하고 있던 나는 술 먹은 후유증으로 생각하고 그냥 집으로 가려고 했다. 남편을 달래며 집 방향으로 차를 돌리려다가 계속 아파해서 병원 응급실로 방향을 틀었다. 주차할 곳이 없어서 3바퀴를 돌다가 안 되겠다 싶어서 응급실 입구에 차를 세웠다. 안으로 들어가 남편의 현재 상황을 이야기했다. 간략한 설명만으로도 의료진들은 익숙한 듯 갑자기 베드를 밀고 뛰기 시작했다. 달려 나오는 의료진들에 놀란 것도 잠시, 심정지가 왔다는 말을 들었다. 심폐소생술을 하는 급작스러운 상황 속에서 어떠한 행동도 할 수 없었다.

결론부터 말하면 남편은 다행히 5분 동안의 심정지가 있었지만, 빠른 조치로 인해 살아날 수 있었다. 천안에 있는 병원으로 이송 후 중환자실에서 하루를 보낸 후 일반 병실로 옮겼다.

두 번째 응급차를 타고 천안으로 가고 있었다. 아들이 실렸 갔던 곳과 같은 방향이었다. 가는 길과 응급차 안에서의 모든 것이 익숙했다. 중환자실에 남편을 들여보내고 병원 의자에 앉아 밤을 새웠다. 아무 생각도 나지 않았다. 그저 이 시간이 빨리 지나갔으면 하는 바람만 있었다. 가족이 늘 함께할 거라는 믿음이 흔들리는 두 번째 사건이었다.

우리 가족에게는 매년 함께하는 행사가 있다. 바로 가족사진을 찍는 것이다. 10년 전, 아이들이 아직 중고등학생일 때 처음으로 가족사진을 찍으러 갔다. 그때는 '한 번쯤 남겨두면 좋겠다'라는 가벼운 마음이었는데, 지금은 우리 가족의 중요한 연례행사가 되었다. 이 이벤트는 날짜를 정하는 것부터 시작한다. 각기 다른 지역에 사는 아이들과 만나는 날을 정하는 것이 어렵다. 몇 번이나 단체 채팅방에서 의견을 조율한다. 마침내 모두가 가능한 날짜를 찾으면 그때부터는 사진 콘셉트를 정한다. 옷을 준비하는 과정에서도 실랑이가 이어진다. 딸은 '작년에 청바지 입지 않았냐'며 투덜거린다. 아들은 살이 급격하게 찌다 보니 맞는 옷이 없다고 하소연한다. 결국은 합의점을 찾아낸다. 촬영 당일에도 항상 소소한 에피소드가 생긴다. 스튜디오에 가는 길에 남편이 넥타이를 깜빡하고 오거나, 딸아이가 구두를 한 짝만 챙기는 바람에 다시 집으로 되돌아가는 일도 있었다. 그래도 우리의 얼굴은 항상 웃고 있었다.

올해는 친정엄마를 모시고 사진을 찍었다. 엄마는 처음엔 "나는 그냥 찍지 말고 너희끼리 찍어"라며 사양했지만, 막상 촬영이 시작되자 누구보다 환하게 웃었다. 사진을 찍는 이유는 단순하다. 우리가 여전히 '가족'이라는 이름으로 함께할 수 있다는 것을 확인하는 순간이기 때문이다.

거실 벽에는 우리가 함께한 10년의 기록이 걸려 있다. 첫 사진 속 나는 두 아이의 손을 꼭 잡고 있고, 두 번째 사진 속 나는 아이들이 사준 신발을 신고 있다. 우리는 내년 사진을 벌써부터 기대한다. 또 어떤 이야기와 웃음이 우리를 기다리고 있을지, 설레는 마음으로.

가족은 언제나 내 곁에 있을 거라 믿었다. 아침에 눈을 뜨면 함께 밥을 먹고, 저녁이면 같은 지붕 아래서 하루를 마무리하는 것이 너무도 당연한 일상이라 생각했다. 웃음소리와 사소한 다툼, 익숙한 발자국 소리까지도 늘 곁에 있을 거라 의심하지 않았다. 그러나 두 번의 큰 사건은 그 믿음을 송두리째 흔들어 놓았다. 평범했던 일상이 얼마나 쉽게 무너질 수 있는지, 그때 처음으로 알았다. 그래서 소중한 기억을 남기기 위해 가족사진을 찍기 시작했다.

돌이켜보면 아버지의 빈자리로 시작된 내 삶도, 엄마의 고단한 뒷모습도, 내가 부모가 되어 겪었던 수많은 순간도 결국은 하나의 이야기를 하고 있었다. 가족은 당연한 존재가 아니라는 것이다. 매 순간 지켜내고 소중히 여겨야 하는 기적이다. 서로를 바라보고, 붙들어주고, 끝까지 함께 걸어가는 삶의 의미라는 것을 이제는 안다.

3-15
가족이 존재한다는 사실이 큰 힘이 되었던 순간
최영순

사람의 인생에는 누구에게나 숨기고 싶은 장면이 있다. 나도 그렇다. 지금은 담담하게 말할 수 있지만, 당시엔 누군가에게 털어놓기조차 어려운 시간이었다. 그 시간이 없었다면, 지금의 나도 없었을 것이다. 그래서 오늘은 그 이야기를 하려 한다. 끝없는 절망의 시간 속에서, 결국 나를 다시 일으켜 세운 가족에 대한 이야기이다.

사업을 시작할 때만 해도, 실패라는 단어를 떠올려본 적이 없었다. 늘 열심히 살았고, 부지런했고, 성실했다. '그 정도면 충분하다'라는 생각이 있었다. 삼겹살 전문점 사업도 그런 마음으로 시작했다. 작은 매장 하나로 시작한 일이 어느 순간 자리를 잡고, 매출도 안정적으로 오르기 시작했다. 손님이 앉을 자리가 없어 밖에서 기다리고 순서대로 들어 와야 하는 일도 많았다.
고객이 늘고, 단골이 생기고, 나름의 성과를 내기 시작하니 욕심이 생겼다. '지금이 확장할 때야. 더 넓은 가게, 더 좋은 시설, 더 많은 손님.' 그 결정이 모든 문제의 시작이었다. 확장에는 자금이 필요했고, 나는 주저 없이 대출을 선택했다. 처음엔 무리라고 생각하지 않았다. 매출 추이를 봐도, 시장 분위기를 봐도, 충분히 감당할 수 있을 거라고 자신했다. 하지만 세상은 내 계획대로 움직여주지 않았다. 경기 침체가 시작됐다. 사람들의 지갑은 점점 닫히기 시작했고, 매출은 눈에 띄게 줄었다. 급하게 준비한 새 매장은 홍보도 부족했고, 운영 노하우도 부족했다. 낯선 지역에서의 재도전은 녹록지 않았다. 그렇게 조금씩 흔들리기 시작했다. 매출은 줄고, 대출 상환일은 다가왔다. 결국 버티지 못하고 연체가 시작됐다. 그때부터였다. 매일같이 울리는 독촉 전화, 내용증명이 담긴 우편물, 이자에 이자가 붙으며 눈덩이처럼 불어나는 빚.

나는 매일 아침 눈을 뜨는 것이 두려웠다. 오늘은 또 무슨 연락이 올까, 어느 은행에서, 어떤 채권자가 나를 압박할까. 가슴이 조여 오고, 손끝이 떨리고, 식은땀이 났다. 어느 날은 혼자 술 먹고 죽고 싶다는 극단적인 생각까지 했다. 밤에는 잠들 수 없었고, 낮에는 아무 일도 손에 잡히지 않았다. 가족에게 손을 내밀었다. 엄마로서 버티고 싶었다. 내가 흔들리면 가족도 무너질 것 같았다. 하지만 현실은 감당할 수 있는 수준을 넘어서고 있었다. 결국 나는 양쪽 집의 형제들에게 도움을 청했다. 같은 피를 나눈 형제들이니, 뭔가 방법을 같이 고민해 줄 수 있지 않을까 하는 기대였다. 하지만 돌아온 반응은 참담했다. "그냥 파산 신청해. 그러면 빚 안 갚아도 되잖아"라는 말은 했다. 말투는 차가웠고, 그 뒤에 진심은 없었다. "뭘 도와줄까?"

"얼마가 필요한데?" "같이 방법을 찾아보자"라는 말이 필요했다. 그런데 그런 말은 단 한 마디도 없었다. 단호하게 선을 긋는 말뿐이었다. 그때 느꼈다. 혈연이라고 다 가족은 아니라는 걸.

그날 이후 더 이상 누구에게도 기대지 않기로 했다. 대신, 내가 직접 현실을 마주하기로 결심했다. 우선 집을 급매로 팔기로 했다. 어렵게 장만한 우리 가족의 첫 보금자리였다. 아이들과 웃고 울던 수많은 추억이 담긴 집. 그 집을 팔면서 눈물도 함께 흘러내렸다. 가게도 정리했다. 한 땀 한 땀 쌓아 올린 내 노력의 결실이었지만, 결국은 포기할 수밖에 없었다. 그렇게 모든 걸 내려놓고도, 빚은 남았다. 심지어 개인파산을 하려고 했지만, 또 다른 벽에 부딪혔다. 개인파산을 하게 되면 아이들이 대학 학자금 대출을 받을 수 없다는 것이었다. 그 말을 듣는 순간, 진짜 절망이 무엇인지 알게 되었다. 내가 무너지는 건 괜찮았다. 하지만 아이들의 미래까지 함께 무너지는 건 받아들일 수 없었다. 아이들에게 진실을 숨기고 싶었다. 그저 '엄마가 잘 해결할게'라고만 말하고 싶었다. 하지만 그러기엔 상황이 너무 심각했다. 더 이상은 숨길 수 없었다. 그래서 결심했다. 있는 그대로 아이들에게 말하자고. 그날 저녁, 식탁에 둘러앉은 가족들 앞에서 나는 이야기했다. 우리는 지금 개인파산을 할 정도로 힘들다. 집도 가게도 정리를 해야 할 정도로 힘들다, 라고 말이다. 우리 가족이 지금 어떤 상황인지, 엄마 아빠가 왜 이렇게 힘든지, 그리고 앞으로 어떻게 될지도 모른다는 사실을. 말을 꺼내는 순간, 눈물이 쏟아졌다. 아이들의 눈을 마주칠 용기가 없었다. 내가 이렇게 약한 엄마라는 걸, 실패한 부모라는 걸 들키고 싶지 않았다.

하지만 놀랍게도, 아이들은 침착하게 내 이야기를 들었다. 그리고 조용히 말했다. "엄마, 괜찮아. 우리가 도울게." 큰아이는 당장 아르바이트를 시작하겠다고 했다. 작은아이는 용돈을 아끼고 백화점 아르바이트를 하겠다고 했다. 그 말 한마디 한마디가 내게는 천군만마 같았다. 나는 실패했지만, 이 아이들이 내 편이 되어준다는 사실. 그 자체가 너무나도 큰 힘이 되었다. 아이들은 진심으로 노력했다. 큰아이는 주중에도, 주말에도 쉬지 않고 일했다. 밤늦게 돌아오는 날이면 얼굴에 피로가 가득했지만, 불평하지 않았다. 손님에게 반말을 듣고, 무시를 당해도 꿋꿋이 버텼다. "엄마, 오늘 손님이 진짜 싸가지 없었어. 근데 참았어." 그렇게 말하는 아이를 볼 때마다 가슴이 찢어졌다. 큰아이는 통학 시간이 네 시간 넘게 걸리는 거리를 매일 오갔다. 새벽같이 일어나 지하철 첫차를 타고, 수업을 듣고, 곧바로 빵집으로 일하러 갔고 마치고 나면 편의점으로 일하러 갔다. 도시락을 싸줄 수 없는 날엔 편의점 삼각 김밥으로 끼니를 때우는 날이 많았다. "엄마, 오늘은 삼각 김밥에 물 한 컵이었어. 괜찮아. 익숙해졌어." 아이들의 그 모든 말이 지금도 귀에 생생하다.

작은아이는 손님이 구두를 맞추러 왔는데 발 냄새가 너무 많이 났다고 했다. 냄새를 참고 다양한 신발을 신겨주고 나름 노력을 했단다. 그런데 사지도 않고 불만만 털어놓고 가서 짜증이 났다고 했다. 용돈을 아끼려고 치킨 한 마리를 한 달에 한 번 사 먹었다는 말도 했다. 그 어린 나이에, 감당하기 힘든 현실을 받아들이고, 포기하지 않고 함께 걸어준 그 모습이 기적 같았다.

그렇게 14년이 흘렀다. 여전히 상황이 완전히 좋아진 것은 아니다. 빚은 조금씩 갚아가고 있고, 경제적 여유는 아직 멀었다. 하지만 마음만은 훨씬 풍요로워졌다. 우리는 예전보다 더 자주 대화를 나누고, 더 자주 웃는다. 힘들었던 시간 속에서 우리는 서로를 더 깊이 이해하게 되었다. 때로는 라면 하나를 나누어서 먹으면서 그 시절을 회상한다. "그때 우리 진짜 힘들었지?" "근데 그때 라면이 제일 맛있었어"라고 말하면서 웃는다. 함께한 고생은 추억이 되었다. 아이들은 지금도 열심히 살아간다. 대학에 다니고 대학원을 졸업하고 취직해서 꿈을 향해 나아가고 있다. 나는 여전히 하루하루를 성실히 살아가며, 조금씩 새 삶을 만들어가고 있다. 그리고 무엇보다, 우리 가족은 더욱 단단해졌다.

우리는 가족이라는 이름으로 매일 사랑을 연습하고 있다. 서로에게 힘이 되고 위로가 되며, 삶의 기쁨을 나누는 일. 그 단순히지만 평범한 일상이야말로 진짜 행복이라는 걸 깨닫는다. 매일 사랑 연습이 쌓일 때, 비로소 따뜻함과 울림을 느낄 수 있다. 오늘도 나는 그 사랑을 배워가며, 가족과 함께 살아가는 순간이 얼마나 소중한지 마음 깊이 되새긴다.

마치는 글

권은예

　우리가 만나는 가족은 태어나는 순간 주어진 운명이 아니다. 오히려 매일 새롭게 가꾸어가는 소중한 선택이다. 그 과정에서 우리는 때로는 서툴고, 때로는 아픔을 마주하지만, 바로 그 안에서 진정한 사랑을 연습하며 더욱 단단해진다. 오늘 건넨 작은 용서의 손길과 따뜻한 말 한마디가 어제보다 더 굳건한 내일의 사랑을 피워낸다. 가족은 결국, 우리 삶 속에서 끊임없이 배우고 실천하는 매일 연습하는 사랑 그 자체임을 기억하면 좋겠다. 치열한 연습의 시간을 통해 모두 더욱 깊고 풍요로운 관계로 나아갈 수 있길 바란다.

김경우

　가족은 완벽하지 않아도 서로를 지탱해 주는 힘이 된다. 때로는 눈물로, 때로는 웃음으로 우리는 함께 성장해 왔다. 사랑은 거창한 말보다 매일의 작은 표현 속에 숨겨져 있다. 그 따뜻한 마음들이 모여 우리 삶을 단단하게 만든다. 아이들과 함께한 시간 속에서 나도 부모님의 사랑을 다시 배운다. 신뢰와 소통의 기반이 되는 가족은 외로움과 고립을 완화하는 중요한 역할을 한다. 오늘도 나는 가족이라는 이름 아래, 사랑을 실천하며 살아간다.

김규인

가족은 언제나 우리 삶의 시작이자 끝을 함께하는 동반자입니다. 그 안에서 우리는 웃음을 배우고, 때로는 눈물 속에서 서로를 더 깊이 이해하게 됩니다. 완벽하지 않아도 괜찮습니다. 함께 있다는 사실, 존재만으로도 가족은 충분히 소중합니다. 예쁜 언어 사용과 예의를 지키며 존중하는 것. 이 또한 가족의 역할이라고 생각합니다. 이 책에 담긴 작은 이야기들이 독자 여러분의 삶 속 가족을 다시 바라보는 따뜻한 시선이 되기를 바랍니다. 그리고 그 시선이 사랑과 감사의 마음으로 이어져, 오늘의 하루가 더 단단한 행복으로 채워지기를 소망합니다.

김영애

가족은 언제나 나를 일으켜 세운 힘이었고, 내가 살아갈 이유였다. 눈물 위에 건네진 귤 한 조각, 엉성한 달걀 프라이, 소박한 밥상 위 웃음은 모두 사랑의 다른 이름이었다. 완벽하지 않아도 괜찮았다. 가족은 있는 그대로의 나를 품어주었으니까. 행복은 멀리 있지 않았다. 지금 이 자리, 함께 웃는 얼굴 속에 있었다. 그 이름만으로도 삶을 버틸 힘이 되는 단어, 가족. 그것이 곧 나의 집이고, 당신의 집이길 바란다. 때로는 우리가 가진 것이 부족해 보여도, 그 안에 담긴 마음만은 세상 무엇보다 크다. 그래서 나는 오늘도 감사를 고백한다. 내 삶의 가장 큰 선물은 언제나 '가족'이었다.

김은주

 가족은 처음부터 완성된 관계가 아닙니다. 상처받고, 오해하고, 때론 멀어지지만, 그 모든 순간에도 서로를 향한 마음은 자랍니다. 완벽한 말보다 다시 손 내미는 그 용기. 사랑은 그렇게 매일 연습하며 가족이 됩니다. 바쁘다는 이유로 미루었던 한마디, 서운했던 마음을 꺼내놓는 진심, 작은 배려 하나가 마음을 되돌리고, 서툰 사과도 다시 품이 되는 시간. 가족은, 오늘도 다시 사랑을 배우는 사람들의 이름입니다.

나윤희

 우리는 살아가면서 마주하는 모든 것이 처음이다. 부모가 되는 것도, 삶을 살아가는 것도, 그래서 누구에게나 힘겨운 순간들을 마주해야 할 때가 있다. 죽을 만큼 힘들어도 지나고 나면, 한결 마음이 가벼워진다. 인생은 그러한 것이다. 정답은 없다. 모두가 각자의 역할로 최선을 다해 살아내는 당신과 내가 위대할 뿐이다. 인생에서 시련을 겪는다. 그 시련은 단단한 나무로 자란다. 그 나무는 우리가 살아가면서 자양분이 되어주기도 하고, 힘든 사람들에게는 잠시 쉬어 갈 수 있는 그늘을 내주기도 한다. 그러면서 우리는 어른이 되어

간다.

류남숙

　이 글은 엄마처럼 살지 않겠다고 생각해 본 딸이나, 엄마만큼 좋은 엄마가 되겠다고 생각하는 사람들과 나누고 싶었던 이야깁니다. 글쓰기를 하면서 엄마의 사랑이 나를 통해 아이들에게 이어지고 있다는 것을 깨달았습니다. 정수리에 부은 물은 결국 발뒤꿈치까지 흐릅니다. 서로를 닮아가며, 때로는 부딪히고, 결국은 품어 안는 것이 가족입니다. 가족과 함께 행복하세요. 가족은 가장 따뜻한 기적입니다. 글쓰기 막막할 때마다 생각의 물꼬를 터 준 송주하 코치님 감사합니다. 공저로 함께하는 국민강사교육협회 강사님들, 행운이 가득하길 응원합니다.

박은주

　오월, 가정의 달에 시작한 이 글은 부모님의 세대와 자손의 마음을 잇는 따뜻한 다리가 되었습니다. 가족의 소중함을 다시금 되새기며, 받은 사랑의 크기를 헤아리는 감사의 여정이었습니다. 무심히 지나쳤던 일상 속에 숨어 있던 가족의 온기를 글로 꺼내어, 다시 마음에 품을 수 있었습니다. 이 글은 앞으로 '가정'이라는 사랑의 숲을 정성껏 가꾸어가는 데 따뜻한 영양분이 되어줄 것입니다. 그리고, 소중한 가족이 되어 강사의 길을 함께 걸어준 국민강사교육협회에 진심 어린 감사를 전합니다.

박준식

　수학을 배우다 보면 '백문이 불여 연습장'이라 말이 있다. 그냥, 많이 풀어보라는 말이다. 정답인지 아닌지 고민하지 말고 풀어가다 보면 정답에 다다를 수 있다. 삶도 그러하다. 준비가 되고 자녀가 오는 것이 아니다. 환경과 상황은 뜻하지 않게 걸림돌이 되기도 한다. 때로는 풀리지 않는 매듭처럼 어려움도 겪는다. 함께 가는 길이어서 힘을 얻는다. 지지해 주는 가족이 있어 긍정적인 변화로 성장한 것을 돌아볼 수 있었다. 삶의 기억을 말로, 글로 옮겨가는 과정에서 가족의 소중함을 다시금 느끼는 색다른 경험이었다.

유연옥

　글을 쓰면서 추억여행을 떠났다. 여름밤 멍석 위에 누워 별을 새며 북두칠성을 찾던 일, 아빠와 원두막에서 먹던 아삭하고 달콤한 참외 맛 소소한 일상 속에 행복이 숨어있었다. "넌 뭐든지 잘할 수 있어"라며 믿고 응원해준 부모님. 그 믿음과 사랑으로 나는 단단하게 성장했다. 부모님이 그러셨듯 아이들을 믿어주고 응원했다. 가정이란 세상이 가장 따뜻한 보금자리로 힘들고 지칠 때 언제든 돌아갈 수 있는 안식처다. 믿음과 사랑 덕분에 우리 가족은 오늘도 길을 잃지 않고 살아가고 있다.

이서윤

　내 발자국은 더 이상 자라지 않는다. 가족이 그 위를 딛고 더 멀리 걸어간 덕분이다. 부모라는 여정은 아이를 돌보는 동시에 나를 깊어지게 한 길이었다. 로버트 프로스트 시인이 「가지 않은 길」이란 시에서 노란 숲속 한쪽 길을 선택했듯, 아이들 또한 저마다의 길을 걸어간다. 그 길이 다르더라도, 결국 사랑으로 이어진다. 나는 뒤에서 바라보며 앞이 환히 빛나길 고요히 빈다. 가족의 시간은 오늘도 잔잔히 흐른다.

이은주

누구나 부모는 처음이기에 낯설고 서툴 수밖에 없다. 부모됨은 타고나는 것이 아니라 배우고 익혀가는 길이며, 완성이 아니라 매일 이어가는 연습이다. 세상에 완벽한 부모는 없다. 다만 오늘의 작은 노력이 쌓여 내일 더 나은 부모가 될 뿐이다. 부모와 자식은 서로의 거울이 되어 함께 성장한다. 자녀를 키우며 부모도 변화하고, 서로는 가장 큰 스승이 된다. 어제를 지나 조금 더 나아진 오늘이라면, 그것으로 충분하다. 당신은 이미 좋은 부모이다.

조은연

가족이라는 익숙한 이름 뒤에 숨겨진 수많은 순간과 감정들을 꺼내어 보았습니다. 잊고 지냈던 추억들이 글이 되어 한데 모이니, 비로소 우리 삶의 가장 아름다운 조각들이 맞춰지는 듯합니다. 서로에게 닿지 못했던 마음을 글로 엮으며, 가족이라는 관계가 주는 묵직한 사랑과 책임감에 묵직한 사랑과 책임감에 대해 다시금 생각해보는 귀한 시간이었습니다.

최애숙

이 책을 쓰는 동안 오랫동안 잊고 있던 기억들을 다시 꺼내 보았다. 가족과 함께 웃고 울었던 순간, 당연하다고 생각했던 일상, 그리고 잃어버린 뒤에야 깨닫게 된 소중함까지. 글을 적어 내려가는 과정은 단순히 기록이 아니라, 내 삶을 다시 바라보고 정리하는 시간이기도 했다. 이 책은 결국 나 자신에게 보내는 편지이자, 우리 가족에게 전하는 고백이다. 가족은 완벽하지 않지만, 그 불완전함 속에서 우리는 사랑을 배우고, 용서를 배우며, 끝내 서로에게 힘이 되어주는 법을 배운다.

최영순

가족에 대한 책을 쓰며 다시금 소중한 인연의 의미를 깊이 되새길 수 있었습니다. 때로는 아픔이, 때로는 기쁨이 되어준 가족 이야기를 글로 담아내며 제 마음도 치유 받았습니다. 짧지만 진솔한 기억들이 누군가에게 작은 위로와 공감이 되길 바랍니다. 가족은 언제나 불완전하지만, 그래서 더 노력해야 하는 관계임을 느꼈습니다. 이 책을 마무리하며, 제 가족과 모든 독자의 삶에 따뜻한 사랑이 머물기를 소망합니다.